日本リメディアル教育学会 監修
The Japan Association for Developmental Education

大学における学習支援への挑戦

リメディアル教育の現状と課題

Building a System
of Developmental
Education at
Universities and
Colleges in Japan

ナカニシヤ出版

はじめに

　大学生の学力不足が話題になって久しいが，2000年頃から大学生の学力低下が顕著になり，国立大学の教員からも「最近の学生は基礎学力がない」との声が聞こえるようになった。このため，当時すでに米国の大学で実施されていたような中高の学習内容の学び直し教育の必要性が指摘されてきた。

　その後，各大学の入試の緩和がさらに進み，ほとんどの大学の教員から「英語ばかりか日本語もあやしい学生が増えた」「最近の学生は何を知らないのか予想できない」「中高どころか小学校高学年の学習内容を理解していない学生もいる」と，小・中・高校における公教育に疑問符をつけ，あるいは日本の将来を憂える教員も珍しくなくなった。

　本書は現在の日本の大学教育の最前線をありのままに示したものである。言い方を変えれば，新入生に対する現在の大学の教育力の現状でもある。大学のユニバーサル化が進み，だれでも大学生になれる時代，多くの大学教員は「こんなに学力差のある新入生にどのようにして大学教育を成立させようか」ということに腐心している。いっそ，米国の大学・コミュニティカレッジが採用しているように英語力（国語）が中3レベル以上でない学生は文系の授業は受けさせない，数学が中2レベル以下では学生は理系の授業は受けさせないというような制度を導入する必要があるのではないかと考えている。また，いくつかの大学において，日本語力の調査に関連し，日本語力と成績の相関を取ったところ，日本語力が中学生レベルの学生は単位を落としやすいことがわかったとの指摘もある。文科省は大学改革の主要課題として「教育の質の確保と向上」を求め，成績評価の厳格化を指導しているが，大学教育の入口の部分での質的保障や学習の制限をしない限りスローガンと実質の開きがますます大きくなるのではないかと懸念している。

　さて，多くの大学では本書で示すように近年，入学前教育，初年次教育，リメディアル教育等が導入されているが，実施が進むにつれ，これらの教育の成果がすぐには出にくいことに気づく教員が増えている。筆者はこの1，2年多くの大学を訪問し，担当教員にインタビューした結果，大多数の大学では成果

が出ていない中で，少数ではあるが成果を上げているいくつかの大学があることがわかった。数か月の短期間では成果を出すことは難しいが，4年間の教育によって見違えるように成長した卒業生を送り出している少数の大学・学部が実在するのである。これらの大学・学部の共通点としては

> ①学生のコミュニケーション能力が高いこと
> ②学生が入学当初から職業への目標をもっていること

が挙げられ，これらの大学の学生は目標となる試験に向かって，自ら納得した上で地道な学習をしているのである。これらの学生というのは医学，歯学，薬学，看護学部のような国家試験がある学科の学生や，体育学部の学生で「教員になりたい，公務員になりたい」と将来を具体的にイメージできている学生であり，目標設定がしやすかったことが成功の一因と考えられる。今後，これらの成功例について追跡調査及びさらなる分析を進めていきたいと考えている。

次に，本書に示されたような学習支援教育が多くの大学で普及してきた結果，最近の大学関係者の新たな関心は，これまでの学力低下の問題から，いかにコミュニケーション能力を伸ばすかに移りつつある。コミュニケーション能力の低下や内向き志向の学生にどのようにして活気を出させ，生活習慣・学習習慣を身につけさせるかが，能動的な学習にむけての大きな問題となっているからである。我々の研究分野でも学習に関わるコミュニケーション能力の測定方法の開発や改善策の研究・試行が増え，学会内に専門部会「コミュニケーション能力育成部会」を発足させるに至った。今後，入学時のコミュニケーション能力と学習への取組に関しての研究が進むことを期待したい。

本書では，可能な限り多くの大学での学習支援の現状とその実態を報告し，大学教育の今後について具体的に示すことを心がけた。本書が，多くの大学の教職員のみなさまだけでなく，教育に携わる多くの方々に，今後のさまざまな教育現場への一助になることを願っている。

最後に，我々は「リメディアル教育」を大学という高等教育の場における新たな学びの提案と捉えようと試みてきたが，「リメディアル」という言葉が一般

化してくると，単なる補習教育というマイナスのイメージにとらえる大学や担当教員が増え，中高の学習内容の学び直し教育に「リメディアル」という名称を使わない大学も現れている。我々もリメディアルをディベロップメンタル・エデュケーション（Developmental Education）ととらえているように，学会としてそろそろ「リメディアル」という言葉を再考すべき時期になったと考えている。今後の活動を考えるにあたり，この言葉を「学習支援」等に切り替えることも一つの方法ではないかと，現在，話し合っているところである。

2012年8月

小野　博

目　次

はじめに　*i*

Chapter 1　全国の大学対象のアンケート実施とその結果

1　アンケートの概要 —————————————————— *2*
2　アンケート結果：実施の有無など ———————————— *3*
3　アンケート結果：実施概要 ————————————————— *8*
4　アンケート結果：実施科目の状況 —————————————— *17*
5　考　　察 ——————————————————————— *24*
6　まとめ ———————————————————————— *26*

　付　　録　「入学前教育・プレースメントテスト・リメディアル教育」の実施状況に
　　　　　　関するアンケート　*28*

Chapter 2　プレースメントテスト

0　概説：プレースメントテスト —————————————— *32*
1　解説：日本人のための日本語力テスト ——————————— *35*
2　解説：プレースメントテスト（英語）———————————— *41*
3　解説：プレースメントテスト（数学）———————————— *47*
4　解説：理系（物理・化学・生物）テスト —————————— *53*

プレースメントテスト：事例集

　事例①【新入生の基礎学力】岡山理科大学　　*62*
　事例②【新入生の基礎学力】日本工業大学　　*64*
　事例③【新入生の基礎学力】活水女子大学　　*66*

　事例④【学力別クラス編成】実践女子短期大学　　*67*
　事例⑤【学力別クラス編成】大阪体育大学　　*68*

　事例⑥【講義内容の設定】創価大学　　*70*
　事例⑦【講義内容の設定】カリタス女子短期大学　　*72*

事例⑧【プレ・ポストによる英語力評価】佐賀大学　　74

Chapter 3　入学前教育

　0　概説：入学前教育 ———————————————————————— 76
　1　解説：入学前教育に関するアンケート結果 ———————————— 78

　入学前教育：事例集

　　事例①【国立大学事例】京都工芸繊維大学　　86
　　事例②【国立大学事例】鳥取大学　　88
　　事例③【国立大学事例】九州工業大学　　90

　　事例④【私立大学事例】立命館大学　　92
　　事例⑤【私立大学事例】広島修道大学　　94
　　事例⑥【私立大学事例】千歳科学技術大学　　96
　　事例⑦【私立大学事例】近畿大学　　98
　　事例⑧【私立大学事例】関東学院大学　　99
　　事例⑨【私立大学事例】北海道工業大学　　100
　　事例⑩【私立大学事例】金沢工業大学　　101
　　事例⑪【私立大学事例】聖学院大学　　102

　　事例⑫【短期大学事例】湘北短期大学　　104

Chapter 4　初年次・導入教育

　0　概説：初年次・導入教育 ———————————————————— 108
　1　解説：初年次教育 ————————————————————————— 111

　初年次・導入教育：事例集

　　事例①【国立大学事例】京都大学　　120
　　事例②【国立大学事例】島根大学　　122

　　事例③【私立大学事例】大手前大学　　124

事例④【私立大学事例】大阪国際大学　*126*
事例⑤【私立大学事例】早稲田大学　*128*
事例⑥【私立大学事例】日本歯科大学新潟生命歯学部　*130*
事例⑦【私立大学事例】新潟産業大学　*132*

事例⑧【短期大学事例】桜の聖母短期大学　*134*
事例⑨【短期大学事例】四国大学短期大学部　*136*

事例⑩【高等専門学校事例】阿南工業高等専門学校　*138*
事例⑪【高等専門学校事例】弓削商船高等専門学校　*140*

Chapter 5　国語リメディアル教育と大学生のための日本語教育

0　概説：国語リメディアル教育と大学生の日本語教育————————*144*
1　解説：日本人学生に対する日本語教育————————————*147*
2　関連図書の一覧表————————————————————*152*

国語リメディアル教育と大学生のための日本語教育：事例集

事例①【日本語事例】大阪体育大学　*158*
事例②【日本語事例】日本工業大学　*160*
事例③【日本語事例】川崎医療短期大学　*162*
事例④【日本語事例】中央学院大学　*164*
事例⑤【日本語事例】北海道工業大学　*166*
事例⑥【日本語事例】千葉大学　*168*

Chapter 6　リメディアル教育

0　概説：リメディアル教育————————————————————*170*
1　解説：英語教育——————————————————————*172*
2　解説：数学リメディアル教育————————————————*177*

リメディアル教育：事例集

事例①【複合事例】島根県立大学　*184*

事例② 【複合事例】秋田県立大学　　186
事例③ 【複合事例】岡山理科大学　　188
事例④ 【複合事例】東北薬科大学　　190
事例⑤ 【複合事例】京都産業大学　　192
事例⑥ 【複合事例】大阪体育大学　　194
事例⑦ 【複合事例】川崎医療短期大学　　196
事例⑧ 【複合事例】松本歯科大学　　198

事例⑨ 【数学事例】大阪府立大学　　199
事例⑩ 【数学事例】島根大学　　200
事例⑪ 【数学事例】千歳科学技術大学　　202
事例⑫ 【数学事例】名桜大学　　204

事例⑬ 【化学事例】東京電機大学理工学部　　206

事例⑭ 【社会科事例】東洋英和女学院大学　　208

事例⑮ 【英語事例】札幌大学　　210
事例⑯ 【英語事例】鹿児島工業高等専門学校　　212
事例⑰ 【英語事例】桜の聖母短期大学　　214

Chapter 7　学習支援センター

0　概説：学習支援センター ——————————————— 218
1　解説：学習支援センター ——————————————— 220

学習支援センター：事例集

事例① 【全学機関型】明星大学　　228

事例② 【工学部設置型】東北学院大学　　230

事例③ 【数理分野特化型】名桜大学　　232

事例④ 【多機能型】広島修道大学　　234
事例⑤ 【多機能型】姫路獨協大学　　236

事例⑥【多機能型】流通経済大学　　*238*

　おわりに　*241*
　引用・参考文献　*244*
　事項索引　*250*
　事例実施教育機関名索引　*255*

Chapter 1

全国の大学対象のアンケート実施とその結果

編集・執筆担当:
穂屋下 茂・小野 博・米満 潔・竹内芳衛

大学全入時代を迎え，多くの大学は高等学校での履修状況や多様な大学入試制度により，入試によって入学者の学力水準を担保することに課題を感じるようになっている。そこで，推薦入試や AO（Admissions Office）入試などにより早期に入学が決まる高校生を対象とした入学前教育や，高校での未履修科目や基礎的な学力に問題をもつ入学者への対応として，中学・高校の学習内容の補習・補完教育への取組を行う大学も出てきた。また，大学教育への移行を支援する取組として，初年次教育への注目も高まってきている（中央教育審議会, 2008；文部科学省高等教育局大学振興課大学改革推進室, 2011）。

このような大学教育の状況において，新入生の基礎学力の状況把握，学力不足の原因の分析，効果的な学習指導の普及などを目的とし，2005 年 3 月に日本リメディアル教育学会（JADE：The Japan Association for Developmental Education）は設立された（日本リメディアル教育学会, 2012）。以来，会員個人やグループにより，入学前教育，入学後のプレースメントテストやリメディアル教育，初年次教育について，実践的あるいは理論的な研究活動が活発に行われてきた。設立から 6 年にわたるこれらの活動を通して本会は学術的な学会として評価され，2011 年 2 月には日本学術会議協力学術研究団体の指定を受けた（日本学術会議, 2012）。

そこで，今後の本会の展開に向け，日本の大学における入学前・入学後の学生に対する基礎教育の実施状況調査を目的として，日本の全ての大学（短期大学も含む）に対してアンケートを実施することとした。本章では，アンケートの実施とその結果について報告する。

1 アンケートの概要

アンケートの大きなカテゴリーは，入学前教育，プレースメントテスト，リメディアル教育とした。アンケートの対象は，2011 年 4 月時点における日本にある全ての大学とし，その数は 753 大学，395 短期大学の計 1148 大学であった。

アンケートは，各大学の学長宛に送付した。これは，アンケートに回答することが，その大学の教育に関する状況を知らせることになるため，可能な限り大学の責任ある立場の方から回答をいただくためである。

また，回答率を上げるため，回答に対する負担を軽減し，各大学が，本会の活

動を認識して，このアンケートに興味をもってもらうため次のような工夫をした．

> ①アンケート項目は，入学前教育，プレースメントテスト，リメディアル教育の実施概要を把握できる内容に絞り込み，設問数を抑えた（付録参照）．
> ②アンケートの設問は多肢選択式を採用し，回答用紙はマークシート形式のものにした．
> ③設問用冊子と回答用紙のアンケート一式を送付する際に，日本リメディアル教育学会学会誌『リメディアル教育研究』第6巻第1号を1冊同封した．

その結果，本アンケートに対する大学の関心も高く，回答率は予想を大きく上回り，大学から54％，短期大学から35％，全体で47％から回答があった．とくに国立大学は64％，公立大学は70％と高かった（表1-1）．

表1-1 アンケート回答率

大学種別	依頼数	回答数	回答率
国立大学	86	55	64%
公立大学	77	54	70%
私立大学	590	296	50%
計	753	405	54%
公立短期大学	23	6	26%
私立短期大学	372	133	36%
計	395	139	35%
合計	1148	544	47%

2 アンケート結果；実施の有無など

● 2-1 実施の有無

回答のあった大学に基づく入学前教育，プレースメントテスト，リメディアル教育それぞれの実施状況の集計結果を図1-1〜1-3に示す．実施割合は回答のあった大学数を分母としている．

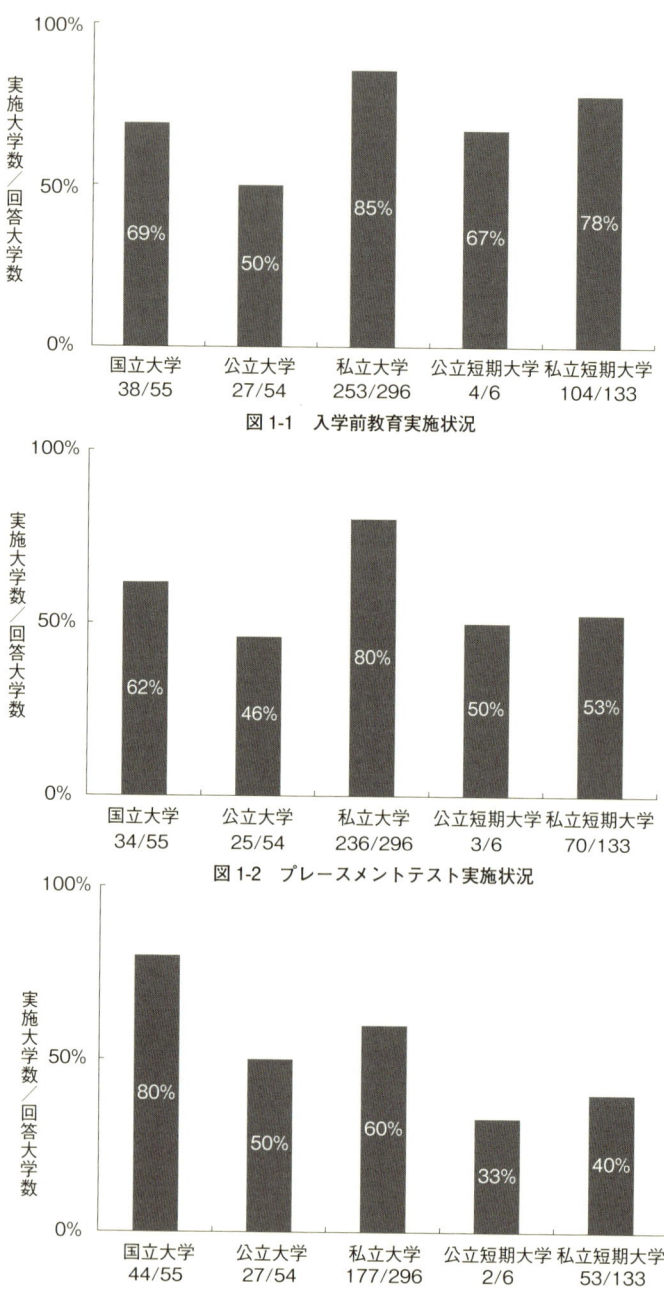

図1-1　入学前教育実施状況

図1-2　プレースメントテスト実施状況

図1-3　リメディアル教育実施状況

- 入学前教育は，国公私立のいずれも半数以上の大学で実施され，私立大学と私立短期大学では約80%，国立大学でもほぼ70%に達している。
- プレースメントテストは，私立大学でほぼ80%に達し，国立大学も60%を超えている。
- リメディアル教育は，国立大学が非常に高く80%に達し，ついで私立大学がほぼ60%である。短期大学[1]では，あまり実施されていないようである。

表1-2は，入学前教育，プレースメントテスト，リメディアル教育の実施状況の関係を示す[2]。

- 回答のあった534大学のうち，約40%の217大学が入学前教育，プレースメントテスト，リメディアル教育を全て実施している。これを，国立大学，公立大学，私立大学，短期大学の大学種別ごとにみると，全て実施している大学は，国立大学が45%にあたる25大学，公立大学が約25%にあたる14大学，私立大学が50%にあたる145大学，短期大学が約25%にあたる33大学であった。
- 入学前教育とプレースメントテストのみを実施している大学は，私立大学や短期大学が多く，国立大学と公立大学は少ない。
- 入学前教育とリメディアル教育のみを実施している大学は，国立大学が比較的多く，公立大学，私立大学，短期大学は少ない。
- プレースメントテストとリメディアル教育のみを実施しているケースは少ない。
- 入学前教育のみ実施している大学としては短期大学が比較的多く，リメディアル教育のみでは国立大学が注目される。
- いずれも実施していない大学は回答大学の約10%に相当する48大学であった。

---

1) これ以降，公立短期大学と私立短期大学は，合わせて「短期大学」として集計する。
2) これらの結果は，実施規模（大学全体，学部，学科，教員）や実施科目が区別されていないので注意が必要である。

表 1-2 入学前教育・プレースメントテスト・リメディアル教育の実施状況*

有効回答数（大学数）	全て	入学前教育とプレースメントテスト	入学前教育とリメディアル教育	入学前教育とプレースメントテストとリメディアル教育	入学前教育のみ	プレースメントテストのみ	リメディアル教育のみ	全て未実施
全回答 (534)	217 (41%)	105 (20%)	51 (10%)	16 (3%)	48 (9%)	30 (6%)	19 (4%)	48 (9%)
国立大学 (55)	25	2	10	3	1	4	6	4
公立大学 (53)	14	6	7	1	0	4	5	16
私立大学 (290)	145	70	19	8	15	13	5	15
短期大学 (136)	33	27	15	4	32	9	3	13

* 表1-2の集計においては、プレースメントテスト、リメディアル教育の実施状況について未回答の大学（公立大学：1校、私立大学：6校、短期大学：3校）は除いている。

● 2-2　実施していない理由など

入学前教育，プレースメントテスト，リメディアル教育のそれぞれについて，実施していない理由についての回答結果を図1-4に示す。

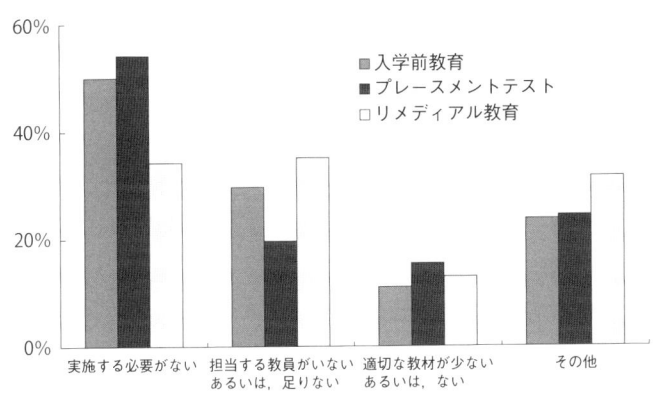

図1-4　実施していない理由

入学前教育，プレースメントテスト，リメディアル教育を実施していない大学は，それぞれ118大学，168大学，231大学であった。

これらの大学のうち，入学前教育とプレースメントテストについては約半数の大学が，リメディアル教育については約30％の大学が，「実施する必要はない」と回答している。

入学前教育を実施できない理由としては，「担当する教員がいない，あるいは足りない」「適切な教材が少ない，あるいはない」のほか，「教職員の意思統一が不足」「時間的余裕がない」「検討中である」「協議する組織がない」との回答があった。さらに，プレースメントテストに関しては「以前は行っていたが，学力の正確な判定ができない」「実施後，能力別クラス編成を実行する余裕がない」との回答があった。リメディアル教育に関しては，「実施体制が整っていない」「学生の時間がない」「過去に実施したが集まらなかった」との回答があった。

実施していない大学の今後の実施予定については，図1-5に示すように，入学前教育，プレースメントテスト，リメディアル教育を「実施予定」「実施時期は未定だが，実施する計画はある」と回答した大学もあったが，「実施予定はない」と回答した大学が圧倒的に多かった。

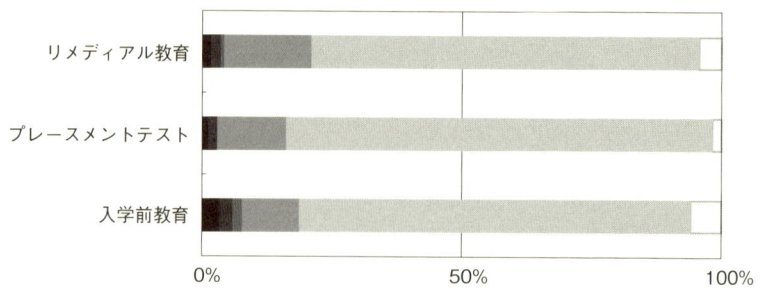

図1-5　実施予定

3 アンケート結果：実施概要

● 3-1　入学前教育
1）入学前教育の実施規模
入学前教育の実施規模の回答結果を図1-6に示す[1]。実施規模は，大学全体，学部，学科，一部の教員として分類している。

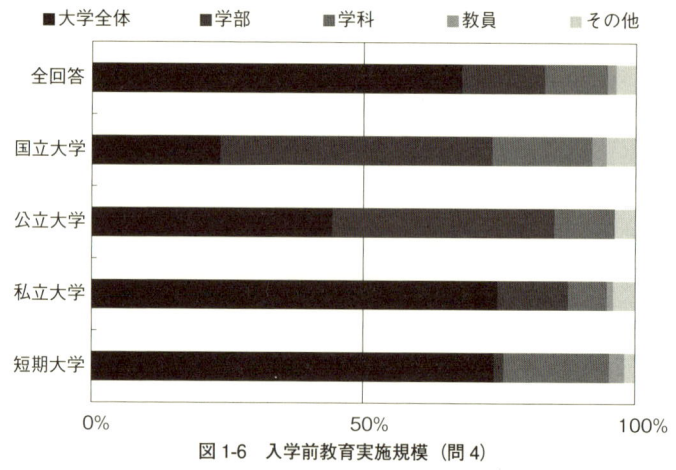

図1-6　入学前教育実施規模（問4）

---

1) 設問は複数回答であるが，ここでは実施規模の大きな選択肢一つを回答として集計した。例えば「学科」は，大学全体と学部のいずれも選択せず，学科を選択した回答である。

入学前教育は，回答全体でみると，約70%の大学で大学全体の規模で実施されている。国公立の大学と私立の大学を比較すると，私立の大学が大学全体での取組として実施している割合が高い。国立大学が約25%に対し，私立大学と短期大学では各々約75%が大学全体として入学前教育を実施している。

なお，「その他」の回答として，「AO・推薦入試合格者対象」「附属高校の推薦入学者を対象として実施」「希望者のみ」などがあった。

2）入学前教育の実施目的

入学前教育の実施目的の回答結果を図1-7に示す[2]。5つの回答選択肢に対し，「AOや推薦で入学してくる生徒の学力維持・向上」が著しく高く，「大学での専門教育の導入準備」「高校生として必要な基礎学力の確認・補習」が約50%で，「高校からの要請」はそれほどなかった。

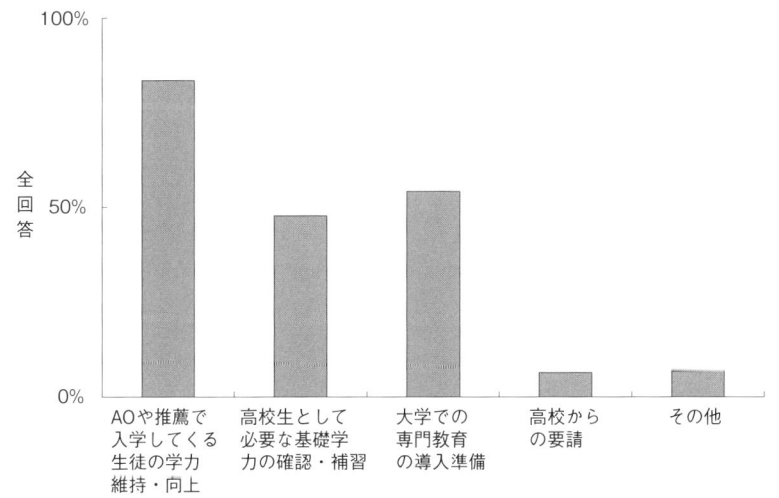

図1-7　入学前教育の実施目的（問5：複数回答）

「その他」の回答としては，「大学入学までのモチベーション維持」「学習意欲及び学習習慣の動機づけ」「入学予定者相互の連携強化」「入学前の不安や疑問をいちはやく解消，大学生活の目的の明確化」などがあった。

---

2) 以下，比率は実施大学数を分母としており，複数回答の場合は合計は100%にならない。

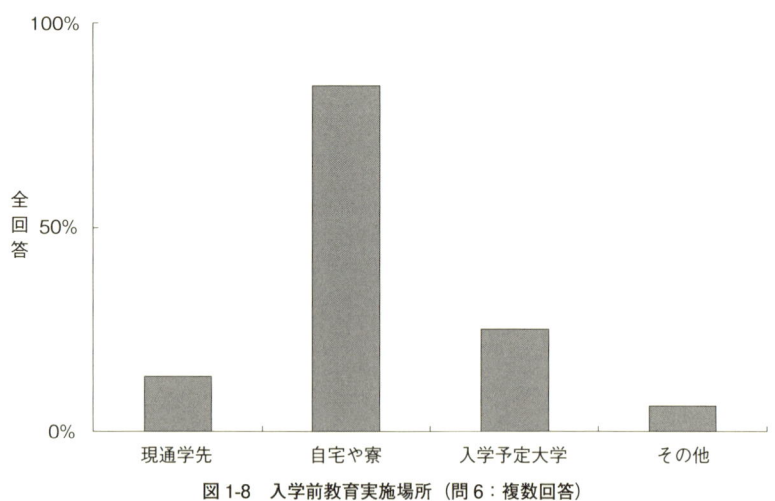

図1-8 入学前教育実施場所（問6：複数回答）

3）入学前教育の実施場所

入学前教育の実施場所は図1-8に示すように，「自宅や寮」が大多数で，「入学予定大学」「現通学先」もあった。「その他」の回答としては，「インターネットのできる場所」などがあった。

4）入学前教育の確認方法

入学前教育は，高等学校と大学それぞれにおいて，一人ひとりの生徒や学生に対し，学力を客観的に把握する指標を活用し，そこで得られた情報を高等学校と大学間で共有することにより，教育の質を保証する新たな仕組である。

これは，大学入学前に身につけておかなければならない基礎科目の学習が主な内容である。課題を与えるだけでは生徒が自主的に学習することはそれほど期待できない。そのため，大学が入学前教育の学習状況をどのように把握しているか，入学前教育の学習成果をどのように確認しているかが重要になる。

入学前教育の学習状況をどのように把握しているかの回答結果は，「生徒自身」による報告が約半分で，「未確認」や「学習管理システム等」が10％程度，「高校の教師」「生徒の保護者」「大学の教職員が訪問」が各々少しずつあった（図1-9）。

「その他」の回答としては，「入学時に提出」「通信（郵送）添削」「大学へ登

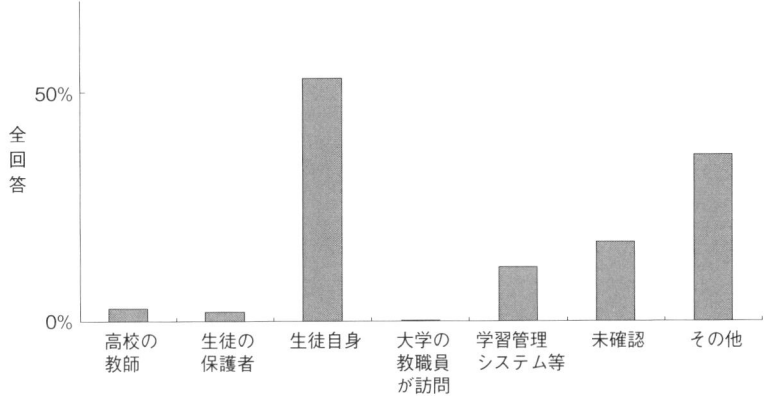

図1-9　入学前教育学習状況確認方法（問7：複数回答）

校，大学に持参」「業者が確認，事後報告」「LMS（Learning Management System）による指導」「激励の電話」などがあった。

　入学前教育の学習成果をどのように確認しているかの回答結果では，「確認していない」がおおよそ半分で，「聞き取り調査」や「学習前後にプレースメントテストを実施」がそれぞれ20％程度であった（図1-10）。

　「その他」の回答として，「課題，レポート等を提出，学科によっては教員面接」「課題の成績，プレゼン内容等で確認」「学習後の到達度テストにより把握」「アンケートによる学力調査」「心理テストを独自尺度により実施し，学習前と学習後の心理状態を比較」などがあった。

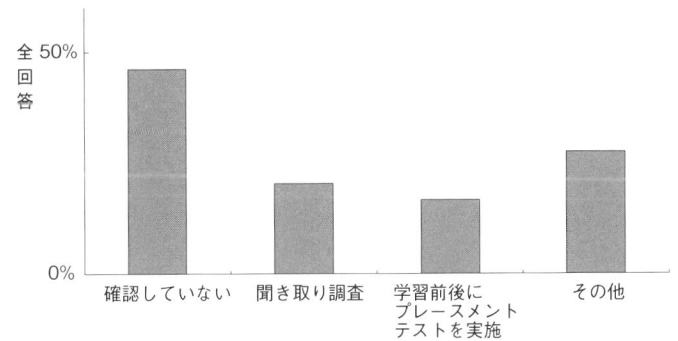

図1-10　入学前教育学習成果確認（問8：複数回答）

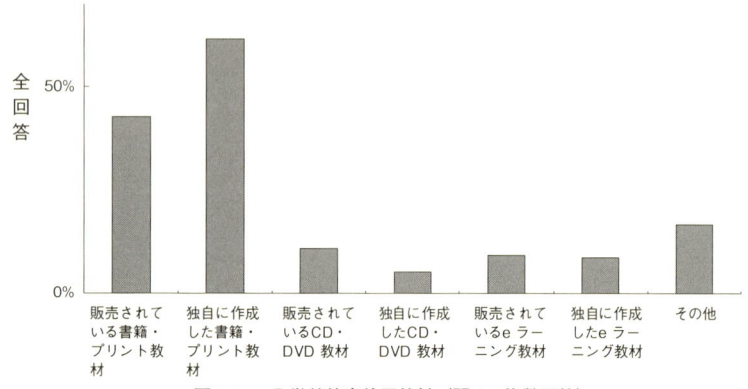

図1-11 入学前教育使用教材（問9：複数回答）

5) 入学前教育に使用した教材

入学前教育で使用した教材の回答結果を図1-11に示す。「独自に作成した書籍・プリント教材」が約60%，「販売されている書籍・プリント教材」が約40%，「販売されているCD・DVD教材」「販売されているeラーニング教材」「独自に作成したeラーニング教材」が各々約10%，「独自に作成したCD・DVD教材」が5%であった。

「その他」の回答として，「高校教科書」「独自の課題」「新聞の切り抜き」「大学入試センター試験の過去問題」「販売されている高校教員用の問題集」などがあった。

● 3-2 プレースメントテスト

1) プレースメントテストの実施規模

プレースメントテストの実施規模についての回答結果を図1-12に示す[1]。約70%の大学で大学全体として取り組んでいる。学部としては15%，学科としては約10%，教員としては5%である。

「その他」の回答として，「推薦入試で入学した学生対象」「留学生」などがあった。

---

[1] 設問は複数回答であるが，ここでは実施規模の大きな選択肢一つを回答として集計した。例えば「学科」は，大学全体と学部のいずれも選択せず，学科を選択した回答である。

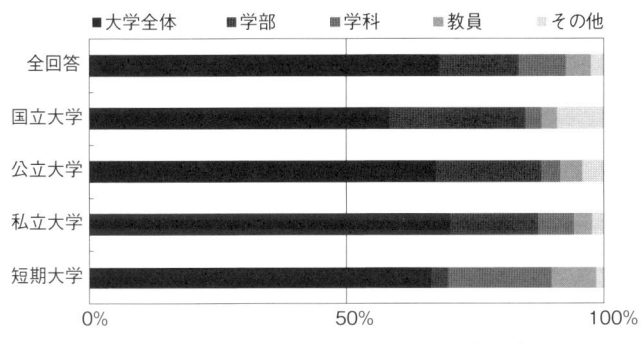

図 1-12　プレースメントテスト実施規模（問 14）

2）プレースメントテストの実施目的

　プレースメントテストの実施目的の回答結果を図 1-13 に示す。「リメディアル教育や初年次教育のクラス分けに利用」が 70%，「学生の基礎学力を把握するために利用」が 60%，「リメディアル教育や初年次教育の講義レベルや講義内容の設定に利用」が約 15% と実施目的が明確になっている。

　「その他」の回答として，「入学前教育の成果を確認するため」「学力不足の学生に教養基礎科目の受講を勧めるため」「センター試験を受けていない学生のクラス分けに利用（センター試験を受験した学生には実施しない）」などがあったが，ほとんどはクラス分けに分類できるものであった。

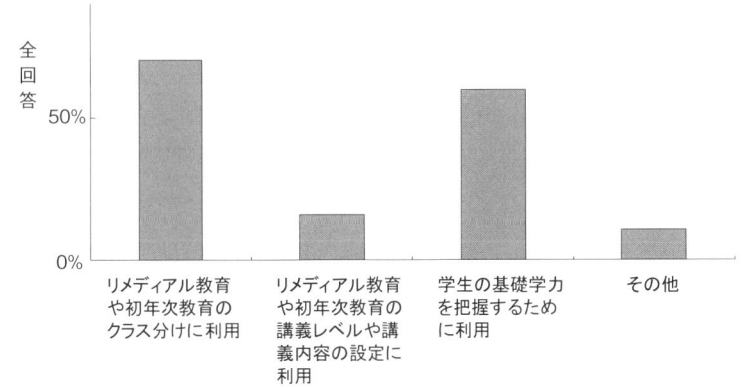

図 1-13　プレースメントテスト実施目的（問 15：複数回答）

3）プレースメントテストの使用教材

プレースメントテストの使用教材の回答結果を図1-14に示す。「独自に作成したプレースメントテスト」が約60%,「販売されているプレースメントテスト」が45%,「その他」が10%である。

「その他」の回答として,「センター試験問題」「各学科において実施科目を選定し,内容は外部委託している」などがあった。

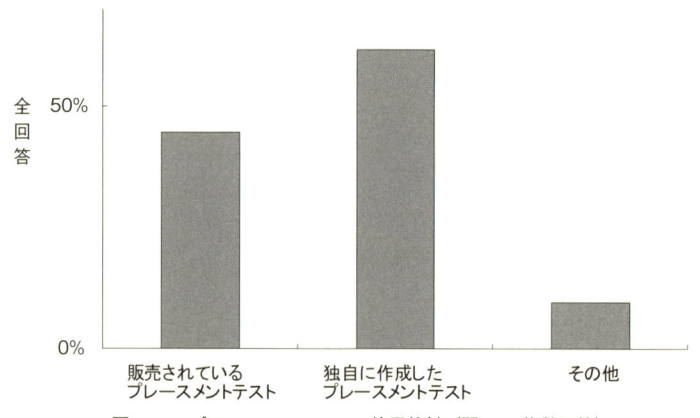

図1-14　プレースメントテスト使用教材（問17：複数回答）

● 3-3　リメディアル教育

1）リメディアル教育の実施規模

リメディアル教育の実施規模の回答結果を図1-15に示す[1]。大学全体が約半分,学部,学科がそれぞれ約20%,教員が10%以下となっている。リメディアル教育を大学全体で実施している大学は約半数であり,入学前教育やプレースメントテストに比較すると割合は低い。学部や学科での実施の割合は高い。

「その他」の回答には,「学習支援センター」や「共通教育センター」において,「一部の希望者に実施」があった。

---

[1] 設問は複数回答であるが,ここでは実施規模の大きな選択肢一つを回答として集計した。例えば「学科」は,大学全体と学部のいずれも選択せず,学科を選択した回答である。

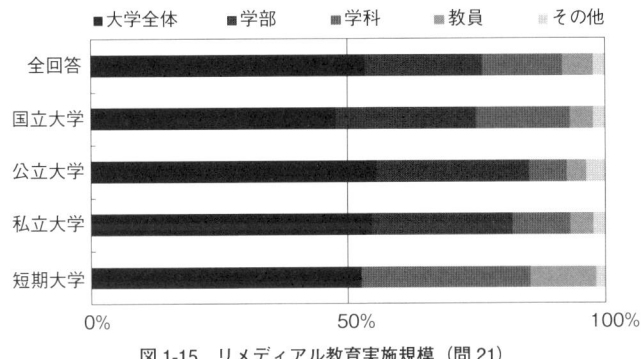

図1-15 リメディアル教育実施規模（問21）

2）リメディアル教育の実施目的と実施時期

リメディアル教育の実施目的の回答結果は図1-16に示すように，「高校生として必要な基礎学力の確認・補習」が約70％，「大学での専門教育の導入教育」が約65％と高く，「AOや推薦で入学してくる学生の学力維持・向上」は約30％とやや低い。

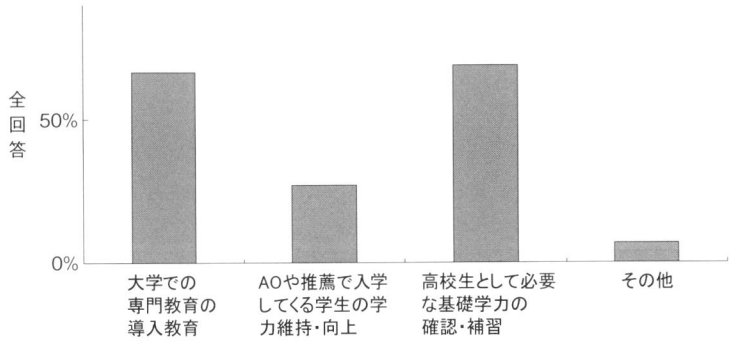

図1-16 リメディアル教育実施目的（問22：複数回答）

「その他」の回答として，「就業力育成の一環として」「大学の授業・学修面での不安を抱く学生への補習教育」などがあった。

リメディアル教育の実施時期の回答結果では，「1年次前期」と「1年次中」が約40％，「入学後1カ月以内」が約15％であった（図1-17）。およそ60％の大学が1年次前期までにリメディアル教育を終了させていることがわかる。

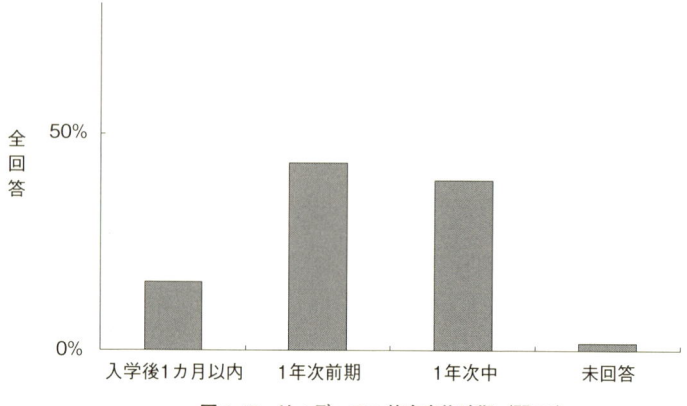

図 1-17　リメディアル教育実施時期（問 23）

3）リメディアル教育の実施効果確認

リメディアル教育の実施効果確認の回答結果は，「確認していない」が約 40%，「聞き取り調査等で学生の学習意欲の向上などを確認」が 20%，「学習前後にプレースメントテストを実施」が約 25% であった（図 1-18）。

「その他」の回答として，「毎回の授業で小テストを実施している」「単位化されているのでテスト等で確認」「学生へのアンケートで個別に確認している」「個人の授業の中の小テスト等で確認している」「習熟度判定試験を実施（3 回 / 半期）」「定期試験などの試験，e ラーニングの学習進捗状況」「外部委託業者からの報告書」などがあった。

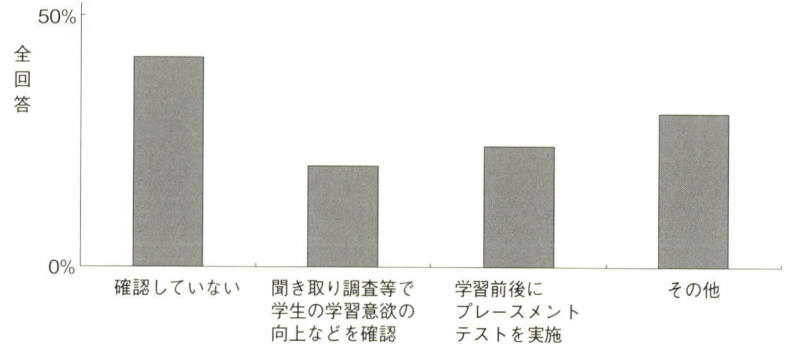

図 1-18　リメディアル教育効果確認（問 24：複数回答）

4) リメディアル教育の使用教材

リメディアル教育の使用教材の回答結果を図1-19に示す。「独自に作成した書籍・プリント教材」が70%,「販売されている書籍・プリント教材」が50%,「独自に作成したeラーニング教材」「販売されているeラーニング教材」がそれぞれ約10%,「販売されているCD・DVD教材」「独自に作成したCD・DVD教材」がそれぞれ約5%であった。

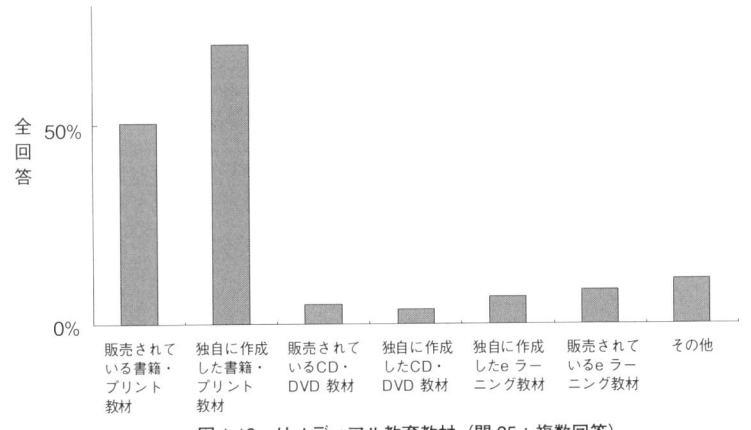

図1-19 リメディアル教育教材（問25：複数回答）

「その他」の回答として,「テレビまたはラジオによる放送教材」「学生が持ち込んだ資料・問題集」「個別対応を行っているため,教材は決まっていない」などがあった。

4 アンケート結果：実施科目の状況

科目ごとに入学前教育，プレースメントテスト，リメディアル教育を実施している大学数を大学種類別に表1-3（次ページ）に示す。

● 4-1 入学前教育

入学前教育の実施科目では図1-20に示すように，英語と日本語（国語）の語学系の科目が最も多く，それぞれ約50%の大学で実施されている。ついで，数学，化学等の理科系科目が続いている。

表1-3 入学前教育・プレースメントテスト・リメディアル教育の実施科目

大学種類		実施大学数	英語	日本語	数学	物理	化学	生物	社会	その他
実施大学総数	入学前教育	426	213	207	165	100	127	114	41	197
	プレースメントテスト	368	308	123	135	56	60	47	9	28
	リメディアル教育	303	107	111	186	127	135	108	29	43
国立大学	入学前教育	38	25	7	22	19	13	10	1	16
	プレースメントテスト	34	30	4	12	8	4	2	0	0
	リメディアル教育	44	19	4	35	34	24	14	2	6
公立大学	入学前教育	27	19	7	11	7	6	4	5	11
	プレースメントテスト	25	23	2	5	3	5	3	0	0
	リメディアル教育	27	6	3	13	11	13	11	1	2
私立大学	入学前教育	253	144	137	104	69	90	85	26	105
	プレースメントテスト	236	207	76	96	41	44	36	7	22
	リメディアル教育	177	65	68	107	76	82	69	16	22
短期大学	入学前教育	108	25	56	28	5	18	15	9	65
	プレースメントテスト	73	48	41	22	4	7	6	2	6
	リメディアル教育	55	17	36	31	6	16	14	10	13

(単位:大学数)

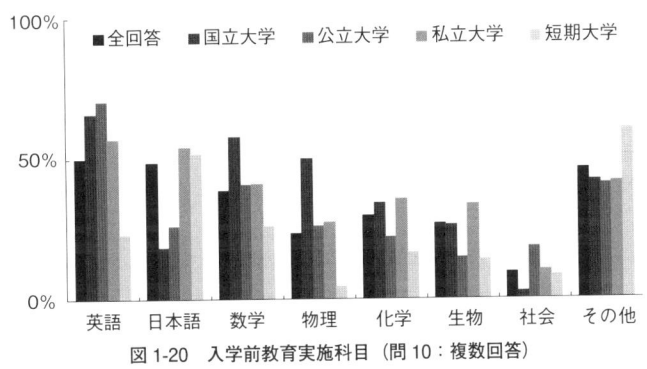

図 1-20　入学前教育実施科目（問 10：複数回答）

「その他」と回答された中で，次の 4 つの学習内容が多かった。

> ①レポート課題：大学が指定した課題のレポート
> ②小論文形式課題：書籍や新聞を読み，要約や感想等の文章を記述する小論文形式課題
> ③問題集：SPI（Synthetic Personality Inventory）等含む一般教養問題集
> ④実技課題：ピアノや声楽などの音楽系，絵画や造形などの美術系

　上記①〜③は，図 1-7 に示した入学前教育の目的の「AO や推薦で入学してくる生徒の学力維持・向上」や「高校生として必要な基礎学力の確認・補習」にあてはまり，④は「大学での専門教育の導入準備」にあてはまる。

● 4-2　プレースメントテスト

　プレースメントテストの実施科目を図 1-21 に示す。英語と回答した大学が全体の 80% 以上である。英語以外の科目は，数学，日本語と続いている。

　英語のプレースメントテストとして利用しているものとして挙げられたのが TOEIC 関連のテストである。大きく分けて「TOEIC」と TOEIC よりも日常的で身近なコミュニケーション場面や素材をテスト問題に採用した「TOEIC Bridge」が挙げられている。大学によっては，IP テスト（団体特別受験制度，IP：Institutional Program）を実施している大学もあった。

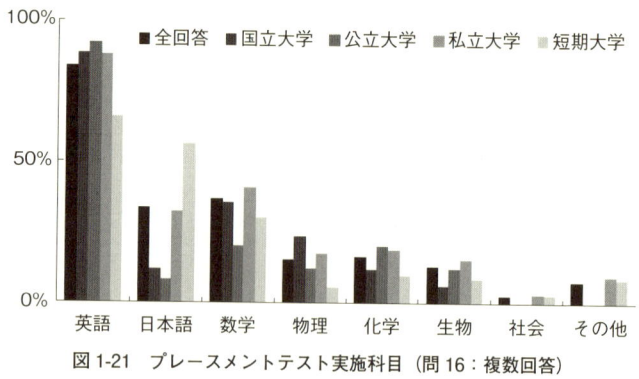

図 1-21 プレースメントテスト実施科目（問 16：複数回答）

● 4-3 リメディアル教育

リメディアル教育の実施科目では図 1-22 に示すように，数学が最も多く実施されている。化学，物理や生物などの理系科目，日本語や英語の語学系科目は同様の割合で実施されている。

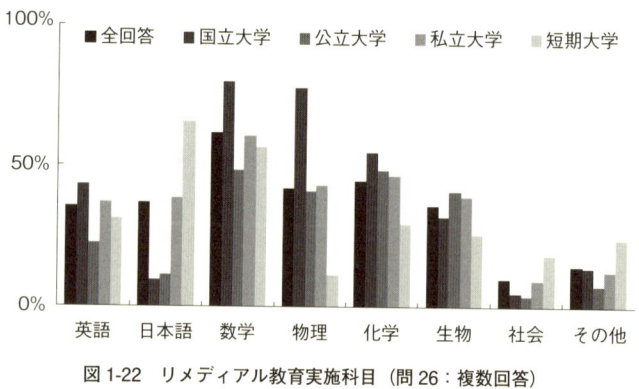

図 1-22 リメディアル教育実施科目（問 26：複数回答）

「その他」の実施科目としては，「情報基礎」「美術（デザイン，造形）」「レポート作成・プレゼンテーション実習」「コミュニケーション力」「理科（地学）」「英語による物理学基礎」「時事問題（新聞等）」などがあった。

● 4-4 科目別の入学前教育，プレースメントテスト，リメディアル教育の実施状況の関係

英語，数学，物理，日本語の科目について，その科目を入学前教育，プレースメントテスト，リメディアル教育のいずれかで実施している大学を対象として，それらの実施状況の関係を科目ごとに表1-4〜1-7に示す。この表より，次のことがわかる。

ⓐ英語を入学前教育，プレースメントテスト，リメディアル教育の全てで実施している大学は62大学で，国立大学が10大学，公立大学が5大学，私立大学が41大学，短期大学が6大学である。「プレースメントテストのみ」「入学前教育とプレースメントテスト」は比較的多いが，「入学前教育」と「リメディアル教育」は少ない。

ⓑ数学を入学前教育，プレースメントテスト，リメディアル教育の全てで実施している大学は60大学で，国立大学が7大学，公立大学が3大学，私立大学が45大学，短期大学が5大学で，英語の場合とほとんど同じである。しかし，数学は英語の場合と異なり，「プレースメントテストのみ」や「入学前教育とプレースメントテスト」は少なく，「リメディアル教育のみ」「入学前教育とリメディアル教育」が多い。

ⓒ物理を入学前教育，プレースメントテスト，リメディアル教育の全てで実施している大学は34大学で，国立大学が4大学，公立大学が3大学，私立大学が27大学，短期大学が5大学である。しかし，物理，化学，生物といった理科系科目は，「プレースメントテストのみ」や「入学前教育とプレースメントテスト」は少なく，「入学前教育のみ」「リメディアル教育のみ」「入学前教育とリメディアル教育」が多い。

ⓓ日本語を入学前教育，プレースメントテスト，リメディアル教育の全てで実施している大学は40大学で，国立大学と公立大学はゼロで，私立大学が27大学，短期大学が13大学である。「入学前教育のみ」は比較的多いが，「リメディアル教育のみ」「プレースメントテストとリメディアル教育」は少ない。

表 1-4　入学前教育・プレースメントテスト・リメディアル教育の実施状況（英語）

(大学数)	全て	入学前教育とプレースメントテスト	入学前教育とリメディアル教育	プレースメントテストとリメディアル教育	入学前教育のみ	プレースメントテストのみ	リメディアル教育のみ
全回答 (363)	62 (17%)	107 (29%)	10 (3%)	25 (7%)	34 (9%)	115 (32%)	10 (3%)
国立大学 (42)	10	5	3	4	7	11	2
公立大学 (26)	5	11	0	1	3	6	0
私立大学 (236)	41	78	5	16	20	73	3
短期大学 (59)	6	13	2	4	4	25	5

単位：大学数（構成比率）

表 1-5　入学前教育・プレースメントテスト・リメディアル教育の実施状況（数学）

(大学数)	全て	入学前教育とプレースメントテスト	入学前教育とリメディアル教育	プレースメントテストとリメディアル教育	入学前教育のみ	プレースメントテストのみ	リメディアル教育のみ
全回答 (269)	60 (22%)	22 (8%)	44 (16%)	32 (12%)	39 (14%)	22 (8%)	50 (19%)
国立大学 (38)	7	0	12	5	3	0	11
公立大学 (16)	3	0	6	1	2	1	3
私立大学 (163)	45	17	18	20	24	15	24
短期大学 (52)	5	5	8	6	10	6	12

単位：大学数（構成比率）

4 アンケート結果：実施科目の状況　23

表 1-6　入学前教育・プレースメントテスト・リメディアル教育の実施状況（物理）

(大学数)	全て	入学前教育と プレースメント テスト	入学前教育と リメディアル 教育	入学前教育と プレースメント テストと リメディアル教育	入学前教育のみ	プレースメント テストのみ	リメディアル 教育のみ
全回答 (170)	34 (20%)	3 (8%)	32 (19%)	13 (8%)	31 (18%)	7 (4%)	50 (29%)
国立大学 (41)	4	0	9	3	6	1	18
公立大学 (14)	3	0	1	0	3	0	7
私立大学 (102)	27	2	22	9	18	4	20
短期大学 (13)	0	1	0	1	4	2	5

単位：大学数（構成比率）

表 1-7　入学前教育・プレースメントテスト・リメディアル教育の実施状況（日本語）

(大学数)	全て	入学前教育と プレースメント テスト	入学前教育と リメディアル 教育	入学前教育と プレースメント テストと リメディアル教育	入学前教育のみ	プレースメント テストのみ	リメディアル 教育のみ
全回答 (276)	43 (4%)	42 (15%)	44 (16%)	13 (5%)	94 (34%)	29 (11%)	25 (9%)
国立大学 (12)	0	2	12	1	5	1	3
公立大学 (9)	0	1	6	1	5	0	1
私立大学 (174)	27	27	18	6	62	17	13
短期大学 (81)	13	12	8	5	22	11	8

単位：大学数（構成比率）

5 考察

　大学へは多様な入試制度により，多様な学力の学生が入学してくる。中には大学教育についていけない学生も増えてきており，大学教育の大きな問題になっている。そのため，入学前教育やリメディアル教育を実施する大学が増えている。
　しかしながら，学ぶ意欲が低下している学生の存在，それらに対応する教職員の人数や時間の不足，教職員の教授スキル不足，教室や設備の不足により，入学前教育やプレースメントテストやリメディアル教育の実施は容易でない。
　そのような状況において，今回，このアンケートを，短期大学を含む全ての大学に対して実施したところ，約半数の大学から回答があった。本アンケートの主旨は，時代のニーズに即しており，これらの教育活動に対する大学の関心の高さがうかがわれた。また，全ての設問への回答から大学における入学前後の教育の概要として，次のことがうかがえる。

● 5-1　大学教育のための補習・補完学習

1) 入学前教育に重点をおく私立大学

　私立の大学においては，リメディアル教育より入学前教育に重点がおかれている。国公立の大学と比較して私立の大学は，AO入試や附属高校からの進学を含む推薦入学者の比率が高いことが主な理由と推測される。AO入試や推薦で入学してくる学生には，合格発表から大学入学までの数ヶ月間に入学前教育が実施される場合が多い。

2) 入学時のプレースメントテストの利用法

　入学時にプレースメントテストを実施している大学は，入学してくる学生の学力を把握し，英語や初年次教育等のクラス分けのために実施していることが多いようである。
　とくに英語での実施が多い理由は，大学に入学してくる学生の英語の学力に差があり，そのため大学では学力レベルに応じた授業を行わなければならないことと，評価基準がしっかりしたテストが実施可能であることだと考えられる。

3) リメディアル教育の位置づけ

さらに，大学教育開始後も，基礎学力が不足している学生にリメディアル教育を実施している。しかし，リメディアル教育を大学全体で実施している大学は約半数であり，入学前教育やプレースメントテストに比較すると割合は低い。

この理由として，リメディアル教育は，結果が重要視されるため，全学的な取組として実施するのは抵抗があると推測される。また，学部や学科が，専門について学ぶための特定科目の基礎学力が身につかないまま入学してきた学生のために実施していることが推測される。この学部や学科に依存した科目での実施も，大学全体としての取組に発展しづらい要因と考えられる。

4) 入学前教育，プレースメントテスト，リメディアル教育

入学前教育，プレースメントテスト，リメディアル教育のいずれかを実施していると回答した大学は，回答数の約90％にあたる約500校で，そのうちの40％の大学が入学前教育，プレースメントテスト，リメディアル教育を全て実施している。

これらの大学は，入学前教育に始まりプレースメントテストによる学力確認を経て，必要であればリメディアル教育を実施することで，大学教育修了時に高い学士力のある学生を輩出するというシナリオで活動していると推測される。

● 5-2 単位の実質化に向けて

1) 教育の質の保証のために

現在，大学教育において，講義科目は，1科目（2単位）の場合，90時間の学修内容（30〜60時間の授業と30〜60時間の授業外学修）が必要で，それが遵守されてはじめて教育の質の保証が保たれる。そのために，基礎科目等においてはリメディアル教育を授業外学習時間にあてる対策が必要であろう。

2) 実施方法や目的の明確化

当然のことながら，各大学の教育事情は異なっているため，大学ごとに固有の方法で入学前教育，プレースメントテスト，リメディアル教育を推進し，問題点を把握し，それを解決していく努力が必要となる。そのためには，少なく

とも，それらの実施方法や目的を明確にし，それを全学生と教職員に周知させるとともに，運営責任体制を確立しなければならない。

3）大学の教育システムの改革に向けて

現在のような大学全入時代を迎え，学生の学力の質保証や学士力の修得を確実なものにするためには，従来の大学教育だけでなく，入学前教育，プレースメントテスト，リメディアル教育を含めた大学における教育システムを改革する必要があるだろう。

そして，そのような大学の教育システムの改革が有効に機能するためには，学生に対して「大学で何をどのように学ぶのか，そのために必要な学力や知識は何なのか」を明確に示すためのカリキュラムやシラバスなどの検証は欠かせない。

また，これらと並行して経費や教職員の負担を軽減するため，ICT（Information and Communication Technology）を活用し，教務ポータルサイト，LMSやeポートフォリオなどを統合した，学生や教員，職員にやさしい教務統合システムの開発もたいへん有用であろう。

6 まとめ

本章では，短期大学を含む日本全国の大学に対し，アンケートによる入学前教育，入学時のプレースメントテスト，入学後のリメディアル教育について実施調査を行った結果を報告した。アンケート集計結果より次のことがいえる。

- アンケートに対し，日本全国の1148大学のうち半数近くの544大学から回答があった。入学前教育，プレースメントテスト，リメディアル教育に対する大学の関心は高い。
- 私立の大学は入試の形態が多様でセンター試験より前に入学が決定する学生が多く，入学前教育が積極的に実施されている。
- 私立大学では，プレースメントテストの実施割合も高い。

- 国立大学では，センター試験後に入学が決定する学生が多いため，入学後のリメディアル教育が積極的に行われている。
- 入学前教育，プレースメントテスト，リメディアル教育を全て実施している大学は約40%で，そのうち半分以上の大学が，全学的に実施しているとの回答であった。
- 入学前教育を行っても，大学の半分近くは学習成果の確認を行っていなかった。
- リメディアル教育については，約40%の大学が教育効果を確認していなかった。
- 入学前教育，プレースメントテスト，リメディアル教育を実施していない大学については，「実施する必要がない」が約半分，「予定がない」との回答が約80%であった。
- 入学前教育は，英語，日本語の語学系の科目が多く，次いで数学，化学，生物，物理が続いている。
- プレースメントテストは英語に重点がおかれている。次いで数学，日本語が行われている。英語は大学が必要としている科目であることに加え，全国的な評価基準でもあるTOEIC関連の試験が定着していることも一因と考えられる。
- リメディアル教育は，数学が最も多い。化学，生物や物理などの理科系科目，英語や日本語の語学系科目は同様の割合で実施されている。

【謝　辞】

アンケートは，回答を寄せていただいた全国の大学の関係者の皆様および日本リメディアル教育学会の会員のご協力のもとに実施することができました。この場を借りて，感謝の意を表します。

付録　「入学前教育・プレースメントテスト・リメディアル教育」
　　　の実施状況に関するアンケート

－2011年5月20日発送，回答期限は6月30日必着－

Ⅰ．入学前教育の実施状況についてお答えください。
　回答は同封の回答用紙にご記入ください。回答用紙の問1～問10の欄の該当する選択肢記号の〇を黒く塗りつぶしてください。記述で回答される場合は，楷書でお書きください。

問1．入学前教育を実施していますか。（1つのみ選択）
　　a．実施している　　⇒（問4～問10の設問にお答えください）
　　b．実施していない　　⇒（問2，問3の設問にお答えください）

問1でaと回答された方は，問4～問10の設問にお答えください。
問1でbと回答された方は，以下の問2，問3の設問に回答された後，Ⅱのプレースメントテストの質問へお進みください。

問2．現在，実施していない主な理由は何ですか（複数選択可，その他を選択された方は，回答用紙の問2の「その他選択時記入欄」に理由を簡潔にお書きください）
　　a．実施する必要がない　　　　　　　　b．担当する教員がいない，あるいは，足りない
　　c．適切な教材が少ない，あるいは，ない　d．その他

問3．今後の実施予定についてお答えください。（1つのみ選択）
　　a．今年度中に実施予定　　b．来年度から実施予定　　c．再来年度以降に実施予定
　　d．実施時期は未定だが，実施する計画はある　　　　e．実施予定はない

以下，問1でaと回答された方のみ回答をお願いします。
問1でbと回答された方は，Ⅱの入学時のプレースメントテストの質問へお進みください。

問4．入学前教育は，どのような規模で実施していますか。（複数選択可，その他を選択された方は，回答用紙の問4の「その他選択時記入欄」に規模をお書きください）
　　a．大学全体として実施　b．学部全体として（一部の学部で）実施　c．学科全体として（一部の学科で）実施
　　d．一部の教員が実施　e．その他

問5．入学前教育を実施されている目的はどれですか。（複数選択可，その他を選択された方は，回答用紙の問5の「その他選択時記入欄」に目的をお書きください）
　　a．AOや推薦で入学してくる生徒の学力維持・向上　　b．高校生として必要な基礎学力の確認・補習
　　c．大学での専門教育の導入準備　d．高校からの要請　e．その他

問6．生徒はどこで入学前教育を受けていますか。（複数選択可，その他を選択された方は，回答用紙の問6の「その他選択時記入欄」に場所名を簡潔にお書きください）
　　a．通っている学校の教室　b．自宅や寮　　c．その他

問7．入学前教育の学習状況を何らかの方法で確認していますか。（複数選択可，その他を選択された方は，回答用紙の問7の「その他選択時記入欄」に方法の概要をお書きください）
　　a．生徒が通っている学校の教師に確認を依頼し，郵送や電子メールで通知してもらっている
　　b．生徒の保護者に確認を依頼し，郵送や電子メールで通知してもらっている
　　c．生徒自身に，郵送や電子メールで通知してもらっている
　　d．大学の教職員が，生徒が通っている高校に出向いて確認している
　　e．大学の教職員が，学習管理システム等の機能を利用しオンラインで確認している
　　f．確認していない　　g．その他

問8．入学前教育を実施されている大学は，その効果（成果）をどのような方法で確認していますか。（複数選択可，その他を選択された方は，回答用紙の問8の「その他選択時記入欄」に方法をお書きください）
　　a．今は確認していない　　b．聞き取り調査等で生徒の学習意欲の向上などを確認している

c. 学習前後にプレースメントテストを実施し、学習前と学習後の成績を比較している　　d. その他

問9．入学前教育では，どのような形式の教材を使用していますか。(複数選択可，その他を選択された方は，回答用紙の問9の「その他選択時記入欄」に教材の形式をお書きください)
　　a. 販売されている書籍・プリント教材　　　b. 独自に作成した書籍・プリント教材
　　c. 販売されているCD・DVD教材　　　　d. 独自に作成したCD・DVD教材
　　e. 販売されているeラーニング教材　　　　f. 独自に作成したeラーニング教材　　　g. その他

問10．入学前教育を実施されている科目はどれですか。(複数選択可，その他を選択された方は，回答用紙の問10の「その他選択時記入欄」に科目名をお書きください)
　　a. 英語　b. 日本語（国語）　c. 数学　d. 物理　e. 化学　f. 生物　g. 社会（地理・歴史）　h. その他

Ⅱ．入学時のプレースメントテストの実施状況についてお答えください。
　　回答は同封の回答用紙にご記入ください。回答用紙の問Ⅱの欄の該当する選択肢記号の○を黒く塗りつぶしてください。記述で回答される場合は，楷書でお書きください。

問11．プレースメントテストを実施していますか。(1つのみ選択)
　　a. 実施している⇒（問14～問17の設問にお答えください）
　　b. 実施していない　　　⇒（問12，問13の設問にお答えください）

> 問11でaと回答された方は，問14～問17の設問にお答えください。
> 問11でbと回答された方は，以下の問12，問13の設問に回答された後，Ⅲの入学後のリメディアル教育の質問へお進みください。

問12．現在，実施していない主な理由は何ですか。(複数選択可，その他を選択された方は，回答用紙の問12の「その他選択時記入欄」に理由を簡潔にお書きください)
　　a. 実施する必要がない　　　　　　b. 担当する教員がいない，あるいは，足りない
　　c. 適切な教材が少ない，あるいは，ない　　　d. その他

問13．今後の実施予定についてお答えください。(1つのみ選択)
　　a. 今年度中に実施予定　　　　b. 来年度から実施予定　　c. 再来年度以降に実施予定
　　d. 実施時期は未定だが，実施する計画はある　　　e. 実施予定はない

> 以下，問11でaと回答された方のみ回答をお願いします。
> 問11でbと回答された方は，Ⅲの入学後のリメディアル教育の質問へお進みください。

問14．プレースメントテストは，どのような規模で実施していますか。(複数選択可，その他を選択された方は，回答用紙の問14の「その他選択時記入欄」に規模をお書きください)
　　a. 大学全体として実施　　　　　　b. 学部全体として（一部の学部で）実施
　　c. 学科全体として（一部の学科で）実施　　d. 一部の教員が実施　　e. その他

問15．プレースメントテストを実施されている目的はどれですか。(複数選択可，その他を選択された方は，回答用紙の問15の「その他選択時記入欄」に目的をお書きください)
　　a. リメディアル教育や初年次教育のクラス分けに利用している
　　b. リメディアル教育や初年次教育の講義レベルや講義内容の設定に利用している
　　c. 学生の基礎学力を把握するために利用している
　　d. その他

問16．プレースメントテストを実施されている科目はどれですか。(複数選択可，その他を選択された方は，回答用紙の問16の「その他選択時記入欄」に科目名をお書きください)
　　a. 英語　b. 日本語（国語）c. 数学　d. 物理　e. 化学　f. 生物　g. 社会（地理・歴史）　h. その他

問17．どのようなプレースメントテストを実施していますか。(複数選択可，その他を選択された方は，回答用紙の問17の「その他選択時記入欄」に利用されているテストをお書きください)
　　a. 販売されているプレースメントテスト　　b. 独自に作成したプレースメントテスト　　c. その他

Ⅲ．入学後のリメディアル教育の実施状況についてお答えください．
　回答は同封の回答用紙にご記入ください．回答用紙の問Ⅲの欄の該当する選択肢記号の○を黒く塗りつぶしてください．記述で回答される場合は，楷書でお書きください．

問18．リメディアル教育を実施していますか．（1つのみ選択）
　　a．実施している　　　⇒（問21～問26の設問にお答えください）
　　b．実施していない　　⇒（問19，問20の設問にお答えください）

> 問18でaと回答された方は，問21～問26の設問にお答えください．
> 問18でbと回答された方は，以下の問19，問20の設問に回答してください．

問19．現在，実施していない主な理由は何ですか（複数選択可，その他を選択された方は，回答用紙の問19の「その他選択時記入欄」に理由を簡潔にお書きください）
　　a．実施する必要がない　　　　　　　　b．担当する教員がいない，あるいは，足りない
　　c．適切な教材が少ない，あるいは，ない　　d．その他

問20．今後の実施予定についてお答えください．（1つのみ選択）
　　a．今年度中に実施予定　　b．来年度から実施予定　　c．再来年度以降に実施予定
　　d．実施時期は未定だが，実施する計画はある　　　　e．実施予定はない

> 問18でbと回答された方は，アンケート終了です．
> 以下，問18でaと回答された方のみ回答をお願いします．

問21．リメディアル教育は，どのような規模で実施していますか．（複数選択可，その他を選択された方は，回答用紙の問21の「その他選択時記入欄」に規模をお書きください）
　　a．大学全体として実施　　　　　　　　b．学部全体として（一部の学部で）実施
　　c．学科全体として（一部の学科で）実施　　d．一部の教員が実施　　　　e．その他

問22．リメディアル教育を実施されている目的はどれですか．（複数選択可，その他を選択された方は，回答用紙の問22の「その他選択時記入欄」に目的をお書きください）
　　a．大学での専門教育の導入教育として　　b．AOや推薦で入学してくる学生の学力維持・向上
　　c．高校生として必要な基礎学力の確認・補習　　d．その他

問23．リメディアル教育の実施時期は，いつですか．（複数選択可）
　　a．入学後1カ月以内に実施　　b．1年次前期に実施　　c．1年次中に実施

問24．リメディアル教育を実施されている大学は，その効果（成果）をどのような方法で確認していますか．（複数選択可，その他を選択された方は，回答用紙の問24の「その他選択時記入欄」に方法をお書きください）
　　a．今は確認していない．　　b．聞き取り調査等で学生の学習意欲の向上などを確認している．
　　c．学習前後にプレースメントテストを実施し，学習前と学習後の成績を比較している．　　d．その他

問25．リメディアル教育では，どのような形式の教材を使用していますか．（複数選択可，その他を選択された方は，回答用紙の問25の「その他選択時記入欄」に教材の形式をお書きください）
　　a．販売されている書籍・プリント教材　　b．独自に作成した書籍・プリント教材
　　c．販売されているCD・DVD教材　　　　d．独自に作成したCD・DVD教材
　　e．販売されているeラーニング教材　　　f．独自に作成したeラーニング教材　　g．その他

問26．リメディアル教育を実施されている科目はどれですか．（複数選択可，その他を選択された方は，回答用紙の問26の「その他選択時記入欄」に科目名をお書きください）
　　a．英語　b．日本語（国語）　c．数学　d．物理　e．化学　f．生物　g．社会（地理・歴史）　h．その他

―　これで，アンケートは終了です．ありがとうございました．　―

Chapter 2

プレースメントテスト

編集担当：
小野　博・馬場眞知子

0 概説：プレースメントテスト

小野　博

　近年，AO（Admissions Office）入試・推薦入試，内部進学など筆記試験を受けずに入学する学生がほぼ半数に達する大学が増加し，筆記試験を経て入学した学生との基礎学力差が問題となっている。そのため，多くの大学では初年次・リメディアル教育におけるクラス編成を習熟度別に実施するため新入生の基礎学力を正確に把握することが求められている。そこで，日本リメディアル教育学会が全大学を対象にプレースメントテストの実施状況を調査したところ，国立大学の62％，私立大学の80％，短期大学の52.5％の大学が実施していることがわかった。

● 0-1　プレースメントテストに何が求められるか

　現在は学生全員にIT（Information Technology）機器が利用できる大学は少ないため，オリエンテーション期間に入学者全員の調査を実施する場合，問題冊子を利用し比較的短時間に回答できる安価なテストが求められている。

　とくに，経年変化の観察や他大学の学生との基礎学力の比較のためにはIRT（Item Response Theory：項目応答理論）分析を利用した客観的なテストが有効である。しかしその開発には多額の費用と労力がかかるため，「到達度テスト」と称する経年変化などの比較ができないテストを市販している業者もある。最低限，実施直後に，暫定的なクラス分けの指標を示すと共に，数千人の調査後にIRT分析を行い，客観的な最終データを大学に提供することが親切である。

　また，今後はタブレット機器の普及が見込まれており，全員の調査には問題冊子の利用，学習後の学力向上を確認する個別測定にはCBT（Computer Based Testing）によるテストが一般化するものと考えている。

● 0-2　客観的な評価を行うIRT診断テスト

　IRTとは項目応答理論の略称で，評価項目群への応答に基づいて，被験者の知識・技能やさまざまな能力などの特性，評価項目の難易度を測定するためのテスト理論である。このIRT診断テストでは，事前の大規模な調査に基づき，学年別の標準的な学力基準に基づいて受験者の学力を評価する。これは受験条件や年度格差に左右されないため，プレースメントテストのように入学時の学

力を客観的かつ正確に把握する際や，学習後の学力向上の確認テストに向いたテストだといえる。

● 0-3 プレースメントテストの利用方法
1) 大学におけるプレースメントテストの利用

大学におけるプレースメントテストの利用について日本リメディアル教育学会の調査で「リメディアル教育や初年次教育のクラス分け」と回答した大学が最も多く約71％，「学生の基礎学力を把握するため」が約60％であり，「入学前教育の成果を確認するため」と回答した大学もあった。

とくに客観的な学力把握や経年変化の比較には，IRT分析などの統計的手法を利用したテストが有効だが，現状では，事前に難易度が調査されていない問題を利用した検定などを客観的な基準がないことを知らずに利用する大学も含まれていた。

2) 新入生の基礎学力を把握

プレースメントテストの第一の利用方法は新入生の基礎学力を把握することである。筆記試験免除の受験生が増加する傾向にある今日，新入生の基礎学力を把握することによって大学での授業理解のための具体的な学習目標の設定に役立つことが期待されている。

3) 入試の改善への利用

第二の利用方法としては新入生全員の基礎学力を評価・把握することで，入試の改善に利用することが挙げられる。例えば，その経年変化の観察によって，入学者選抜機能の判定や入試の改善策の作成にも役立つことが期待できる。

4) 大学でのさまざまな学習・活動を円滑に進める上での指標として活用

そして第三の利用方法として，明確になった個別学生の学力を，大学でのさまざまな学習・活動を円滑に進める上での指標として活用できることが挙げられる。そのため基礎学力別クラス編成，大学生の授業理解の指標，入学前・リメディアル教育の効果測定（学力向上の確認），2年生から3年生への進級時評

価など広範囲にわたって活用されている。さらに，日本語力の低い学生が単位の取得の困難な学生に多い傾向が報告されていることから，教員による学力評価の厳密化が求められている現在，教員の FD（Faculty Development）に利用している大学もあった。

● 0-4　市販のプレースメントテスト
1）客観的なテストの必要性
　プレースメントテストは，これから入学前・初年次・リメディアル学習をする際に事前に学生の基礎学力を把握することが主目的であるため，経年変化が観察できる客観的なテストが求められる。しかし，市販のプレースメントテストは客観的なテストが非常に少ないのが現状である。

　問題冊子を利用したテストの場合，事前に IRT 分析された同じ出題形式の問題を 20 問以上含み，全体で 70 〜 80 問以上の問題項目によって構成されたものが理想的である。この際，受験者の学力レベルに対応した難易度の問題をまんべんなく含むことも精度を上げることに役立つ。

2）プレースメントテストに適さないテスト
　「到達度テスト」と称するプレースメントテストとして市販されているテストの中には出題形式が多く，各形式ごとの問題数が少ないテストもある。事前，または事後に IRT 分析を行っていない場合は，成績は素点の合計で示されることが多いし，また難易度のわからない問題項目で構成された場合は，学力測定の精度が低くなり，プレースメントテストには適さない。

　そのため，このような「到達度テスト」を実施する場合は，実施後に IRT 分析を行い，難易度や選択肢の妥当性を検証するとともに，最終的に客観的なデータを大学に報告することが，客観的な評価のために重要である。

　なお，検定試験のように就職活動目的の資格試験は，受験者が合格すれば他の利用価値も生じることから，必ずしも客観的なテストである必要はない。しかし，同じ○○級といっても問題の難易度は出題者が決めることが多いため，毎回の問題の難易度は異なり，経年変化の測定が不得意なテストであるということは理解しておくべきだろう。

3) 市販の客観的テスト

市販されている客観的テストとしては,その代表的なものにTOEFL(Test of English as a Foreign Language),英検の英語テスト,NHKエデュケーショナルのIRTテストなどがある。また,大学入試センター試験,TOEIC(Test of English for International Communication)などは実施後にIRT分析を実施しているといわれている。

1 解説：日本人のための日本語力テスト

馬場眞知子・たなかよしこ

● 1-1 はじめに

1) 大学生の日本語力育成

大学生の日本語力不足はリメディアル教育の中でも大きな問題として取り上げられている。日本語が学習のための道具として重要であることが認識されているにもかかわらず,その能力をどのように測定するか,日本語力の育成にはどのような方法が有効なのかなどについては,十分に議論されていない。

日本語力の育成については,さまざまな取組が始まっているが,日本語力の測定に関してはなかなか決定打となるものがないのが実情である。その理由としては,高等教育における日本語教育という概念の歴史が浅く,初等教育や中等教育の「国語」にあるような学習指導要領があるわけではないこと,つまり大学で必要とされる日本語力とは何か,またそれを判定するためには何を測ればよいのかということに対する知見が十分に得られていないことが挙げられる。

2) 本節のねらい

昨今,社会全体の一種の日本語ブームや検定ブームにのって,古くは漢字検定に代表されるような検定試験が多く開発され,一般社会人向けに母語としての日本語力を客観的に測定しようという方向性が出てきている。

本節では,とくに語彙テストを中心に,現在開発されているこれらのテストを紹介すると共に,大学生の日本語力を測定し育成していくためには,これらのテストをどのように活用し,その結果から得られる情報をいかに教育に取り込めるのかについて述べる。

● 1-2 測りたい日本語力とは何か
1)「国語力」から「言語力」へ

　大学での学習に必要な日本語力というのはどのようなものだろうか。文部科学省はこれまでこの力について「国語力」と述べていたが，2009（平成21）年には「言語力」という観点に広げた。3年間の言語力育成協力者会議を経て，

> 言語力は，知識と経験，論理的思考，感性・情緒等を基盤として，自らの考えを深め，他者とコミュニケーションを行うために言語を運用するのに必要な能力を意味するものとする

という教育施策に基づき教科を横断した言語力育成を行うことを提言している。さらに，

> また，言語力のうち，主として国語に関するものについて論じるが，言語種別を問わない普遍的かつ基盤的な能力を培うとの観点から，外国語や非言語等に関する教育の在り方についても必要に応じて言及する

ともあり，外国語としての英語教育と国語教育を包括した「言語力」という概念が周知された。
　このような経緯をふまえると，今後より広い枠組みで，あらゆる分野での理解のための言語力育成を視野に入れた教育が求められるようになり，それは大学においても，よりいっそう求められることになる。

2)「言語力」という観点からテストを考える

　そこで文部科学省の述べる「言語力」という観点から，大学生に必要な日本語力を測るにはどのようなテストが必要かつ有効なのかについて，以下のような語彙テスト問題を例にみてみる。
　語彙テストが測れる最も一般的なものは，問題例1のように定義づけを用いてターゲット語の定義，内包を問うものである。これはターゲット語の難易によって直接的に語彙力を測ることができる。

【問題例1（日本語IRTテストの問題より）】

「鷹揚な」
①偉そうな
②思い切った
③ゆったりとした
④丁寧な

【問題例2（日本語検定2級，平成22年度1回より）】

「由々しい」
①彼女の由々しい立ち振る舞いに，一目ぼれしてしまいました。
②この問題は一見単純なように見えるが，解決策を誤ると外交上由々しい事態に発展しかねない。
③怒りを含んだ彼女の由々しい視線に，男たちはたじたじとなってしまった。

　問題例2は用例を用いて，ターゲット語の適切さ・不適切さを問うものである。これはどんな使われ方をするかということを問うもので，文脈理解力が求められる。

　これらの意味内容や用例による問題形式は，作りやすい一方，受験者の語彙知識の一側面しか測れない。このような問題形式だけでは「ある言葉の使い方の適切さをどう捉えているか」はわからない。

　語彙力を測る時の語彙知識はもっと広範な能力を問う必要がある。語彙知識を広く問う形式として，語と語の関係を問う形式，語の意味内容の重なりを問う形式などがある。大学新入生のためのプレースメントテスト（後述）の中の日本語IRTテストには，問題例4のような形式の問題が出題されている。問題例3および問題例4は，いずれもターゲット語一つの知識では回答できない。

問題例4の仲間はずれ問題では選択肢の四つの語の関係を考えるという問題を取り入れることで，選択肢全てをターゲット語とする，より多くの語彙知識，さらにそれぞれの語の関連性を見る力を測ることができる。

【問題例3　対義語，類義語，上位下位など語の関係を問うもの（日本語検定5級，SPI，漢字能力検定，日本語能力試験など）】

「電卓 – 計算」
①カメラ – 写真
②牧場 – 馬
③ボールペン – 筆記
④本棚 – 収納

「チーズ – 牛乳」
クレジットカード
①信用
②借金
③磁気
④プラスチック

【問題例4　仲間はずれ：提示された語の意味の集合を考えて一つだけ異なるものを抽出する（日本語IRTテスト問題より）】

①しげしげと
②まじまじと
③つくづくと
④しみじみと

- 1-3 語彙テスト

1) プレースメントテストとしての語彙テストの開発

　語彙力は日本語を母語とする人については日本語の総合力との相関が高い（林部ほか，1988）という研究結果をもとに，小野（2003）が1998年〜2000年に全国の31の大学・短期大学・専門学校で日本語語彙力テストによる調査を行った。

　その結果及び上述のような視点から，プレースメントテストとしての語彙テストを開発している。これは高校生約20万人を対象とした基礎学力予備調査（2003）を経て，項目応答理論（IRT理論）に基づいて作成されており，2007年には3科目（日本語・英語・数学）合わせて全国の大学で5万人近くの大学生が受験している。

2) 語彙力テスト（日本語IRTテスト：ことばの調査）による調査の意義とテスト項目の特徴

　その中の「ことばの調査（日本語）」では語彙力を測ることで，高校生レベルの語彙力，中学生レベルの語彙力と中等教育に基づいた段階表示が可能になっている。そのことで大学生が高等教育を受けるに足る広範な理解を支える基礎学力をもっているかどうかを測る語彙力テストによる調査は，短時間で実施できるテストとしては非常に有効な指標となる。

　本テスト項目には，日本語の語彙力として，いくつかの視点からの語彙知識を問う問題が組み込まれている。それらには語の意味や使い方を問うもの，語と語の関連を問うという語彙の広さ（数）と深さの両軸がある。これらの観点から本テストで語彙力を測り，関連する，潜在的にもっているであろう文章理解に求められる語彙力を測定できるのである。

　このテストは，現在，日本語IRTテストとして実施されている。

- 1-4 日本語力に関する検定

　主に日本人を対象に日本語力を測定する検定試験のうち，2012年3月現在，実施されている主なものを表2-1に示す。語彙だけでなく，さまざまな観点からの日本語力の測定が試みられているのがわかる。

表 2-1 主な日本語力に関するテスト一覧 (2012年3月3日現在)

試験の種類	名称	実施主体	内容	結果からわかること	URL・備考
語彙力	日本語IRTテスト	NHKエデュケーショナル、株式会社エス・ティ・エス	語彙テスト（定義、仲間はずれ等）	IRT理論に基づき中学生、高校生、大学生レベルを判定	http://magajin.info/irt/ (2012.7.20)
総合力	日本語検定	東京書籍・読売新聞	6分野（語彙、文法、表記、漢字、言葉の意味、敬語）	1級（社会人）から7級（小学校低学年）まで7レベル	http://www.nihongokentei.jp/ (2012.3.3)
語彙・読解力	語彙・読解力検定	朝日新聞・ベネッセ	新聞語彙・辞書語彙・読解問題	1級（社会人）から5級（小学生）まで7レベル	http://www.goi-dokkai.jp/ (2012.3.3)
漢字力	日本漢字能力検定	(財)日本漢字能力検定協会	漢字に関する読み、書き、熟語、筆順、部首問題等	1級（一般）から10級（小学校1年）まで12レベル	http://www.kanken.or.jp/index.php (2012.3.3)
コミュニケーション力	話し言葉検定	NPO話しことば協会	筆記、リスニング、スピーキング	1級から3級まで	http://www.hana-ken.com/ (2012.3.3)
論理的言語力	国際標準論理文章能力検定	基礎力財団	論理的読解問題	Grand Master から Beginner まで称号5段階大学卒業程度から小学生1, 2, 3年までの11レベル	http://www.kisoryoku.or.jp/ronri/ (2012.3.3)
語彙テスト	Web語彙数推定テスト	NTTコミュニケーション科学基礎研究所	知っている語彙をチェックする	知っている語彙から、語彙数を推定する	http://www.kecl.ntt.co.jp/icl/lirg/resources/goitokusei/goi-test.html (2012.3.3)

● 1-5　まとめ

前述のように，日本人向けの日本語力を測るテストとしては，大学生の初年次のプレースメントテストに適切と考えられるテストや，資格としてもっていると就職活動に役立つ可能性のあるテストなど，さまざまなテストが開発されている。

1）テストはあくまでもテスト

しかし，忘れてはいけないのは，テストはあくまでもテストであって，テストのための学習が重要なのではないということである。日本語を道具として使うのであれば，日本語の運用能力を高めるためのインプットが重要である。

テストのための学習もインプットの一つではあるが，そのテストが測っている能力，テストの目的等を認識した上で利用すべきであろう。

2）求められる日本語教育とは

日本語を使って思考を組み立てるという作業を支えるのは，一つ一つの単語の知識ではなく，それらの関係をどう把握しているかである。語彙力に関していえば，大学生に求められる日本語語彙の範囲は広く深いのであるから，日本語語彙をどうやって増やすのかについて，語彙テストの練習のみをすることにあまり意味がないことは自明である。その語をどう使い分けるかなど関連語彙の運用や周辺情報の学習が重要であることから，日常的に日本語を客観的に捉え，専門用語の正確な定義と運用，必要な日本語力を自らインプットしアウトプットにつなげていくことができる学生を育てることが重要である。

2　解説：プレースメントテスト（英語）

内田富男

● 2-1　はじめに

1）大学入学者の基礎学力に関する危機的状況

大学入学者の基礎学力に関する危機的状況は，日本リメディアル教育学会の学会誌や本書でも繰り返し述べられている通りである。大学進学の一般化や入試における選抜方法の多様化，そしてそれにともなう入学者の質的変化，学力格差は深刻な問題であり，教育機関としての大学の再定義すら求められている。

英語の分野では，TOEIC スコアに基づく英語力の国際比較が話題になり，国別平均点等の数値だけがひとり歩きしている面もうかがえる。大学全入時代に突入して以来，英語入試を受けることなく入学する学生の数が拡大し，中学程度の英語すらおぼつかない学生も少なくない。一方で，いわゆる受験勉強を経験し，センター試験を含む従来型の試験を経て入学する学生もおり，今日，大学は大きな格差を受け入れざるを得ない状況である。

2) 多様化する大学英語教育

大学英語教育では，従来からの一般教養科目としての必修英語科目に加えて，リメディアル英語や実用英語，さらには EAP (English for Academic Purposes：学術英語) 等の ESP (English for Specific Purposes：特殊目的の英語) に至るまで，さまざまな英語科目の設定，目標準拠評価の導入，あるいは能力別クラス編成などで対応しつつ，多様化の方向に向かって迷走している，といったところであろう。

● 2-2　英語のテストと評価

1) クラス分けのための学力データ

学力差が極端に大きな学習者集団では能力別クラス編成をせざるを得ない。その際，クラス分けのための学力データが必要になる。しかし，全学生の英語入試の得点データが得られないケースが多く，通常，入学後にテストを実施し，学生の熟達度に応じてクラス分けが行われる。

2) 外部標準テスト

英語能力をテストによって測定・評価することは広く行われており，外部標準テストだけでもコンピュータ適応型を含めるとかなりの数に上る。また，最近ではさまざまな CAN-DO リストの作成やヨーロッパ共通参照枠 (CEFR：Common European Framework of Reference of Languages) に関連する言語能力記述に関する研究も行われ，日本でも，CEFR-J (投野 2012) という日本人に特化した言語能力記述の研究も始まっている。

安間 (2011) は，外部標準テストの利用について議論し，代表的な標準テストを 6 種類挙げている。そこで取り上げられているテストは，以下の 6 つである。

- TOEFL
- TOEIC
- 実用英語技能検定試験（STEP 英検）
- ケンブリッジ英語テスト
- IELTS（International English Language Testing System）
- 国連英検

　このタイプのテストは主に熟達度評価の目的で開発されている。本節ではこれを「評価型テスト」と呼ぶことにする。このような「評価型テスト」を利用すれば，クラス分け，到達度評価，さらには熟達度評価を行い，「厳格な評価」（中央教育審議会，2008）の一部にすることができるだろう。

　しかし，「評価型テスト」は英検の下位級を除けば主に中級以上の学習者に相応しいテストであり，学習支援がとくに求められる能力群の測定には適しているとはいえない。理想的には，各大学の学生や英語プログラムに対応した独自の標準テストによって入学時の熟達度を測定し，その後の伸張を検証したいところだが，一般化は難しいだろう。

● 2-3　「TOEIC 未満」の大学生のための学習支援型プレースメントテスト
1) STEP 英検と TOEIC

　STEP（The Society for Testing English Proficiency）英検や TOEIC などの社会的認知度の高い「評価型テスト」は，広く国内の大学や企業で利用されている。大学では，推薦入試や単位付与の条件としたり，企業では，入社や昇進等の条件にする例もある。最近は，TOEIC や STEP 英検以外のテストにおいてもこの二種類のテストとの相関や換算表が資料として提示される場合も多い。

2) TOEIC Bridge

　しかし，TOEIC はビジネスを中心とした国際コミュニケーション能力の測定を目的としており，有意な下限値でもリメディアルレベルの英語学習者をカバーしていない。また，試験時間は 120 分と長時間である。そのため，

「TOEIC 未満」の学習者を対象とした TOEIC Bridge（試験時間 60 分）が開発されている。

本項では，本書の主旨を踏まえて，学習支援の観点から標準テストの利用に限定して英語テスト，とくに低学力群を想定した外部標準テスト，即ち，「学習支援型テスト」について述べる。

3）学習支援型プレースメントテスト

ここでは「学習支援型テスト」調査の概要について述べる。主な調査対象は，以下のテストである。

- 英語 IRT テスト
- ACE（Assessment of Communicative English）Placement Test
- 英語能力判定テスト
- 国際英検 G-TELP（General Tests of English Language Proficiency）
- VELC（Visualizing English Language Competency）Test
- TOEIC Bridge

実際には，これ以外にも CBT 型の英語テストも含めて調査したが，ここでは，PC 環境に依存せず，全学的に一斉同時実施が可能な PBT（Paper-Based Test）のみに限定し，解説する。

収集した資料をもとに次の 5 つの観点で整理した。

①複数の問題レベル設定の有無
②項目応答理論（IRT）に基づくテスト
③出題数・解答時間による分類
④問題構成
⑤英語テスト以外のテストの有無

個々のテストの詳細は運営団体・機関等のホームページで最新情報を確認いただきたい。

まず，上記①の観点は，学力のちらばりが極端に大きい場合，例えば，全学的に統一実施するケースでは英語専攻と英語が苦手な学生が多数を占める学部・学科が混在する場合は不可欠な条件になる。あるいは授業後の熟達度評価の際に大幅な学力の上昇を捉える要求にも応えられる。②の観点については「学習支援型テスト」は概ね IRT を採用しており，調査した 6 件のうち 4 件が IRT に依拠していることを明示している。③の観点に関しては信頼性，妥当性等のテスト特性とテスト実施の実用性にも関わる最も重要な要素である。④の観点は前述の 2 要素に関連する要素である。⑤の観点は，英語に限らず複数のプレースメントテストを実施し，多面的に入学者の学力を把握したい場合には有益な情報となる。また，本調査では，テスト開発・実施機関が英語以外のテスト，日本語や数学を提供しているケースが 2 件みられた。

❶複数の問題レベル設定があるテスト：英語 IRT テスト（2 レベル），英語能力判定テスト（4 レベル），国際英検 G-TELP（4 レベル）

❷IRT 型：英語 IRT テスト，ACE Placement Test，英語能力判定テスト，VELC Test（ラッシュモデル）

❸出題数・解答時間：出題総数は，テストやレベルによる幅が大きい。最少は ACE Placement Test と国際英検 G-TELP Level 4（60 問）で，最多は VELC（120 問）である。英語 IRT テストと TOEIC Bridge が共に 100 である。解答時間は 5 種類が 60 分前後である。最短は英語 IRT テスト（45 分）で，最長は国際英検 G-TELP Level 3（75 分，分野毎の解答時間制限有り）である。

❹問題構成：筆記テストでは語彙，文法，読解という構成パターンが一般的である。リスニングテストがないものは英語 IRT テストのみである。リスニングテストの有無を選べるものは ACE Placement Test と英語能力判定テストである。

❺英語以外のテスト：日本語・数学 IRT テスト，ACE Placement Test（日本語）

表 2-2 学習支援型外部標準テスト（例）

	英語 IRT テスト (NHK Educational・NTS)	ACE Placement Test (英語運用能力評価協会)	英語能力判定テスト (日本英語検定協会)	VELC Test (英語能力測定・評価研究会)	国際英検 G-TELP (International Testing Service Center・(株)ジーテルプジャパン)	TOEIC Bridge (国際ビジネスコミュニケーション協会・ETS)
理論モデル	項目応答理論			(ラッシュモデル)	*	*
			テスト概要			
1 スコア範囲	200-800	0-300	テスト B:0-680　テスト C:0-570　テスト D:0-460	300-(標準スコア500)-800	0-300	20-180
分野別内訳	*	リスニング 0-100	(正答率で表示)	*	文法 0-100 読解・語彙 0-100 リスニング 0-100	リーディング 10-90 リスニング 10-90
2 測定範囲	中1から高3以上 (英検5級〜2級までの換算表示あり)	中学から高校卒業程度 (英検3級〜準2級)	テスト B：英検2級〜3級　テスト C：英検準2級〜4級　テスト D：英検3級〜5級	TOEIC 205-820程度	Level 3：TOEIC 600-400程度　Level4：TOEIC 400-200程度	TOEIC スコア 230-470、CEFR A1 および A2、B1 レベル
3 設問数	総数 100	60	80	120	Level 3：70　Level4：60	100
分野別内訳	語彙 55 文法 45	語彙・文法 30 読解 16	筆記 50　語彙・熟語・文法 30 文章構成 5 読解 15	リーディング (語彙・文法を含む) 60	文法 22　　　20 読解・語彙 24　20	リーディング 50
		リスニング 14	リスニング 30　会話 15　文 15	リスニング 60	リスニング 24　20	リスニング 50
4 解答時間	45	60	55 (テスト D のみ 50)	70	75　　　　65	60
分野別内訳(分)	*	リスニング 20	リスニング 20 (テスト D のみ 15)	リスニング 25	リスニング 20　15	リスニング 25
		読解 25 語彙・文法 15	筆記 35	リーディング (語彙・文法問題を含む) 45	文法 20　　　20 読解・語彙 35　30	リーディング 35

● 2-4　本節のまとめ
1)「学習支援型テスト」の利用

　「学習支援型テスト」の利用にあたっては，低学力群を含む場合，どのような外部テストを採択するのか，結果の解釈，学生へのフィードバック，成績評価におけるテストの位置づけなどを十分に検討しながら実践することがとくに求められる。

　入学直後に実施されるプレースメントテストでは，新入生が新しい環境に入ったばかりであるという状況をふまえたテスト実施計画も必要である。TOEIC や TOEFL のような従来型のスコア方式による「評価型テスト」では有意なスコアが得られない学習者への対応として今回調査した 6 種類の「学習支援型テスト」は，それぞれに中学生程度の英語力（ただし，同質とはいいきれない）の大学生の英語能力を測定でき，プレースメントテストとして有用である。

2) 学習者への効果的なフィードバックが重要

　「学習支援型テスト」は，学習者へのテスト結果の効果的なフィードバックがとくに重要である。また，テストによるクラス分けは「材料の仕込み」に過ぎず，能力別クラス編成の特徴を最大限に生かした指導こそが大切である。さらに，「学習支援型テスト」を到達度評価に用いる場合は，言語ポートフォリオなどの多面的な評価の一部として考える必要があろう。

3　解説：プレースメントテスト（数学）

野崎浩成・たなかよしこ

● 3-1　はじめに：ユニバーサル段階に達した日本の大学

　日本における大学進学率は 1950 年代は約 1 割程度であったが，その後上昇を続け，2007 年（平成 19 年）度には，現役高校生の大学進学率が 51.2％に達し大学など高等教育機関への進学率が 5 割を超えた（文部科学省，2007）。

　これは，日本の高等教育がマーチン・トロウ（Trow, 1972）のいう「ユニバーサル段階」に達したということを意味している。周知のようにトロウは，進学率が 5 割を超えると高等教育は「大衆（マス）段階」から，ユニバーサル段階

に達するとし，ユニバーサル段階では多くの学生にとって大学進学が当然とされ，義務とさえ感じられるようになると指摘し，大学教育の量的拡大が大きな質的変化をもたらすとした。このような進学率の上昇は，女性進学率の上昇や団塊ジュニア世代の進学などさまざまな要因により大学の定員が拡大した構造のままで少子化へと突入していることとも対応しているが，大学生の学力低下などの深刻な問題を引き起こす原因の1つになっているといわれている。

● 3-2　大学生の学力低下問題

　OECD（Organisation for Economic Co-operation and Development：経済協力開発機構）によるPISA（Programme for International Student Assessment）調査の報告によると，日本人児童・生徒の「数学的リテラシー」の全参加国中の順位と平均得点は，1位／32カ国：557点／OECD平均500点（2000年）→6位／41カ国：534点／OECD平均500点（03年）→10位／57カ国：523点／OECD平均498点（06年）→9位／65カ国：529点／OECD平均496点（09年）であり，09年は06年の平均得点より上昇しているものの統計的な有意差はみられなかったと指摘されている（文科省，2010）。このように，国際的にみた「数学的リテラシー」は得点面ではOECD平均（約500点）よりは高得点グループに属してはいるものの，2000年代を通じて長期的に低下傾向であることは否定できず，またマカオやシンガポールあるいは上海といったOECD非加盟の地域や国が新たに参加し競争が激化したことも影響しているとはいえ，その順位は長期的に低下傾向にあるといえるだろう。

　また，日本数学会教育委員会（2011）は，48大学約6千名の大学生を対象に「大学生数学基礎調査」を実施した。その結果，24％の大学生が「平均の定義と基本的な性質の認識」が正しく理解しておらず，小学校6年生で習う「平均」の考え方を尋ねる問題がわからなかったことが示された。数学の基礎学力や論理的思考力が十分身についておらず，学習時間と内容を減らした「ゆとり教育」，学力試験を課さないAO・推薦入試の増加，大学へのユニバーサル・アクセス化などが，大学生の学力低下に拍車をかけているとも考えられる。

● 3-3 プレースメントテストの必要性
1) リメディアル教育の位置づけ

上述したように，大学全入時代を迎えつつある今日，大学生の基礎学力の低下は深刻で，入学前教育，初年次教育やリメディアル教育の導入を進めている大学が数多くみられる（中央教育審議会, 2006）。日本リメディアル教育学会も，その社会的・教育的ニーズに対応すべく設立されたといえる。また絹川（2007）は，初年次教育（一年次教育，導入教育）を以下のように類別している（表2-3）。

表2-3 初年次教育の類型 (絹川, 2007)

類型	目標	実践例
(1) 入学前教育	高校と大学の接続	課題図書・作文添削
(2) 補修教育	基礎学力の補習	未習科目（数学など）
(3) 転換教育	移行支援	一年次セミナー
(4) スタディスキル	学習技術の獲得	文章表現
(5) 専門ガイダンス	専門教育	基礎科目
(6) キャリア支援	社会への移行支援	ソーシャルスキル

表2-3の類別に基づいて考えるならば，リメディアル教育は「(1) 入学前教育」「(2) 補修教育」「(5) 専門ガイダンス」に該当すると考えられる。例えば，数学を例に挙げて考えると，下記のようになるだろう。

- 「数学的リテラシー」や「平均の定義と基本的な性質の認識」の理解不十分な高校生には「(1) 入学前教育」を実施する
- 微分積分を履修することなく，理工系大学に入学してきた大学生には「(2) 補習教育」を行う
- 専門教育を学ぶ上で必要不可欠な数学的知識が不足している大学生には，専門教育への橋渡しとして「(5) 専門ガイダンス」が必要となってくる

2) プレースメントテストの意義

このように，リメディアル教育を行うといっても，文系・理系を問わず，多様なレベルの学生が多数大学へ入学してくる現状を考えると，全ての学生の習熟度レベルを的確に把握する必要がある。そこで，プレースメントテストを実

施し，全ての学生の学力を把握し，どのレベルまで習得済みなのかを把握することが重要である。プレースメントテストを実施することで，下記のような幅広いメリットが得られる。

> ①1年次の基礎学力の把握
> ②習熟度別クラス編成の実現
> ③卒業までの4年間の成績の変化を分析することで，④大学のカリキュラム改善や，⑤入学後の成績向上の有無が確認できる
> ⑥入学時の成績と卒業時の進路・成績との相関関係の分析により，⑦入試に課す科目や入試問題の妥当性の検証が可能である

● 3-4　プレースメントテストの開発

　小野（2005）らが中心となって，日本語，英語，数学のプレースメントテストが開発された。2006年以降は，生涯学習研究財団（旺文社の外郭団体）との共同研究の形式で実施され，プレースメントテストの受験者は，2009年度には，数学で38大学11,562名，日本語では75大学36,282名であった。これらのプレースメントテストは，小野らが中心となって，「大学生のための数学IRTテスト」（NHKエデュケーショナル，株式会社エヌ・ティ・エスほか）へと発展していった。

● 3-5　数学プレースメントテスト

1) **数学の学力低下**

　数学の学力低下は『分数ができない大学生』（岡部ら）が出版された1999年頃から，理系，文系の大学での基礎教育に関わるもの全てが直面する大きな悩みとなっている。

　現在，多様な入試形態が行われており，入学試験の科目の範囲として，高校での履修すべき数学の科目，数学Ⅰ，数学Ⅱ，数学A……などの範囲を全て受験して入学してくる学生以外にも，多くの学生の合格が可能となっている。とくに，経済学部，理工学部では，数学は専門科目に関わる基盤的分野であるため，未履修の範囲がある学生に対してはそれを補うことを目的として，入学前教育，補習的教育，学習支援としての個別指導などを行って対応している。

2) プレースメントテストへの期待

こうした対応のために入学時に，高等学校で履修した科目名の調査などを行っているが，高等学校によって，同じ科目名でも学習内容が大きく異なっているため，内申書からでは学生の学力水準は判断できない。そのため，入学後に選択すべき授業，大学として対応すべき学生の抽出，授業担当者のための授業目標の設定などのため，学生たちの学習到達度を一元的に測定するニーズが生まれた。

● 3-6 数学プレースメントテスト

数学に関わる能力には，大きく分けて，論理的思考，狭義の技能としての計算能力がある。これは，数学検定などでは，計算技能（一次），数理技能（二次）に分かれているが，本プレースメントテストでは，狭義の技能としての計算に関わる手続きを，各分野毎に習得しているかを確認することを目的としている。

理学部数学科などは当然数学としての本質である部分が求められるのであるが，そのような大学で入試に数学の力を問わないということはあり得ない。

一方，道具として数学の理解が求められる，経済学部，工学部などは，数学の手続き学習がどの程度行われているかという判断も欠かせない。それらのニーズから，入学後の習熟度順配置を目的とする数学の問題を精選することにした。

● 3-7 数学のプレースメントテストの問題点

数学という教科で求められている数学技能としてのさまざまな定理を用いて問題解決にあたるという意味での数学能力を測るというものは，COMPASS（Computer-adaptive Placement, Assessment, and Support System），PISA などで求められている技能である。しかし，中学・高校での指導の範囲では，数学一教科がそのような目的を担うものではない。高等教育機関である大学で求められる数学に関わる能力はさまざまであろうが，本テストでは，狭義の技能に絞ったものであるので，限られた時間でどれだけの数学的手続きを遂行できるかというものになってしまう。さらに，IRTテストであることを考えると問題数を多くすることが望ましいのであるが，計算手続きにかかる作業時間は短縮できないために，全体の問題数を増やすことも難しい。

次に，大学生が受験できる数学力を測るテストの一覧を掲載する（表2-4）。

表 2-4 数学力を測るテスト

	大学生のためのNHKエデュケーショナルIRT診断テスト	実用数学技能検定（数学検定）	ビジネス数学検定	数学能力検定	算数・数学思考力
ⓐ企画・運営者	NHKエデュケーショナル、株式会社エス・ディ・エス、小野博ほか	財団法人 日本数学検定協会	日本数学検定協会	数理検定協会	株式会社 好学出版
ⓑ概要	全国の中・高校生約20万人を対象に基礎学力（日本語、英語、数学）調査を実施し、その統計分析データによって様々な問題の難易度や識別率を算出している。問題は項目反応理論に基づいて作成されていて、学力を評価するので、受験者の学年や合格不合格などに左右されない客観的な学力を測ることができる。	数学の実用的な技能（計算・作図・表現・測定・整理・統計・証明）を測る検定	実務に即した形で数学力を5つの力（[把握力]・[分析力]・[選択力]・[予測力]・[表現力]）に分類し、ビジネスのシチュエーションに合わせた形の出題で、これらの力の習熟度を測定します。インターネット上で受験するCBT（Computer Based Testing）方式を採用し、5つの力の分析結果や総合スコアは受検直後に表示される。	TOMAC（トーマック/Test of Mathematical Competence）は繰返しで向上する「数学（算数）能力」とひらめき・センスのような数学的の潜在能力の両面をあらかじめ・センスな形の出題で、これらの力の習熟度を測定。スコアによる絶対評価で測定する数学能力検定	速く計算したり、公式に数字を当てはめることだけでなく、物事を論理的に考え解決することや新しいものを発見することや創造することが大切になってきている。さまざまな角度から、子どもたちの考える力を探りつつ、思考力を育むために役立つことを目的としている。
ⓒレベル分け	能力スコアは200～800点。高3以上レベル、高2レベル、高1レベルというように点数レンジによりレベルを点数表示する。	1級（大学程度・一般） 準1級（高3（数学ⅢC）） 2級（高2（数学ⅡB）） 準2級（高1（数学ⅠA）） 3級・4級・5級（中3～中1） 6級～11級（小6～小1） 12級（未就学児童）	Lite（新入社員・学生） 2級（入社3～5年目の若手社員） 1級（管理職）	AⅠ（小2年までの学習範囲） AⅡ（小4年まで） AⅢ（小6年まで） BⅠ（中2年まで） BⅡ（中3年まで） CⅠ（数ⅠA まで） CⅡ（数ⅡB まで） CⅢ（数ⅢC まで） D（大学教養まで）	10級（小学1年～2年程度） 9級（小学3年程度） 8級（小学4年程度） 7級（小学5年程度） 6級（小学6年程度） 5級（中学1年程度） 4級（中学2年程度） 3級（中学3年程度）
ⓓ出題範囲	数学A（中学～数ⅠA） 数学B（ⅠA、ⅡB） 数学C（ⅢC）	1～5級には、計算技能をみる「1次：計算技能検定」と数理応用技能をみる「2次：数理技能検定」がある。	把握力、分析力、選択力、予測力、表現力の5つの力を測定する問題が出題されます。	5つの問題構成からなる ・リスニング問題（音声による出題） ・潜在能力問題（右脳を刺激する「ひらめき」や潜在能力を測定する問題） ・計算問題 ・図形問題 ・文章問題	
ⓔURL	http://manajin.info/irt/	http://www.su-gaku.net/	http://www.su-gaku.biz/	http://www.suriken.com/	http://www.suriken.com/

言語能力を測る語彙力のテストは，受験者の情報処理の時間は短く，定められた時間で問題数を増やし，またその範囲を広げることができる。一方，数学では，多くの範囲を問うことが必ずしも数学的能力の高さを測ることにはならない。もちろん，数学が高度にできるものは，選択問題での数学テストでは非常に処理が早い。

一般にセンター試験が文系に有利であると言われるのは，この，数学は満点が取れる人は文系にも理系にもいるが，英語で満点が取れるのは少ない，ということに通じる。これは選択問題の限界でもあり，同時に受験者の学力の想定を細かくしなければ，得点分布が歪んでしまい，天井効果やフロアー効果を引き起こしがちである。それらのことから，現時点では，数学プレースメントテストでは，理系用と文系用の2種類を作成してこれに対応している。

4 解説：理系（物理・化学・生物）テスト

椋本　洋

● 4-1　はじめに

1）理系プレースメントテストの実施状況

日本リメディアル教育学会では，2011年4月に大学・短期大学の入学前教育，プレースメントテスト，リメディアル教育について全国1148大学にアンケートを実施した。アンケートの回答数は544校（回答率47％）であった。プレースメントテストを実施している学校は，368校で私立大学ではほぼ80％，国立大学でも70％に達している。

また，理系プレースメントテストの実施大学数は，82大学である。そのうち，物理のプレースメントテストを実施している学校は53大学である。続いて，化学については56大学，生物についても53大学（複数回答可）で実施している。さらに，インターネットの検索を行いプレースメントテストの実施状況を調べると，これらの回答大学以外の大学でも実施しており，その実数は，さらに大きくなるものと考えられる。

2）なぜプレースメントテストが必要なのか

学習指導要領と入学試験科目の変化が，こうした取組をせざるを得なくなっ

た原因であると，多くの識者が指摘している。本節では，まず，そのことを確かめるため，学習指導要領の変遷を調べる。とりわけ，2002年改訂の学習指導要領の内容を考察する。それは，上記の各大学が使用しているプレースメントテストの内容を読み解くための重要なポイントとなるからである。

また，各大学のプレースメント実施使用教材の回答結果を理系プレースメントテストに絞り，アンケート回答内容をていねいに読み込んでみると，大学・短期大学の教職員がかかわり，独自に作成したプレースメントテストを使用している大学は，物理28大学（53%），化学25大学（45%），生物23大学（43%）である。外部業者に委託をしている場合においても，各大学・短期大学はテストの内容を協議して作成していることが自由記述欄などからうかがえる。

次に，具体的なプレースメントテストの出題分野を分析し，どのような特徴がみられるかを考察する。なお本節では，紙幅の関係から，課題の多い「物理」について紹介するが，他の「化学」「生物」についても問題点の傾向は同様のものであると考える。

最後に，2012年度より，実施される高校理科の新教育課程（理数教科は先行実施）を調べ，今後のプレースメントテストの調査課題として考察する。

● 4-2　学習指導要領の変遷と問題点
1）高校における理科の必修科目や単位数の変化

大学・短期大学がリメディアル教育を実施せざるを得なくなった最大の理由の一つとして，高等学校における理科の必修科目や単位数が，改訂のたびに大きく変化していることが挙げられる。そのため，入学試験において受験科目や出題内容に大きな変更をもたらしてきた。

以下，表2-5においてそのことを明らかにする。

理科の必修単位が最大であったのは，1963年実施の教育課程である。表2-5からわかるようにその単位数は12単位である。それが，1994年改訂では2科目4単位以上，現在大学・短期大学の在学生が選択した現行課程においては2科目5単位以上にまで減っている。

4 解説：理系（物理・化学・生物）テスト

表 2-5 学習指導要領（高校理科）の変遷（文部省発表の学習指導要領から、椋本が作成した）

指導要領の実施期間	理科必修最低 履修の仕方	理科必修最低 科目・単位数	理科選択科目 科目名（単位数）				高校進学率（年）	キーワード
1948〜1955	1科目以上5単位以上	理科総合	物理 (5)	化学 (5)	生物 (5)	地学 (5)	42.5 (1950)	生活単元
1956〜1962	2科目以上6単位以上		物理 (3)	化学 (3)	生物 (3)	地学 (3)	51.2 (1956)	「試案」から「告示」へ
			物理 (5)	化学 (5)	生物 (5)	地学 (5)		
1963〜1972	普通科4科目12単位以上		物理A (3) 物理B (5)	化学A (3) 化学B (4)	生物 (4)	地学 (2)	70.7 (1965)	系統学習
1973〜1981	基礎理科またはIから2科目6単位以上	基礎理科 (6)	物理I (3) 物理II (3)	化学I (3) 化学II (3)	生物I (3) 生物II (3)	地学I (3) 地学II (3)	91.9 (1975)	教育の現代化カリキュラム
1982〜1993	理科Iを含み6単位以上	理科I (4) 理科II (2)	物理 (4)	化学 (4)	生物 (4)	地学 (4)	93.8 (1985)	ゆとりと充実・内容厳選
1994〜2002	2科目以上4単位以上	総合理科 (4)	物理IA (2) 物理IB (4) 物理II (2)	化学IA (2) 化学IB (4) 化学II (2)	生物IA (2) 生物IB (4) 生物II (2)	地学IA (2) 地学IB (4) 地学II (2)	97 (1995)	心豊かな人間の育成
2003〜2012	*日科目のうち1つ以上を含む2科目5単位以上	理科基礎 (2)* 理科総合A (2)* 理科総合B (2)*	物理I (3) 物理II (3)	化学I (3) 化学II (3)	生物I (3) 生物II (3)	地学I (3) 地学II (3)	98 (2010)	生きる力
2013〜	科学と人間生活を含む2科目、基礎の3科目	科学と人間生活 (2) 物理基礎 (2) 化学基礎 (2) 生物基礎 (2) 地学基礎 (2) 理科課題研究 (1)	物理 (4)	化学 (4)	生物 (4)	地学 (4)		脱ゆとり教育

2) 理科履修者の減少

　また，選択科目が増加したため，理科の全科目において履修者が減少していることはよく知られているところである。かつて，国公立大学においては，5教科7科目入試を実施し，高校までの幅広い基礎学力を担保していた。共通一次テストが実施された1982年ころから，物理の履修率が74.4%（1982年）から41.3%（1983年），34.4%（1984年）と大きく低下し，それ以降，右肩下がりに履修率が下がっている（文部大臣官房調査統計企画課, 2012）。

　現在の履修状況は，発表されていないが2011年度「物理Ⅰ」の教科書採択状況による（河合塾, 2012）と，356,345冊である。仮に「物理Ⅰ」を2学年で履修したとすると，2学年在籍数1,095,829人で計算すると33%の履修率である。これでは，物理の学力がつかないのは当然である。

3)「内容の厳選」の影響

　さらに深刻なのは，「内容の厳選」の影響を受け，かつて中学で学んでいた物理関連の次のような項目が，高校物理に移されたことである。たとえば，「質量と重さ」「力の合成と分解」「力とばねの伸び」「浮力」「水圧」「自由落下運動」「仕事と仕事率」「水の加熱と熱量」「比熱」「電池」「電力量」「交流と直流」「真空放電」などである。これまで，義務教育の内容とし学習してきたこうした物理の基本を，高校でも学ばずに卒業する生徒たちが多くいるという現状がある。このような理由から，大学・短期大学でリメディアル教育を実施せざるを得なくなっている。

● 4-3　プレースメントテストの内容

　理系の各分野の学部は積み上げ方式の教学体系を作っている。初年次の専門基礎の科目などにおいては，とくに高校との接続が重要である。そのため，理系の学部では，学生が高校までの教育内容をどの程度理解しているかを調査する目的から，プレースメントテストを実施している。

1) 学習指導要領に示される物理の学習内容と大学が調べたい学習内容

　学習指導要領に示される物理の学習内容と大学が調べたい学習内容を以下の表2-6に示す。表中，Aは学部で物理学を指導している教員が作成したテスト

4 解説:理系(物理・化学・生物)テスト

表 2-6 学習指導要領(物理)とプレースメントテスト出題範囲

物理 I				A	B	C
電気			電気と生活	1	2	2
	生活の中の電気		モーターと発電機			
			交流と電流			
	電気に関する探究活動					
波	いろいろな波			1		2
			音の伝わり方	1	3	2
	音と光		音の干渉と共鳴	3		2
			光の伝わり方	1	1	1
			光の回折と干渉			1
	波に関する探究活動					
運動とエネルギー			日常に起こる物体の運動		1	1
	物体の運動		運動の表し方	1	1	1
			運動の法則	3	2	4
			エネルギーの測り方	1	1	1
			運動エネルギーと位置エネルギー	1	2	1
	エネルギー		熱と温度	2		2
			電気エネルギー	1		1
			エネルギーの変換と保存			
	運動とエネルギーに関する探究活動					
物理 II						
力と運動			平面上の運動	1		1
	物体の運動		運動量と力積	2		2
	円運動と万有引力		円運動と単振動	1	5	
			万有引力による運動			
電気と磁気			電荷と電界	3	2	1
	電界と磁界		電流による磁界	2		
	電磁誘導と電磁波		電磁誘導			
			電磁波			
物質と原子			物質の三態			
	原子・分子の運動		分子の運動と圧力			
	原子・電子と物質の性質		原子と電子			
			固体の性質と電子			
原子と原子核	原子の構造		粒子性と波動性			
			量子論と原子の構造			
	原子核と素粒子		原子核			
			素粒子と宇宙			
課題研究	特定の物理的事象に関する研究					
	物理学を発展させた実験に関する研究					

表 2-7　分野別出題率

	A	B	C
力学	40%	60%	44%
波動	24%	20%	32%
熱	8%	0%	8%
電磁気	28%	20%	16%

である。Bは教員と業者が共同で作成したテストである。さらに，Cは委託された業者により作成されたものである。

表中の各項目の数字は，それぞれの項目の問題数を表している。

表2-6の出題範囲をさらにまとめてみると，上の表2-7のようになる。出題範囲は，A, B, Cのいずれも力学，電磁気，波動，熱の順に並んでいる。これは，大学の物理学において，「力学」と「電磁気学」が重視されていることを反映している。

2) 学習指導要領とのギャップ

ここで，問題になるのが，「物理Ⅰ」の各分野に加えて，「物理Ⅱ」から「力と運動」「電界と磁界」が出題されていることである。また，その出題数（率）は，A, B, Cの順にそれぞれ9題（36%），7題（35%），4題（16%）となり，大学の教員が関与すると物理学の体系を重視していることがわかる。一方，学習指導要領は，身近な現象をできるだけ定式化を抑えた形で扱おうとする意図があり，体系を重視する大学側との間にギャップが生じている。

また，上の表からわかるように，物理学の基礎である力学と電磁気学が，高校の教育課程において，物理Ⅰと物理Ⅱに分断されていることに大きな問題がある。4-2項で述べたように，物理の履修生徒が少ない点を考えても，理系進学者に対しては，この問題は早期に解決せねばならない。そのため，A, B, Cいずれのテストにおいても，物理の選択科目の種類をアンケート形式を用いて問いているところに，特徴がある。

3) マークシート方式と疑似チャンスレベル

日本リメディアル教育学会のアンケートによれば，物理のプレースメントテストを実施し，クラス編成を行っている大学・短期大学は多い。また，未履修学生

のためのリメディアル教育も実施している。したがって，それらの取組に役立てるためには，テストの実施から少しでも早くその結果が判明しなければならない。そのため，いずれのテストもマークシート方式で，4択式の解答を準備している。その結果，疑似チャンスレベルは25％と高いものとなってしまう。

しかし，物理の場合は，単位もつけて解答しなければならないため，物理量の表現により深い理解を必要とする。そのため，その点に留意した解答を準備すれば，より正確な学力測定ができると考えられよう。

● 4-4　おわりに：大学への接続

2009（平成21）年度から，教育内容の主な改善事項の一つとして「理数教育の充実」を掲げ，先行実施されていた新教育課程が，小学校は，2011（平成23）年度から，中学は2012（平成24）年度，高校は2013（平成25）年度から実施される。その結果，理科の時間数が，小学校は，350時間から405時間に，中学では，290時間が385時間に増加される。

このことは，2000年代初頭から叫ばれてきた「理科嫌い，算数ができない大学生」の声にようやく文部科学省が具体的政策として打ち出したことを意味している。また，内容においても，1節で述べた中学から高校へ移された質量と重さ」「力の合成と分解」「力とばねの伸び」「浮力」「水圧」「自由落下運動」「仕事と仕事率」「電池」「電力量」「交流と直流」などが，中学に帰ることとなった。

しかし，4-2項でみたように現行教育課程の「物理Ⅰ」（3単位）と「物理Ⅱ」（3単位）の構成が，新課程では「物理基礎」（2単位）と「物理」（4単位）に変わっただけで，扱われる内容は，編成順序（つまり，教科書の章立て）の再構成と入れ替えだけで，大きな変化はない。その意味では，これまでに課題として指摘してきた「力学」「電磁気学」の分断は変わらない。

ただし，現行の「物理Ⅰ」がとっていた「電気」「波」「力学」の構成順が，「物理Ⅰ」の平行移動とみられる「物理基礎」においては，力学，熱，波動，電磁気，原子から基礎的な事項を選んで構成するスタイルに変化している。これは，大学の専門基礎である「物理学」の構成と同じであり，大学への接続という意味では評価すべきであろう。このような高校新課程の履修内容が定着されたかどうかが，次の調査の課題となる。

Chapter 2

プレースメントテスト
：事例集

事例①【新入生の基礎学力】岡山理科大学

西川憲一，丸山糸美（教育開発支援機構教養教育センター）

キャンパス数	● 1つ
所在地	● 岡山県岡山市
1学年の人数	● 1,453名
テストの種類	● 英語：教養教育センター作成のテスト（マークシート方式） ● 数学：数学・情報教育センター作成のテスト（マークシート方式） ● 物理：理科教育センター作成のテスト（マークシート方式）
実施規模（対象学生）	● 1学年の定員1,280名，実質入学者1,453名。(2011年度) ● 英語・数学・物理の各科目とも入学直後の新入生オリエンテーションにて実施
実施目的	● 英語は，入学時の英語力把握のため，および習熟度別クラス編成の基礎資料として活用するために実施 ● 数学・物理は，入学時の基礎学力把握のため，および各入門講座（入門数学・入門物理）の受講者選定のための基礎資料として活用するために実施
導入時期	● 英語は，2002年度より本格的に大学全体で毎年新入生に実施 ● 数学・物理は，2007年度より大学全体での共通テストを毎年新入生に実施
実施時期	● 英語・数学・物理とも入学直後の新入生オリエンテーション時（4月初頭）
実施回数	● 英語・数学・物理とも入学直後の新入生オリエンテーション時に1回実施
実施部署	● 教養教育センター ● 数学・情報教育センター ● 理科教育センター ● 学習支援センター
実施担当者	● 実施に関わる諸準備およびデータ処理は，学習支援センターのスタッフとそれぞれの科目に関わる各教育センターの責任者が連携を取りながら行っている。 ● 問題は各教育センターで作成 ● テストの実施は新入生オリエンテーション担当の各学科教員

詳細な実施状況	【オリエンテーションのプログラムとしての実施】 ・各科目とも新入生オリエンテーションのプログラムの一つとして実施している。 【英語テスト（経緯）】 ・英語については，英語教育改善のための取組として，英語必修科目において習熟度別クラス編成を2002年度より導入することとなった。それにともない，1999年度から基礎学力把握として行っていた「学力多様化度調査」を2002年度から本格的に大学全体で実施することとなり，その結果を基礎資料として1年次の英語必修科目（英語Ⅰ・Ⅱ）のクラス編成を行ってきている。 【数学・物理テスト（経緯）】 ・数学・物理については，初年次におけるリメディアル教育の一環として2006年度から入門講座を導入した。この入門講座の受講者選定をより共通化し，また新入生の基礎学力把握を充実させるため，2007年度より共通テスト（学力多様化度調査）を大学全体で行うこととなった。 【受講対象者選定資料として（数学）】 ・数学では，この「学力多様化度調査」の結果をもとに，入門講座である「入門数学」の受講対象者を選定している。 ・ただし，受講対象者に対して積極的に受講するよう促してはいるが，受講を義務づけてはいない。 【受講対象者選定資料として（物理）】 ・物理についても，同じく入門講座である「入門物理」の受講を促す参考資料の一つとして「学力多様化度調査」のデータを活用している。 【学生を指導する際の参考資料としての活用】 ・各科目とも「学力多様化度調査」の結果については各学科にフィードバックすることによって，学生を指導する際の参考資料の一つとして活用している。 【学習支援センターのスタッフ】 ・学習支援センターのスタッフは関連する各教育センターにも所属しており，各教育センターと連携を取りながらプレースメントテスト（学力多様化度調査）の実施に関わっている。

事例②【新入生の基礎学力】日本工業大学

たなかよしこ（学修支援センター）

キャンパス数	● 1つ
所 在 地	● 埼玉県南埼玉郡宮代町
1学年の人数	● 約1100名
テストの種類	● 日本語：日本語IRTテスト〔本書で紹介している日本語プレースメントテスト〕 ● 英語：外国語運用能力テスト・英語能力試験 ・中等教育での履修範囲のテストではなく，英語学習に関わる能力試験 ● 数学：数学科教員による学習指導要領の範囲の単元別試験 ● 専門科目は学科毎に専門担当の教員が作成したものを実施 ● 学習動機・学習観などの「学習に関する調査」を同時に実施
実施規模（対象学生）	● 日本語，英語，数学は入学時に全新入生対象（留学生含む） ● 専門科目については学科単位で実施していた時期があった。 ● 機械システム学群，電子情報メディア学群，建築デザイン学群の新入生約1100名 ● 日本語，英語，数学の定期的な実施は入学時のみ ● 数学，英語は必修であるため，各科目の中で中間試験，期末試験などを行っている。 ● 3, 4年生の一部の学生及び，学科が希望する場合には日本語IRTテストを及び「学習に関する調査」を実施している。
実施目的	● 新入生の基礎学力の把握と各種入試による入学者の総合的な学力の「サーベイ」を目的として実施している。サーベイによって入学後の個々の学生の修学支援に役立てることが最終的な目的である。
導入時期	● 2001年から毎年度新入生に実施 ● 2005年からは学習に関する調査を追加し，学生の一人ひとりに着目し，学生の主体的学びに役立てている。
実施時期	● 入学時のテストは，オリエンテーション時（授業開始前） ● それ以降の実施は，特定科目で1セメスター目終了時 ● 3, 4年生への実施は所属学科からの要望に応じて行っている。
実施回数	● 基本的には入学時の1回は教務課と学修支援センターで4月上旬の授業開始前に行っている。 ● それ以外のケースについては，科目単位，学科単位で実施している。
実施部署	● 教務課・学修支援センター

実施担当者	●学修支援センターの教員，職員，チューターがテスト会社との連絡等を実施 ●テストの実施は，教務課により全職員の協力のもとに1教室に2名の監督を配備 ●入学後の試験においては，初年次教育科目での実施，上級学年では学生の所属ゼミ担当教員によって実施
詳細な実施状況	【オリエンテーションのプログラムとしての実施】 ・新入生に対してはオリエンテーションのプログラムの1つとして実施している。 ・教務課により，半日で全科目を定期試験の実施要領に基づき，教室割り，試験監督者2名を配置し，全学生一斉に実施している。 【テスト結果の利用法】 ・個人データとして，全学生の各教科の得点，入試種別と，学習に関する調査の結果を活用して，学修支援センター，1年次のフレッシュマンゼミの担任などが面談を行っている。 【データのフィードバック】 ・各学科のフレッシュマンゼミなどから要望がある場合には結果のフィードバックを学生に対して行っている。 ・フィードバックは学生一人ひとりの各データ（得点・傾向）に基づいたアドバイス等も入った個票（A4一枚）によって行う。個票は，本人に一人ひとり手渡し，封入して渡し，大学に入学した時点での自分の学習観，学習動機などの傾向を8つのタイプから示すことで，これから4年間をどう過ごしたらいいかなど，学力以外のことも視野に入れたフィードバックが書かれている。 ・学生は，自分が全体の中でどのようなタイプなのかを知り，そのことを生かして修学を進めることを目的としている。 【その他の工夫】 ・個票はエクセルで出力できるものであるので，日本工業大学以外でも活用できる場がある大学には，活用していただいている。 【連絡先　y_tanaka@nit.ac.jp 日本工業大学　学修支援センター】

事例③【新入生の基礎学力】活水女子大学

渡辺誠治（文学部現代日本文化学科）

キャンパス数	● 3つ
所在地	● 長崎県長崎市（2）／長崎県大村市
1学年の人数	● 約400名
テストの種類	● 日本語：日本語IRTテスト ● 英語：自前テスト ● 数学：2012年度より実施
実施規模（対象学生）	● 日本語，英語の入学時は全学，および日本語は一部3年次 ● 数学は基本的には3年次
実施目的	● 日本語は新入生全員に実施 ・日本語力の把握 ・入試の多様化によって見えにくくなっている基礎的学力を見るための一つの参考として用いる。 ● 英語は，入学時の英語力の把握のために英検を実施 ・大学基礎セミナー（全学）のためのクラス設定の資料として利用
導入時期	● 日本語については，2005年度より一部の学科で導入 ● 2009年度から全学的に実施 ・対象は新入学生全員 ・テスト結果の経年的な変化を見るために新入学生とともに3年生に対しても実施している学科が3学科ある。
実施時期	● 新年度開始の時期
実施回数	● 年1回（一部，経年的に測定している）
実施部署	● テスト内容と専門が関連する学科が中心となって実施
実施担当者	● それぞれの学科が実施し，上記学科が取りまとめる。
詳細な実施状況	【オリエンテーションのプログラムとしての実施】 ・日本語，英語は，新入生に対してはオリエンテーションのプログラムの1つとして実施している。 【日本語テスト】 ・日本語テストの結果は，過去のテスト結果とその年度のテスト結果を学科毎に1つの棒グラフで表し，全学科のグラフの一覧を印刷して教務委員会等で各学科の教務委員に配布し，教務委員が各学科に報告する。 【その他の工夫】 ・個々の教員がそれぞれの学科のテスト結果，学科間でのテスト結果の分布の異なり，それぞれの学科の年度毎のテスト結果の分布の推移に関する情報を共有できるようにしている。

事例④【学力別クラス編成】実践女子短期大学

武内一良(教育研究センター)

キャンパス数	● 1つ
所在地	● 東京都日野市
1学年の人数	● 約360名(2011年度)
テストの種類	● 英語:実践女子大学外国語教育研究センター作成テスト
実施規模(対象学生)	● 全学1年,新入生全員
実施目的	● 大学と短期大学共通に基礎教育の一環で行う1年次必修科目"Integrated English"(半期コース)において,学生のレベルに合せ,基礎クラスと応用クラスに分けるため,大学・短期大学共通のプレースメントを実施 ● 授業自体は週2回(1回ネイティブ,1回日本人)実施するもので,運営母体は大学外国語教育研究センター
導入時期	● 短期大学においては,2009年度より毎年新入生に実施
実施時期	● 科目開講時に実施(前期4月または後期9月)
実施回数	● 前期または後期のどちらかで1回実施(科目開講時)
実施部署	● 大学外国語教育研究センターおよび短期大学教育研究センター
実施担当者	● 英語:科目担当教員(教育研究センター補助)
詳細な実施状況	【試験運営主体】 ・試験運営は上記各センター助手を中心に常勤・非常勤の英語担当教員が当たる。 【学科ごとの実施】 ・大学・短期大学とも学科ごとに実施 【半期での修了】 ・科目自体は半期で修了 【実施のタイミングについて】 ・学科によって前期あるいは後期に履修されるため,各学科の開講時に実施している。

事例⑤【学力別クラス編成】大阪体育大学

長尾佳代子（体育学部 スポーツ教育学科）

キャンパス数	● 1つ
所在地	● 大阪府泉南郡熊取町
1学年の人数	● 約620名
テストの種類	● 日本語：日本語IRTテスト，旺文社プレースメントテスト ● 英語：英語IRTテスト（＋学習支援室で作成した補助問題），TOEIC Bridge ● 数学：数学IRTテスト
実施規模（対象学生）	● 初年次の導入科目である基礎教育科目（「日本語技法」「自然科学基礎」「英語」）のクラス分けや到達度評価等に利用し，大学全体として取り組んでいる。 ● 入学ガイダンス時に3科目を新入生全員に受験させる。付属校からの内部進学者45名には2012年は2月はじめにも受験させた。（入学前指導対象者の抽出のため） ● 日本語語彙力の到達度テストは入学前指導の確認として1年生の6月に受験させる。 ● 英語は1年生の1月末に2年生のクラス分けのために受験させる。
実施目的	● 体育大学という専門性から，新入生の大部分が競技歴や実技試験を重視した入学者選抜を経て入学しているため，学生間の基礎学力の格差が大きい。そのため，基礎教育科目では，高校までで履修してきた国語・数学・英語の学力を測定した上で習熟度別クラスに分け，各学生の学力に応じたクラス分けを行っている。
導入時期	● 日本語は2006年度よりプレースメントテスト，習熟度別クラスを開始 ・日本語の習熟度別クラスの設置は前期（一部後期） ● 数学は2008年度よりプレースメントテスト，2011年度習熟度別クラスを実施 ・数学の習熟度別クラスの設置は前期 ● 英語は1993年度よりプレースメントテスト，習熟度別クラスを開始 ・英語の習熟度別クラスの設置は通年
実施時期	● 内部進学者は2月 ● 入学後のガイダンス時には全員が3科目受験する。 ● 日本語はその後，前期の途中で1回行う。 ● 英語は学年末に1回行う。

実施回数	●日本語，数学，英語の3科目とも入学時にまず1回行う。その後，日本語は前期の途中で入学前指導の課題の習熟度を測るために語彙力テストを行う。 ●英語は最初の年度の終了時にTOEIC Bridgeを行い，2年生の英語のクラス分けに使う。 ●付属高校からの内部進学者は入学前にも3科目行う。
実施部署	●プレースメントテストについては学習支援室が企画と運営を行い，教養教育センターが協力している。習熟度別クラス分けはここで得られたデータをもとに教養教育センターで行っている。
実施担当者	●教養教育センター教員（常勤・非常勤），学習支援室職員（常勤），チューター（非常勤），教務補佐（常勤）
詳細な実施状況	【全学ガイダンス時の実施とテスト結果の利用法】 ・プレースメントテストは入学直後の全学ガイダンス時に実施している。その結果をもとに各科目で次のようにクラス分けを行っている。 【数学テスト】 ・「数学」の試験結果をもとに「自然科学基礎」では補習を課す最下位クラス「自然科学基礎Ⅰ」（35名程度），次の下位クラス「自然科学基礎Ⅱ」（120名程度），その他の上位クラス（「力学」「統計」「生化」から高校時代に履修していない一科目を選ぶ）に分けている。 ・毎週月曜日1クラス30名程度で，1，2，3校時にそれぞれ5クラス実施している。 【日本語テスト】 ・「日本語」の試験結果をもとに「日本語技法」では上中初級の3段階にクラス分けし，さらにその下のレベルの学生には「日本語技法演習（基礎）」（50名程度）の受講を義務づけている。 ・毎週火曜日の1，2，3校時にそれぞれ約30名ずつのクラスをのべ22クラス実施している。 【英語テスト】 ・「英語」の試験結果をもとに「英語ⅠA/B」では，5～8段階の習熟度別にクラス分けしている。 ・成績下位者にはさらに「英語基礎学力試験」を課し，これに合格することを「英語ⅠA」（必修授業）の単位認定要件としている。 【その他】 ・ここ数年新入生の学力レベルはあまり変わっていない。 ・この全新入生約620名のうち20～40名程度を補習対象としている。 ・その他の学生については，各教科とも，教員が執筆している教科書に基づいて，習熟度別に進度に配慮しながら授業を行っている。

事例⑥【講義内容の設定】創価大学

田中亮平（ワールドランゲージセンター）

キャンパス数	●1つ
所在地	●東京都八王子市
1学年の人数	●約1,800名
テストの種類	●英語：TOEIC-IP ●国語，数学：旺文社，2012年度からファカルタス社
実施規模（対象学生）	●1学年の定員約1,650名，実質入学者1,780名 ●英語，数学，国語とも入学時に全学 ・英語は一年次後期末にも全学，上級年次の希望者も受験可，TOEFL-ITPも選択可 ・日本語，数学の定期的な実施は入学時のみ
実施目的	●日本語は新入生全員に実施 ・共通科目の文章表現法a・bのプレースメントに利用している ●数学も新入生全員に実施 ・共通科目の数学科目（「数学基礎a・b」「キャリアに活きる数学」）のレベル別開講の目安に使用 ・経済学部と法学部では，学部の数学科目のプレースメントに利用 ・教授学習支援センター（CETL）では全学生を対象に，数学力アップの課外プログラムに利用 ●英語は，入学後の英語科目のレベル別受講に利用 ・後期末試験は到達度測定に利用
導入時期	●英語については1997年度からTOEFL-ITPを毎年新入生に実施 ・2010年度からはTOEIC-IPに切り替え ・当初から後期末にも到達度測定のために実施 ●国語と数学は2005年から一部学部で実施 ・2008年から全学新入生に実施
実施時期	●入学直後に1回，後期終了時に1回（原則12月）
実施回数	●国語，数学は大学経費で4月上旬の年1回 ●英語は大学経費では年3回，4月と12月及び1月，ほかに学生負担で5回程度
実施部署	●学士課程教育機構
実施担当者	●学士課程教育機構の教員，職員がテスト会社との連絡等を実施 ●テストの実施はテスト会社の職員

詳細な実施状況	【オリエンテーションのプログラムとしての実施】 ・国語と数学は新入生に対するオリエンテーションのプログラムの1つとして実施している。 ・英語についても4月のテストはオリエンテーションの一環として実施 ・12月，1月のテストは授業のない土曜日に実施 【英語科目のレベル設定とテスト結果の利用法】 ・英語科目には Basic から Advanced Intensive までの6つのレベルが設定され，レベルに応じた講義内容が提供されている。 【Basic レベル】 ・Basic レベルには一年次に週2回集中の「英語A」4単位履修が求められ，二年次以降に次の Elementary レベルの科目を2単位履修することになっている。 【Elementary レベル】 ・Elementary レベルの学生は1年次に週1回の「English Communication Elementary」と「英語B」をそれぞれ履修し，二年次に上位の Intermediate レベルの科目を2単位履修する。 【Intermediate レベルより上位の場合】 ・Intermediate レベルより上位の学生は各レベルの週2回集中科目を中心に6単位を履修することになっており，ビジネスシーンを想定した Professional English 科目と，学術的な運用能力育成を目指す EAP 科目が中心となる。

事例⑦【講義内容の設定】カリタス女子短期大学
北川宣子，前田隆子（言語文化学科　英語・英語圏文化コース）

キャンパス数	● 1つ
所在地	● 神奈川県横浜市
1学年の人数	● 125名
テストの種類	● 日本語（カリタス女子短期大学の自前テスト） ● 英語（TOEIC IP）
実施規模（対象学生）	● 日本語テスト，英語テストは入学時に全学生が受験 ● 日本語テストは新入生のみ ● 英語テストは入学時は全員 ・その後英語関連科目履修者は1年次終了時，2年次終了時にTOEIC IPを受験
実施目的	● 日本語テストは新入生の日本語力の把握および1年次必修基幹科目「日本語基礎」のクラス分けのために使用 ● 英語テストは，入学時の英語力の把握および1年次英語関連科目（「オーラルイングリッシュ」「英文講読」「英語音声学」「英語表現」「英文法」「TOEICワークショップ」「時事英語」）のクラス分けのために使用
導入時期	● 日本語テストの導入は2011年度 ・日本語テストは，基幹科目である「日本語基礎」のクラス分けに使用することにより，より効果的に日本語力の強化を目指す。 ● 英語テストの導入は2000年度 ・とくに，英語・英語圏文化コースの学生の2年間の英語力の伸長度の観察を行い，カリキュラムの改善の参考としている。
実施時期	● 入学時のテスト（日本語・英語）は入学式の前（4月初め）に実施 ● 英語テストは，その後1年次終了時と2年次終了時にも実施
実施回数	● 日本語テストは入学時のみ ● 英語テストは，入学時は全員 ・その後英語関連科目履修者には1年次終了時，2年次終了時にTOEIC IPを受験させ，伸長度を調査・分析している。
実施部署	● 学科運営委員会
実施担当者	● 日本語関連科目および英語関連科目担当の常勤教員

詳細な実施状況	【日本語テストの導入目的】 ・ここ数年，入学時における学生の日本語力のばらつきが見られたことから，2011年度より導入 【日本語テスト結果の利用法】 ・自前テストのスコアを元に，必修基幹科目としている「日本語基礎」のクラス分けを行い，日本語力の強化を目指している。 ・日本語プレースメントテストは実施してまだ日が浅いが，母語の重要性を考え，今後の「日本語基礎」の内容の工夫に反映させていきたいと考えている。 【英語テストの導入目的】 ・英語・英語文化コースの目標は，「国際社会の一員として世界と向き合うための総合的な英語運用能力を身につけ，それを活かして社会で活躍できる人材を育成する」ことにある。 ・学生たちには，「話す，聞く，書く，読む」の英語の4領域の能力をバランスよく身につけてもらいたいので，さまざまな英語力の学生が無理なく学べるようにプレースメントテストを実施している。 【英語テストの実施とテスト結果の利用法】 ・プレースメントテストとして使用しているのは，TOEIC IP である。Listening Part と Reading Part からなるテストのスコアを科目ごとに使い分けて，クラス編成を行う。 ・英語関連科目履修者はその後1年次終了時，および2年次終了時にも TOEIC IP を受験する。 ・1年次終了時のスコアを2年次の英語科目のクラス分けに使用する。 ・また学生が自らの英語力の伸長度を把握できるので，学びの動機づけのツールとしても適している。 【英語テストの結果からの改善点】 ・ここ数年のスコアの平均を見ると，Listening Part の伸長度に比べ，Reading Part の伸びが少なかった。 ・そのため，各パートのスコアのアンバランスを解消することを目的とし，授業外で出来るだけ英文を読む機会を与える工夫をしたり，語彙力強化に向けてのeラーニングシステムを活用した語彙学習を取り入れた。 【備考】 ・上記の通り，TOEIC IP はプレースメントテストとしての機能も果たすが，学生の動機づけや教育の質的向上のための材料としても活用されている。

事例⑧【プレ・ポストによる英語力評価】佐賀大学

早瀬博範,コールマン・サウス(全学教育機構)

キャンパス数	● 2つ
所在地	● 佐賀県佐賀市(2)
1学年の人数	● 約1,200名
テストの種類	● 英語4技能(Reading, Listening, Writing, Speaking)のウェブによるオンラインテスト(英語ネイティブ教員の独自作成)
実施規模(対象学生)	● 全学的。教養英語でネイティブのクラスを受講希望の学生約100名 ● 全学部の一年生で,ネイティブの英語クラス受講を希望する学生全員
実施目的	● 授業のプレースメントテストにより,3つのレベルに分けるため ● ポストテストとしても実施し,学生の学習達成度をみる。
導入時期	● 2006年から毎年実施したが,当初は紙媒体によるもの。2010年からオンライン化した。
実施時期	● 各授業の1時間目
実施回数	● 各学期に1回,年2回
実施部署	● 高等教育開発センター
実施担当者	● 高等教育開発センター所属の英語ネイティブ教員(常勤)
詳細な実施状況	【英語テストの実施とテスト結果の利用法】 ・英語の4技能である, Reading, Listening, Writing, Speakingに関してオンラインで行う。5名の英語ネイティブ教員の授業を受講する学生は全員同時間にコンピューターラボに集められ受験する。 ・その結果により,3つのレベルにクラス分けを行う。 【オンライン化されたテスト問題とシステム】 ・全てオリジナルのテスト問題はオンライン化されている。 ・システムもMoodleで管理されており,オンライン化しているので,即時に結果が得られる。 ・以前は紙媒体で行っていたが,オンライン後は問題の編集,改訂,集計,分析が容易になった。 ・テスト問題を物理的にコピーするような時間的手間もなくなった。 【Speakingテストの課題】 ・Reading, Listening, Writingテストは,ウェブによるものであるが,Speakingに関しては,学生が自ら録音し,LL機器を使っての一斉回収という手段を用いているので,この点の改善が必要である。 【テスト問題の再利用】 ・プレースメントとして使用したテストを,学期末にポストテストとして使用して,学習の進捗度を測るために使用している。

Chapter 3

入学前教育

編集担当：
椋本　洋・谷川裕稔

0 概説：入学前教育

椋本　洋

　近年，多くの大学・短期大学において，入学後の学生の基礎学力の不足，学習に対するモチベーションの低下などが課題であると指摘されている。そのため，多くの高等教育機関は，それらの課題を克服するために，入学前講座などの取組を実施している。

　本節では，まず入学前教育が必要とされる背景について述べ，続く次節では第1章で紹介された日本リメディアル教育学会2011年度全国アンケート調査の結果をもとに，大学・短期大学における入学前教育の取組とその先進的事例について報告する。

● 0-1　入学前教育が必要になった背景

　入学前教育の必要性が生じた原因としては，以下の3点が考えられる。

> ①高等教育の量的規模の拡大
> ②高校教育と高等教育のギャップ
> ③入試方式の改善と入学前準備のための教育の必要性

以下に続く項でそれぞれの点について考察していくこととする。

● 0-2　高等教育の量的規模の拡大

　まず，こうした現状を招いた原因の第一に高等教育の量的規模の拡大が挙げられる。

　文部科学省の学校基本調査をもとに，最近40年間の小中高の生徒在籍数と大学進学率をもとにグラフを作成すると図3-1のようになる。

　小学校は，1981（昭和56）年，中学校は1986（昭和61）年，高等学校は1988（平成元）年をピークに在籍数が減少し始める。逆に，大学などへの進学率は，1988年ごろを境に右肩上がりになっている。

　さらに，この図には描かれていないが，大学進学率を調べると，推薦入試が導入された1967（昭和42）年の現役進学率は24.5％であり，1973（昭和48）年

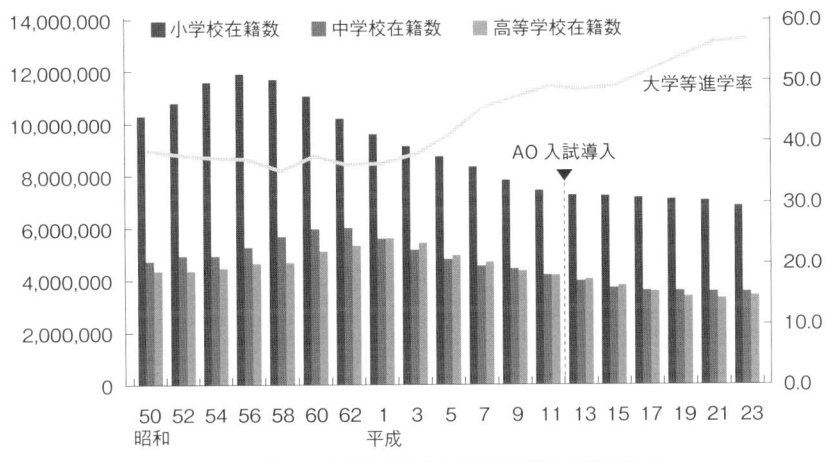

図3-1 最近40年間の小中高の生徒在籍数と大学進学率

に30％を超えるなど大きな変化は見られない。しかし，「AO（Admissions Office）入試元年」と呼ばれる2000（平成12）年ごろから，図のように18歳の人口が減少するにもかかわらず，大学の学生数は増えている。その意味では，大学・短期大学の教員は，かつて出会ったことのない学力層の学生たちの教育にかかわる時代がはじまっているといえる。

● 0-3 高校教育と高等教育のギャップ

第二の原因は，高等教育で求められる基礎教育と高等学校までの学習指導要領に規定された教育のギャップである。この点については，しばしば中央教育審議会答申などでも課題とされている。たとえば，1991年中央教育審議会答申では

> 高校教育と大学教育の関係について，大学の一般教育の内容と高校教育の内容とに重複があることや一般教育の授業の実際とその理念・目標との間にしばしば大きな乖離が見られる

として指摘されている。そのギャップは，入学試験によって受験学力の水準を担保することで，ある程度埋められていた。しかし，高等学校の全入化により，生徒

の学力が多様化し，高校生に必要な共通教育ともいうべき必履修科目の単位数は，最大だった1963（昭和38）年から10年間の68単位（／卒業までに取得が必要な単位数85単位）から，現行31単位（／卒業までに取得が必要な単位数74単位）にまで減少し，高等教育の基礎教育を理解する学力が必ずしも保障できなくなっている。

● 0-4　入試方式の改善と入学前準備のための教育の必要性

第3の原因は，AO入試，推薦入試など，選抜方法の多様化，評価尺度の多元化などにより入学者選抜の改善を意図した改革が，必ずしも有効に機能していない点である。

● 0-5　入学前教育の現状

そのため，2000年代初めから取り組まれはじめた入学前教育は，その後の進学率の上昇を背景に飛躍的に拡大されている。近年，文部科学省は，大学入学者選抜実施要項においても入学前教育の必要性を指摘している。最新の平成25年度実施要項では，

> 各大学は，入学手続きをとった者に対しては，必要に応じ，これらの者の出身高等学校と協力しつつ，入学までに取り組むべき課題を課すなど，入学後の学習のための準備をあらかじめ講ずることが望ましい。（実施要項第13その他注意事項，6その他，（4））

とある。こうした指摘は，平成23年度実施要項からはじまり，これは，2008（平成20）年12月の中央教育審議会答申「学士課程教育の構築に向けて」を受けてのものと考えられる。

1　解説：入学前教育に関するアンケート結果

椋本　洋

第1章に報告されているように，日本リメディアル教育学会によるアンケート調査から「入学前教育は，国公私立のいずれも半数以上の大学で実施され，私立大学と私立短期大学では約80％，国立大学でも70％に達している」ことが

1 解説：入学前教育に関するアンケート結果　　79

わかった。以下では，それらの大学，短期大学の実施規模，目的，方法などについて解説する。

● 1-1　入学前教育の実施規模

まず，68％の大学・短期大学が大学全体で入学前教育を実施している。その具体例として，大規模大学については，近畿大学，立命館大学を取り上げた。また大規模以外の大学の場合，鳥取大学，京都工芸繊維大学，聖学院大学を取り上げた後に具体例を紹介している。他には工学部などの単科大学の場合については，千歳科学技術大学，金沢工業大学，北海道工業大学を参考例として取り上げる。加えて，短期大学での取組例については湖北短期大学を挙げる。

次に，16％の大学・短期大学が学部単位で実施している。その例として，九州工業大学，広島修道大学，関東学院大学を例示する。ご参照いただきたい。

その他としては，第1章でも報告されているが，学科単位での実施が12％，教員個人による実施が2％などである。

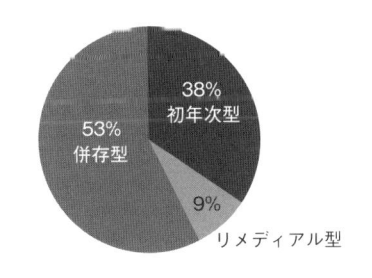

● 1-2　入学前教育の実施目的

入学前教育の実施目的は，初年次教育型，リメディアル教育型，そしてその両タイプを実施している併存型の3つのタイプに分類した。

初年次教育型であるが，問5のアンケート項目「入学前教育を実施されている目的はどれですか」の回答選択肢のうち，「大学での専門教育の導入準備」に回答した161大学をカウントした。また，リメディアル教育型は，「AOや推薦で入学してくる生徒の学力維持・向上」と「高校生としての必要な基礎学力の確認・補習」のいずれかに回答した38大学を挙げた。さらに，併存型については，上記初年次型，リメディアル型の両方の選択肢に回答した226大学を整理したものとした。

それらの典型例については，初年次型として，湘北短期大学を後ほど，取り上げている。またリメディアル型として，鳥取大学，千歳科学技術大学，金沢工業大学，北海道工

図3-2　入学前教育の実施目的

業大学，聖学院大学を取り上げ，併存型として，九州工業大学，京都工芸繊維大学，関東学院大学，近畿大学，立命館大学をそれぞれ取り上げた。

その他，学力の面での取組に限らず，「大学入学までのモチベーション維持」「学習意欲の習慣づけ」「入学予定者どうしのコミュニティ機能として活用」「入学前の不安や疑問の解決」「大学生活の目的の明確化」などの目的が，これらの事例校にとどまらず多くの大学・短期大学で見られた。

● 1-3　入学前教育の実施方法

次に実施方法については，大学の施設などへの「通学講座」と，通っている高等学校の教室や自宅等で通信添削や課題学習を行う「自学自習講座」に大別する。そのため，集計に当たっては，問6のアンケート項目「生徒はどこで入学前教育をうけていますか」の回答選択肢のうち「その他」（複数回答も含む）を回答した111校の「選択時記入欄」を読み込んで，大学関連施設を使っていると考えられるケースを数えた。その結果，通学型が111大学で，入学前教育実施校全体の26％を占めていることが明らかになった。そして，残り74％が「自学自習型」に類別される。先進的事例の具体例として，以下の取組を紹介する。

①合宿形式の合格者研修会実施：鳥取大学，九州工業大学情報工学部
・いずれも，合宿終了後eラーニングを用いて，入学直前まで学習を継続させている。
②大学へ複数回通学させて，講座を受講：聖学院大学，湘北短期大学
③大学でのガイダンス講座の実施とその後の入学前講座の受講：近畿大学，立命館大学，広島修道大学経済学部
④合格者オリエンテーション講座の実施とその後の通信添削と登校による学習生活相談会の取組：京都工芸繊維大学
⑤作問，添削を全て大学教員で実施している通信添削講座の実施：金沢工業大学
⑥eラーニングとSNSの併用：関東学院大学
⑦eラーニングによる取組と学生・教職員スタッフの学習激励：千歳科学技術大学

なお，詳細は各大学から実施例として紹介する。

● 1-4　入学前教育の教材

また入学前教育の教材を何らかの形で大学が作成しているケースを調べるため，問9「入学前教育では，どのような形式の教材を使用していますか」の回答選択肢「独自に作成した書籍・プリント教材」「独自に作成したCD・DVD教材」「独自に作成したeラーニング教材」「その他」（独自課題の記述）のいずれかに回答した大学・短大をカウントした結果，322大学が回答していることがわかった。これは，全回答大学の76％にあたる。

● 1-5　入学前教育の実施科目

また，実施科目については，第1章の報告にもあるとおり，多く選択している科目順に，「英語」213大学（50％），「日本語」207大学（49％），「数学」165大学（39％），「化学」127大学（30％），「生物」114大学（27％），「物理」100大学（23％），「社会」41大学（10％）が続き，その他（大学の指定課題，小論文，一般教養用問題集，実技課題など）が197大学（46％）である。

● 1-6　入学前教育の学習効果の確認

学習効果の確認については，「確認していない」が46％で半数近い。これは，プレースメントテストなどを用いて学力を測定するには，合格から講座受講，入学までの時間が短期間であるため実施しにくく，この時期は，大学・短期大学にとっては繁忙期にあたっているので，測定や分析にかける時間的余裕がないなどの理由が考えられる。したがって，課題の確認や学力の分析などは，教材等の提供を行っている企業などに頼っている現状が推測される。一方，「学習の前後にプレースメントテストを実施」している学校が17％ある。それは，上記通学型の研修講座や学校が独自に開発した通信添削講座やeラーニング講座などを実施している大学・短期大学である。

● 1-7　今後の課題

多くの大学・短期大学は，学生の実態に応じて，以上の報告のように，入学

前教育の実施を行っている。しかし，入学前教育，プレースメントテスト，リメディアル教育のリンクについては，第1章に報告があるように62校（17%）にすぎない。このことは，大学のアドミッションポリシー，学士力の質保証にかかわって，今後の大きな課題と考える。

以下，参考までに，先進事例から読み取れる今後の課題とその克服の視点を挙げてみる。

1) 接続教育の視点が必要

入学前教育の設計にあたっては，高校教育との接続の観点が重要であろう。京都工芸繊維大学においては，教材開発の時点から「高校と大学の教員が連携して取り組み，高校と大学のギャップを分析した上で，その「橋渡し」となるような教材」を作成している。

また，講義にあたっては，元高校教諭が担当する（九州工業大学など，記述回答に多くみられる）など，高校教育と大学教育の間にあるギャップを埋める努力が必要であろう。

2) 通信添削，eラーニングの実施には，課題提出など学習の継続に課題がある

今回のアンケート項目での設定こそしていないが，筆者の経験から，課題の提出が回を追うごとに減少していく傾向にあることを認識している。これを改善するためには，学習開始時には高かった学習動機の継続を図るシステムが重要になる。

もちろん入学前教育にかかわる企業の多くは，そのシステムをもっており，また，そのシステムや指導にあたるメンバーの良否が講座の成果のカギを握っている。その意味で，指導にあたるメンターの必要性及び養成が必要である。eラーニングのケースであるが，関東学院大学のSNS（Social Networking Service）を利用した取組と千歳科学技術大学が，参考になる。つまり，ラーニングコミュニティを受講生どうしで形成させることをしかけ，そこに，学部など入学前教育にかかわる教職員の関与を促していくことが課題の克服に貢献するものと考えられる。次回調査では，必要な調査項目となろう。

3) 入学前教育を単に「学力不足」を補うだけの取組とするべきか？

　AO入試，推薦入試など早期合格者群とセンター試験・個別二次試験の合格者の群の間に，入学時点において差があることは，各大学で周知のことであろう。また，このスタートにおける学力差が，1年次終了後の単位修得数において影響していることも考えられる。

　それを埋めるための取組が，入学前教育，リメディアル教育であるが，大学にとっては，早期合格者の学生たちは，それぞれの大学への入学を熱望してきた層であることを忘れてはならない。

　例えば，立命館大学の場合，特別入試合格者へ「大学のあらゆる学びの場面における「リーダー」的役割の担い手」「正課・課外を通じて，リーダー的役割を発揮し，学びのコミュニティー形成の核となる人材」であることの期待を，大学全体として，さらに学部から，合格者全員を集めた場において発信している（立命館プレエントランスデイ）。このように，受講する学生たちの学びの意欲に直接働きかける取組が重要であろう。

4) 入学前教育の内容が「高等学校の復習」だけでよいか？

　湘北短期大学の例にあるように，「職業をもつ一般社会人が備えるべき基礎能力を身につけることの重要性を早期から学生に理解させることの必要性を意識したもの」としての入学前教育の可能性もある。内容の詳細は，同短期大学の事例紹介に譲るが，このような視点は，大学のディプロマポリシーを視野に入れた観点として注目したい。

　また，実施目的の項で述べたように，多くの大学・短期大学が初年次教育との併存型であることから，各大学が，このような視点を重視していることがわかる。今後は，「知識の習得」のみにとどまらず，さらに，高等学校までの新教育課程に登場してくる「知識の活用」「探求」型の学習内容も視野に入れた教材を開発することが望まれる。その意味において，日本リメディアル教育学会が取り組んでいる「コミュニケーション能力」の開発がどのように進んでいくのか注目したい。

5) 入学前教育の実施部署はどこか？

　事例報告によれば，次のような部署が入学前教育を主管している。入学にか

かわる全学横断組織である入学センター，アドミッションセンター，入試広報課など（鳥取大学，京都工芸繊維大学，北海道工業大学など）がある。

次に，在学生の学習支援にかかわる学習支援センター，数理工教育研究センターなど（広島修道大学，金沢工業大学）がある。

さらに，教養教育を推進する組織である「リベラルアーツセンター」「基礎総合教育部」（聖学院大学，湘北短期大学）及び全学の教育開発にかかわる「教育開発推進機構」（立命館大学）などがある。

また主管が学部である例（九州工業大学，近畿大学）もある。

いずれにしても，これらの業務及び実践は，教員のみあるいは職員のみで行われているのではなく，教職協働の取組であることがうかがわれる。今後，入学前教育の改善のためには，よりいっそうの教職協働の営みがカギとなろう。その意味で，日本リメディアル教育学会第8回大会が，教職協働をテーマに開催されることを契機に，次回調査においては，入学前教育における教職協働がどのように機能するのかを探ってみたい。

Chapter 3

入学前教育
：事例集

事例①【国立大学事例】京都工芸繊維大学

内村　浩（アドミッションセンター）

所在地	●京都府京都市
実施規模	●大学全体での取組
対象学生	●AO入試合格者（全員） ●社会人入試合格者（希望者）
実施目的	①入学までの学習姿勢および意欲の継続・向上を図る。 ②大学での学びに必要な学力とスキルを身につける。 ③生徒から学生への意識変革と自立的な学習姿勢への「橋わたし」をする。
導入時期	●AO入試開始当初から導入している（2001年12月～）
実施場所	●自宅：通信添削課題など ●大学：オリエンテーション，学習生活相談会
実施方法	●合格発表（12月初旬）から入学式までの約4ヶ月間，下記の内容を実施 ①合格者オリエンテーション：ガイダンス，プレースメントテストなど ②通信添削：英語，数学，国語，物理の課題をそれぞれ3回提出 ③登校による学習生活相談会3回 ・個別指導，講義，先輩との交流会など ・遠方で参加できなかった人にはインターネットで講義を配信 ④テキスト購読 ・オグボーン, J.・ホワイトハウス, M.［編］(2004)．アドバンシング物理—新しい物理入門　シュプリンガー・フェアラーク東京 ・田中好三　(2009)．賢い人の日本語力　鳥影社 ⑤携帯メールを利用したレター配信と個別サポート
実施部署	●アドミッションセンター
実施担当者	●アドミッションセンターの常勤教員（教授1名，准教授1名） ●非常勤講師（高校教員経験者4名が通信添削と講義を担当） ●TA学生（約20名でサポートチームを編成）
詳細な実施状況	●京都工芸繊維大学のAO入試は，成功事例として学内外から評価されることが多い。 ・その成功要因の一つとして，周到にデザインされたていねいな入学前教育を挙げることができる。 【入学前教育への参加状況】 ・京都工芸繊維大学の通信添削課題は量・質ともにハードなものであるにもかかわらず，その提出率は非常によい。（2012年度で95%以上） ・また，学習生活相談会には，遠方からも含めて多くが参加している（同年で延べ132名）。

詳細な実施状況	【入学前教育の効果】 ①入学前教育に対する参加者の満足度はとても高い。 ②また，入学後の追跡調査から次のような傾向が見出された。 ・AO入試で入学した学生は，一般入試の学生と比べて，入学後の成績に遜色がなく，ドロップアウトが少ない。 ・入学前教育の課題提出回数が多い者ほど入学後の取得単位数と成績がよい。 【教材の工夫】 ・通信添削の教材は，英語をのぞいて全て独自に開発している。 ・開発には高校と大学の教員が連携して取り組み，高校と大学の学びのギャップを分析した上で，その「橋わたし」となるような教材をつくっている。 【実施方法の工夫】 ・学習生活相談会では，添削指導教員による個別相談や講義を取り入れている。 ・先輩学生によるサポートチームを導入することで，アットホームな雰囲気と連帯感をかもしだしている。 ・ただし，あくまでも「学習の主体は自分」という自立的な学習姿勢を促すことに配慮している。 【参加促進のための工夫】 ・合格者に入学前教育の目的をていねいに説明するとともに，プレースメントテストの結果をフィードバックして，自分の課題と目標を自覚させるようにしている。また携帯メールを利用して，大学や先輩学生たちからのメッセージを配信したり，個別に激励の言葉がけを行っている。さらに入学前教育の趣旨について高校向け広報を展開し，認知に努めている。 ・その結果，課題の提出状況が良くない生徒への指導に高校が積極的に関わってくれるようになった。 【さらなるチャレンジ：成績閲覧システムを利用した総合的学生支援】 ・入学前教育が実を結ぶためには，入学後も継続した支援が必要である。そのため京都工芸繊維大学アドミッションセンターでは，全学の学生一人ひとりの学習状況やドロップアウト傾向などを把握できる「成績閲覧システム」を開発し，入学後の学生支援に役立てている。(このシステムは他大学にも喜んで提供したい。) ●連絡先　uchimura@kit.ac.jp（内村　浩） TEL：075-724-7091（センター代表）

事例②【国立大学事例】鳥取大学

森川　修（大学教育支援機構入学センター）

所在地	●鳥取県鳥取市
実施規模	●大学全体での取組
対象学生	●AO入試，推薦入試Ⅰの合格者のみ：推薦入試Ⅰとは，大学入試センター試験を課さない入試方式
実施目的	●AO入試や推薦入試Ⅰの合格者は入学までに4〜5ヶ月と長い時間があり，意欲の低下や学習習慣の継続に懸念がある。 ・それを防ぐために，鳥取大学に来学しての合宿研修で，自己の現状認識を把握し，同じ合格者との関わりの中でコミュニティーの形成やモチベーションの向上を図ることを目指した。 ・また，帰宅後には，自宅や高校等でインターネットに接続するPCを用い，ウェブ上で学習するeラーニングを入学直前まで実施し，学習習慣の維持と基礎学力の定着を図ることを目的とした。
導入時期	●2008年入試合格者より（2007年11月から）
実施場所	●入学前教育合宿研修：鳥取大学鳥取キャンパス，鳥取市内のホテル ●eラーニング：合格者の自宅や所属する高校
実施方法	●合格後に鳥取大学に来学し，2泊3日の合宿研修を行う。 ●また，帰宅後から，インターネットに接続するPCを用いてウェブ上で学習するeラーニングを入学直前まで行う。
実施部署	●大学教育支援機構入学センター ●地域学部 ・地域政策学科／地域教育学科／地域文化学科／地域環境学科 ●工学部 ・機械工学科／電気電子工学科／土木工学科／社会開発システム工学科 ●農学部 ・生物資源環境学科
実施担当者	●入学センター教員（常勤） ●実施部署の学科の教員（常勤）
詳細な実施状況	【問題点の把握】 ・AO入試の合格は，入学年前年の10月下旬に，推薦入試Ⅰの合格は入学年前年の11月下旬にそれぞれ決定する。 ・いずれも入学までに長い時間があり，この時期を無為に過ごすと，学習習慣や意欲が低下してしまう。

詳細な実施状況	**【入学前教育合宿研修】** ・上述の問題点を改善するため，合格者に合格直後に鳥取大学に来学してもらい，2泊3日の入学前教育合宿研修を行う。 ・この合宿では，プレースメントテストなどを行い自己の現状認識をした。 ・また，同じ合格者との関わりの中でコミュニティの形成を行い，また，合格者のお互いを知ることで入学後のモチベーションの向上を図ることができた。 ・この合宿には教員だけではなく，在学生にも参加してもらっている。 **【入学前教育合宿研修の効果】** ・とくに，コミュニティの形成，モチベーションの向上に大きな役割を果たした。 ・さらに，合格者は入学後に勉学を含めていろんな悩みを抱えているが，それらを在学生に尋ねることでとても安心して，その後の勉学等に取り組んでいた。 **【eラーニングの実施】** ・入学前教育合宿研修後に，学習習慣の維持と基礎学力の定着を図ることを目的とし自宅や高校等でインターネットに接続するPCを用いてウェブ上で学習するeラーニングを入学直前まで実施した。 ・教科・科目は学部・学科により，必要な科目を選択して実施した。 **【eラーニング実施費用】** ・費用は基本的に受講生の負担であるが，学長経費等の学内予算が獲得できた年は，大学側が30％程度の負担を行った。 ・2011年に科学研究費補助金を獲得したことにより，2012年度入学者からは，70％を大学側が負担し，個人負担を30％にまで軽減できた。 **【プレースメントテストによる評価】** ・4月には，eラーニングの成果を見るために，再度，プレースメントテストを実施している。 ・その結果は，合格者の所属する学科に報告し，入学後の指導に役立ててもらっている。

事例③【国立大学事例】九州工業大学

西野和典（情報工学研究院）

所 在 地	●福岡県飯塚市
実施規模	●学部（情報工学部）での取組
対象学生	●情報工学部推薦入試合格者
実施目的	①大学入学時に必要な高校の基礎学力（数学，物理，英語）を身につけさせる。 ②推薦入試合格から大学入学まで，継続して学習する機会を提供する ③合格者が大学へ入学する意識を高め，学習の目的や意義を理解する
導入時期	●2006年度（平成18年度）から，情報工学部推薦入試合格者に対して実施
実施場所	●1回目：九州工業大学情報工学部講義棟 ●2回目：福岡県立社会教育総合センター（〒811-2402　福岡県糟屋郡篠栗町金出3350-2） ●3回目：福岡県立社会教育総合センター
実施方法	●推薦入試合格後3回の合格者研修会と家庭学習（参考書，印刷教材，eラーニング）を行う。 ・3回の研修会のうち2回は，元高校のベテラン教員を講師に招いて2泊3日の宿泊研修会を実施する。
実施部署	●情報工学部連携教育推進室
実施担当者	●常勤（教員）7名 ●非常勤（教員）6名 ●常勤（事務職員）3名 ●TA4～5名
詳細な実施状況	【事前準備】 ・推薦入試合格者研修会の担当者合同会議を開催し，大学の担当者と外部講師（元高校教員）が，実施年度の研修会のスケジュール，実施方法，教育内容や教材等について検討する。 ・12月初旬に推薦入試の合格発表を行った後，合格者が所属する高校，および合格者とその保護者に対して，入学までに実施する研修会の案内を文書で通知する。 ・合格者を出した高校を訪問あるいは電話で連絡を行い，研修会の実施および参加への理解を求める。 ・研修会より高校の授業や行事を優先させてほしいことを伝える。

詳細な実施状況	**【第1回研修会】** ・日時：12月中旬（土），13:00～16:00 ・場所：情報工学部（講義棟の教室） ・内容：研修会の趣旨を説明した後，高校で履修したカリキュラムのアンケート調査，各教科（数学，物理，英語）のプレースメントテスト，数学・物理・英語と本大学での教育・研究との関連，各教科の参考書と講師作成教材（家庭学習用）の配布，配布教材を用いた勉強方法の説明，2・3回目研修会の説明を行う。なお，家庭学習では，数学は数学Ⅲ・C，物理は物理Ⅰ及び物理Ⅱの力学と電磁気学，英語はTOEICの得点向上を中心にした教材を配布し，4月入学までの家庭学習を求める。 **【2回目研修会】** ・日時：2月初旬の2泊3日（できる限り休日を挟む） ・場所：福岡県立社会教育総合センター ・内容〔1日目〕：受付時に第2回目研修会までの各教科の宿題を回収しTA（4～5名程度）によるチェックを行う。14時から開講式を行い，その後，数学2クラス，物理2クラス（習熟度別編成）に分かれて講義を行う。2日目の夕方までに，60分の講義を数学・物理それぞれ5コマずつ実施する。数学，物理共に2名の元高校のベテラン教員が講義を担当する。大学で必要な高校の教科内容だけでなく，高校と大学の相違や大学生としての自覚を考えさせる講義を3月の研修会を含めて5コマ分実施する。 ・内容〔2日目〕：数学と物理の講義を1日目と同様に夕方まで実施する。夜間は大学全体及び学部・学科の紹介を行い，大学に入学する意識を高める。 ・内容〔3日目〕：習熟度別に3段階の英語クラスを作り，元高校教員と外国人講師の2名がペアで指導する。また，大学の数学・物理・情報などに関連する出前講義を行い，物理又は数学の学力確認テストを実施する。午後から閉講式を実施して終了する。 **【3回目研修会】** ・日時：3月初旬の2泊3日（できる限り休日を挟む） ・場所，内容，方法：第2回研修会と同様 ・2日目の夜間は，自治会やサークルの学生が研修会会場を訪れ，学生による入学紹介やサークル紹介を行う。 ・さらに，合格者約8人あたり2人の在学生が入って，大学生活等に関する懇談会を実施する。 **【研修会の評価】** ・3回の研修会とも，推薦入試合格者は毎年ほぼ全員参加し，参加者や高校教員の本研修会実施に対する評価は高い。なお，食事を含め研修会にかかる全ての経費は大学で負担し，交通費も往復1万円を超える合格者においては，超過分は大学が負担する。

事例④【私立大学事例】立命館大学
吉岡　路（教学部教育開発支援課　教育開発推進機構事務局）

所在地	●京都府京都市／滋賀県草津市
実施規模	●大学全体：13学部
対象学生	●特別入試合格手続者
実施目的	特別入試合格者に対して大学のあらゆる学びの場面における「リーダー」的役割の担い手，および学びのコミュニティー形成の核となることを期待し，以下の目的・目標を掲げ実施している。 ●目　　的 ・基礎学力の定着と維持・向上 ・学習習慣の維持・継続定着 ・入学後の大学・学部教育との接続の実質化 ●目　　標 ・入学前の学習意欲を向上させる。 ・入学前学習講座の教育効果を向上させる。 ・入学後への学習不安を軽減し，大学教育にスムーズに移行させる。
導入時期	●2001年度，入学センターによる1日スクーリング形式のガイダンス「プレ・エントランス立命館デー」（12月中旬実施）と「WBT（Web Based Training）」を実施 ●変遷を経て2009年度から入学センターと教育開発推進機構・接続教育支援センターの連携プロジェクトにより実施
実施場所	●「プレ・エントランス立命館デー」：学部が設置される各キャンパス 　・衣笠キャンパス（6学部）：京都市北区 　・びわこ・くさつキャンパス（7学部）：滋賀県草津市 ●自宅等： 　・各種通信講座，eラーニング講座，通学講座 　・学部課題　など
実施方法	●入学前教育は，以下の流れとコンテンツで構成・実施される。 11月　➡ステップ1：合格時　『新しい学びにむけて－自己の学習と生活を点検する』[1] ウェブを使った「基礎学力・学習意欲調査等」による高校時代の学びに対する自己の振り返り 　　　➡ステップ2：各自に合った「入学前学習講座」[2] の選択・受講開始（前半） 12月　➡ステップ3：全体ガイダンス「プレ・エントランス立命館デー」[3]（12月中旬） 　　　①全体講座企画で大学入学後に必要となる力について自ら考え，気づく 　　　②各学部企画で学部の専門性に触れ，心構えや入学準備を行う[4] 1月　➡ステップ4：各自に合った「入学前教育講座・（複数教科）」の選択・受講開始（後半） 3月　➡ステップ5：「高校での学習」「各学部入学前課題」「入学前学習講座」の取組 　　　課題・講座を，最後まで「やりとげる」ことで「自信」を持った入学準備 4月　　　　　　　　　　　　　入　学

---
[1]「基礎学力調査（英語・数学）」「学びの意欲アンケート」「小論文に関する知識アンケート」の4種類の調査を行い，WEBシステムと連動した調査結果（採点結果と自己診断シート）を提示できる。このシステムを利用して，入学前学習のモチベーションの喚起と，個人にあった入学前教育を選択することを目的とする。

入学前教育：事例集　93

実施方法	●その他 ・専用ポータルサイト「入学前準備・学習支援サイト」における情報発信：合格時から入学までの諸準備および学習意欲の喚起を目的に開設している。メールマガジン，FAQ，先輩からのメッセージ，各種お知らせ，入学前準備や学習（各学部課題や全学講座）情報等のコンテンツで構成される。（各学部からのメルマガ配信も可能）
実施部署	●主管部課 ・教育開発推進機構　接続教育支援センター（事務局：教学部　教育開発支援課） ●連携部課 ・入学センター　高大連携推進室（事務局：高大連携課）
実施担当者	●入学前教育全体 ・教育開発推進機構教員，教育開発支援課職員 ●プレ・エントランス立命館デー ・教育開発推進機構教員，教育開発支援課職員，高大連携課職員，各学部教職員，関連部門（学生センター，スポーツ強化センター，国際教育課）の教職員
詳細な実施状況	●入学前教育を構成する4つのコンテンツの実施状況は以下となる。 ①『新しい学びに向けて―自己の学習と生活を点検する』 ・WEB回答率は9割を超え，「プレ・エントランス・立命館デー」当日の全学企画（講座）において，多くの生徒が『自己診断シート』を持参し「自己省察」に役立てた。 ②「入学前学習講座」 ・2011年度は，「全学共通講座（日本語・英語・数学）（9講座）」「学部選択講座（物理・化学・生物・社会等）（16講座）」「入試区分専用別講座（日本語）（1講座）」を提供した。 ③「プレ・エントランス立命館デー」 ・参加率は高く例年9割を超える。 ・当日の実施アンケート結果による満足度もきわめて高い。（2011年度「入学前の心構えや学習準備に役に立った」の質問に対して，98％が「大変役にたった」「役にたった」と回答） ④専用ポータルサイト「入学前準備・学習支援サイト」 ・各種利用率は高く，2011年度実績は，ログイン率は9割超，メールマガジン登録率は7.5割を超える。

2) 機構教員及び学部教員，さらに外部業者との連携開発による「入学前教育講座」の開発を行っている。
3) 全学企画では合格時に行った1) を活用し，学部企画では先輩学生の活動や生の声にふれることを通じて，入学後の学びのイメージの具体化による入学前準備・学習に向けたモチベーションの高揚を図る。また，保護者用の講座も実施している。ここでは，入学までの学習や生活についての意義や重要性を説明し入学前学習の理解と支援を求めている。
4) 各学部から入学前に薦める推薦図書が提示される。加えて，多くの学部が課題としてレポート作成を課している。

事例⑤【私立大学事例】広島修道大学

亀崎澄夫（経済科学部）

所在地	●広島県広島市
実施規模	●入学準備学習は，大学全体で学科・専攻のプログラムとして実施されている。 ●各学科・専攻と学習支援センターとが協働で実施し，全学（5学部9学科3専攻）のプログラムを学習支援センターがとりまとめをしている。
対象学生	●秋に進学を決めた高校生（AO インターアクション入試，公募推薦入試，指定校推薦入試の合格者），約500名
実施目的	●高等学校と大学とのスムーズな接続を目的として実施されている。 ●具体的には，以下の点などを目標としてプログラムを組んでいる。 ①入学決定後の学習習慣の継続 ②大学での学びに必要な知識の補充 ③大学生活への移行にともなう不安の減少
導入時期	●1990年代末から一部の学部が入学センターの協力のもとで，指定校入試の合格者に対して指定図書を送付し，要約や感想についての学習を広島修道大学キャンパスで指導する形式で開始した。 ●2001年度 AO 入試導入を契機に形式が整えられ，実施学部が増え，現行の実施方法のプロトタイプができあがった。 ●2005年度の学習支援センターの設置を契機に，2006年度入学者から学習支援センターのとりまとめの下，現行の方式（キャンパス学習・通信課題学習）で全学部の入学準備学習を実施し，毎年内容を改訂している。
実施場所	●キャンパス学習は大学の教室で実施し，通信課題学習は自宅で行う
実施方法	●入学準備学習は，2種類のプログラム（キャンパス学習と通信課題学習）から構成されている。 ・キャンパス学習：学科・専攻の教員と学習支援センターのアドバイザーが各種の授業を担当 ・通信課題学習：『入学準備ワークブック』（英語・日本語）や課題図書レポートで実施し，自宅で取り組んだ学習結果を郵送で提出させる。
実施部署	●5学部9学科が，学習支援センターの全学的なコーディネートのもと，学習支援センターの学習アドバイザーと協力して実施している。
実施担当者	①学科・専攻提供プログラム専任教員：2011年度に関わった教員延べ50名 ②学習支援センター提供プログラム学習アドバイザー：契約職員2名・非常勤職員2名

詳細な実施状況	**【キャンパス学習】** ・2日間（12月・3月）実施されるキャンパス学習（午前2時間・午後2時間）は，学科・専攻提供のプログラムと学習支援センター提供のプログラムから構成されている。（一部の学科は全てのプログラムを提供している。） ・プログラムの実施にあたっては，高校生に広島修道大学の雰囲気を伝えるために45名程度の学部学生にアシスタントとして参加してもらっている。 **【学科・専攻が実施する授業】** ・学科・専攻が実施する授業は，主として入学後に学ぶ専門の入門・導入的内容である（例：商学部の授業「儲かる会社の見分け方」，人間環境学部の授業「未来世代への責任をどう果たすか」など） **【センター提供のプログラム】** ・学習支援センター提供のプログラムは，基礎的な内容（修大生になるために・日本語力アッププログラム・社会がわかるプログラム・常識力アッププログラム・新聞の読み方）で実施している。 **【通信課題学習】** ・通信課題学習は，学習支援センターが作成した『入学準備ワークブック』（英語・日本語）を郵送で提出させ，学習支援センターの学習アドバイザーが採点し，学生に結果をフィードバックする形で実施している。 **【課題図書レポート】** ・一部の学科・専攻は，課題図書レポートを課しているが，その取りまとめはセンターが行っている。 **【入学準備学習の特色】** ・広島修道大学の入学準備学習の特色は，そのプログラムの全てを自前で作り上げ，提供している点にある。

事例⑥【私立大学事例】千歳科学技術大学

大河内佳浩（入試課）

所在地	●北海道千歳市
実施規模	●大学として実施
対象学生	●推薦入試・AO入試での早期合格者
実施目的	●入学までの期間の学習習慣の維持を目的として入学前教育を実施している。 ・推薦入試・AO入試の合格者は，合格から入学までに最大4ヶ月間の時間がある。 ・合格したからといってこの期間に学習をしなくなると，入学後のスタートでつまずく可能性が高くなる。
導入時期	●プリントを利用した入学前教育は2004年度入試合格者から実施してきた。 ● 2008年度入試合格者からeラーニングによる入学前教育を導入 ● 2009年度入試合格者からeラーニングだけでの実施に切り替えた。
実施場所	●eラーニングでの実施のため自宅 ●自宅にインターネット環境が無い場合は，出身高校の進路指導部に連絡をして，出身高校のコンピュータ教室を利用させてもらい実施している。
実施方法	●推薦入試・AO入試の面接試験時に，入学前教育でのeラーニングの説明と使い方のガイダンスを30分間実施 ●ガイダンス時に，eラーニングのIDとパスワード，マニュアルを配布しeラーニングを体験する。あわせて入学前教育の目的を説明する。 ●合格発表後，2～3週間を1クールとして自宅で各自がeラーニングに取り組む。
実施部署	●入試課
実施担当者	●職員や教員がアドバイザーとして担当していたこともあったが，学生の質問を受け付ける大学生をスタッフとして担当させ，学生では答えられない質問などには担当職員が直接対応する。

詳細な実施状況	【入学前教育の内容と方法】 ・高校英語（文法），高校数学Ⅱ（微分・積分，三角関数，指数・対数），高校数学Ⅲ（微分・積分），高校物理（全範囲）を課題としてeラーニングで実施 ・施期間を7クールに分け，各クール（2〜3週間）毎に英語・数学・物理の課題を提示する。 ・対象者はクール内に提示された課題に取り組むが，クール内に終了出来ない場合でも通常の演習から同じ課題に取り組むことが可能なシステムとなっている。 【取り組み状況の把握】 ・対象者の取り組み状況はLMS（Learning Management System）で管理され，全ての学習情報（学習日，時間帯，取り組み時間，取り組み箇所，クリック数，正解数等）がデータとして蓄積されている。 ・定期的に学習状況を確認し，取組が不十分な対象者にはメールで励ましを入れる。 ・対象者全員の保護者に取り組み結果を1ヶ月毎に報告書類として送付し，保護者からも対象者に入学前教育に取り組むようにアドバイスしてもらえる工夫をしている。 【課題の克服】 ・今まで課題となっていたのは，入学前教育に取り組む段階での対象者の学力の把握ができていなかったことである。 ・そこで2012年度入学生から面接試験のおりに数学のプレースメントテストを実施し，入学前教育取り組み時の学力を把握した。 【現時点での課題】 ・千歳科学技術大学のeラーニングは学習者一人ひとりに応じたコース設定が可能なシステムも搭載している。 ・それを活用するためにプレースメントテストの成績に応じて入学前教育の学習コースを設定し，学習習慣の維持だけではなく学力をのばすための入学前教育とする方法の検証が必要だと考えている。

事例⑦【私立大学事例】近畿大学

小野田正之助（生物理工学部基礎教育センター）

所 在 地	●大阪府／奈良県／和歌山県／広島県／福岡県
実施規模	●大学全体：eラーニングによる学習（無償） ●学部によって：入学前ガイダンス／小論文添削／個別対応学習／入学前特別講座／グループワーク演習／専門科目への課題／など
対象学生	●AO・各種推薦合格者 ●附属高校特別推薦合格者
実施目的	●入学前の基礎学力底上げ ●学習習慣をつける。
導入時期	●eラーニングによる学習（平成18年度） ●入学前ガイダンス（生物理工学部：平成19年度） ●小論文添削（農学部：生物理工学部　平成24年度）など
実施場所	●自宅などのインターネットを利用／大学構内／附属高校
実施方法	－
実施部署	●各学部ごとに実施
実施担当者	●学部による（常勤・非常勤・教員・職員）
詳細な実施状況	【eラーニングによる学習】 ・無償で実施，科目は学部，学科によって違う。 ・事前テストを行うことにより習熟度別に実施している。 ・学習進捗度，学習歴，理解度などを大学教職員，高校教員が把握することができる。 ・大学から電話，メール，手紙による激励・指導を行っている。 【入学前ガイダンス】 ・大学生になるための心構えや化学・生物の課題演習講義（薬） ・大学生になるための心構え，eラーニング演習。保護者も対象（生物理工） 【附属高校特別推薦合格者ガイダンス・講義】 ・専任教員による導入講義全6回（法） ・大学の学び，eラーニング，模擬講義など（経済・経営・農） ・大学の学び，eラーニングの学習など8回程度（理工・建築） ・eラーニング，ディスカッションなど6回（総合社会） ・大学への入門講座，体験講座，グループワークなど8回程度(生物理工) など全学的に実施 【小論文添削】 ・小論文ワークを用いた添削指導2回（農・生物理工） 【入学前短期集中講座】 ・4日間数学・英語講座。工学部生として必要な知識を確認する。各4コマ（工） ※平成24（2012）年度入学生対象内容

事例⑧【私立大学事例】関東学院大学

辻森　淳（工学部機械工学科）

所 在 地	●神奈川県横浜市
実施規模	●工学部での取組
対象学生	●新入生：AO 入試，各種推薦入試合格者
実施目的	●早期入学決定者の学習量確保 ●学習習慣の継続
導入時期	●2002 年度から実施 ●2007 年度から e ラーニングへ移行
実施場所	●添削課題（2006 年度まで）につき，受講者の自宅へ送付し，解答後大学へ返送。添削し，受講者へ結果を送付。 ●e ラーニング導入後は，受講者が自宅あるいは高校などインターネット環境のある場所で実施 ●取り組み状況や成績を大学にて把握
実施方法	●1 月初旬に受講者を大学に集め，全体説明会を開催。その後，受講者が自宅にて実施 ●2006 年度までは，添削課題 ●2007 年度から e ラーニング
実施部署	●工学部
実施担当者	●工学部教員（専任） ●工学部庶務課職員（常勤） ●教務課工学部係（常勤）
詳細な実施状況	【全体説明会と e ラーニングの実施】 ・1 月初旬に受講者を大学に集め，全体説明会を開催する。 ・その後，受講者が自宅あるいは高校などインターネット環境のあるところで，1 月～3 月の期間，e ラーニングを実施する。 ・受講科目は，英語，数学，物理の 3 科目となっている。 ・受講の取り組み状況を大学教職員がネットワーク上で把握する。管理情報は，受講者の毎日の取り組み時間や解答状況（正解率）など，また，受講者からの質問にも回答する。 ・取り組み状況の悪い学生には，その旨，個別に連絡する。 【コミュニティの活用】 ・同一のシステム上に，大学教職員と受講生が集うコミュニティを開設し，入学前から受講生間や大学教職員と交流を図る。 ・受講生は，このサイトを通じて，受講生同士や大学職員と対話できる他，自分でコミュニティを開設したりブログを書き込んだりすることができる。 ・工学部教員，工学部庶務課職員，教務課工学部係職員が常時このサイトにアクセスしており，入学前準備教育への質問以外にも，入学前準備のこと，入学後の不安解消，各種疑問などにも対応している。

事例⑨【私立大学事例】北海道工業大学

塚越久美子（高等教育支援センター）

所 在 地	●北海道札幌市
実施規模	●大学全体で実施
対象学生	●新入生のうち，AO入試と推薦入試の合格者
実施目的	●AO入試や推薦入試で早く進路が決定した生徒に，卒業までの期間を有意義に過ごしてもらうことと，大学入学までに必要な基礎学力を習得し，大学での学習を意識してもらうことを目的としている。
導入時期	●2000年（平成12年）に導入 ●2002年までは「プレオリエンテーション」として指定図書を読んでレポートを作成するものであった。 ●2003年から入学前の予備学習としての要素を加えて，数学，英語，文章表現の3科目の課題となった。
実施場所	●対象者に個別に課題を送付し，各自が解答を行う。
実施方法	●課題を生徒の自宅に送付し，答案を大学に提出させる。 ●委託先の外部業者が答案を添削し，生徒に返却する。
実施部署	●大学の入試広報課
実施担当者	●大学の入試広報課 ●実施科目の代表教員
詳細な実施状況	【実施方法】 ・AO入試，及び推薦入試の入学決定者（2011年度は438名）に対して，入学前年度の12月から2月の間に3回，課題を送付する。 ・1回目は「プレ・ホームワーク」として図書館で書籍を検索し，調査して問題に答えたり，調査結果をまとめたりするものである。2回目，3回目は英語，数学，文章表現の3科目について，概ね高校中級程度の基礎学力を問うものを出題している。 ・提出された答案は3回とも業者が採点・添削し，約2週間以内に生徒に返却されるが，課題提出率は毎年非常に高く，各科目とも平均99.0％である。 ・課題の作成は，科目担当教員と外部の業者で連携して行い，回収した答案の添削作業は業者に委託している。実施後は，課題提出状況，成績，生徒のアンケートなどを取りまとめた資料を基に，再び両者で次年度のレベル設定や，問題内容などについて検討を行っている。 【実施後の反応】 ・実施後の生徒へのアンケート調査（記述式）では，「難しかったが，やりがいがあった」「わからない部分の復習ができた」「これから大学で勉強をがんばろうと思った」などの肯定的な意見が約半数を占めており，この課題が，入学前に自分の学力を知り，学習への積極的な姿勢を喚起する機会となったことがうかがえる。

事例⑩【私立大学事例】金沢工業大学

青木克比古(数理工教育研究センター)

所在地	●石川県野々市
実施規模	●数理工教育研究センター(学科相当)
対象学生	●専門高校特別選抜試験を合格した入学予定者(約200名)
実施目的	●高等学校で学ぶべき数学に関する基礎学力の再点検(専門高校の場合,高校現場で学ぶ内容,時間に制約がある) ●教員との添削によるコミュニケーションを通して,入学生の数学学習への動機づけと学習意欲の継続的啓発
導入時期	●平成13年度工業高校特別選抜試験合格者で,入学手続きをした学生を対象に平成12年10月20日から開始した。
実施場所	●金沢工業大学 数理工教育研究センター
実施方法	●合格発表から入学までの約6ヶ月間にわたり,隔週で合計10回の「高校数学」(内容は数学Ⅰ,Ⅱの基本的なテーマ)に関する通信添削学習を実施 ●添削は郵送によるいわゆる赤ペン方式を採っている。
実施部署	●金沢工業大学 数理工教育研究センター
実施担当者	●数理工教育研究センターに所属する全教員(約30名の教員(常勤))と2名の事務職員により実施 ●教員は分担して添削指導を,事務職員は事務手続きや指導データの収集・分析を担当
詳細な実施状況	【通信添削学習の流れ】 ①添削問題一式の発送(職員) ↓ ②学習の実施(学生) ↓ ③締切日迄に解答用紙の提出(学生) ↓ ④解答用紙の添削(教員) ↓ ⑤添削済の解答用紙と解答例の返送(職員) ↓ ・各個人の学習履歴を保管 ・入学後,個別面談・個別指導

事例⑪【私立大学事例】聖学院大学

山下研一（広報局）

所在地	●埼玉県上尾市
実施規模	●大学全体での取組
対象学生	●講座開始日時点で入学予定者の希望者のみ
実施目的	①大学で必要な基礎学力を確認し，補う。 ②1コマ90分の授業に慣れる。 ③授業によっては予習も課し，学習習慣をつける。 ④学生スタッフとの面談で大学で学ぶ目的、目標を確認してモチベーションを高める。 ⑤キャンパスに親しみ，友だちを作ることで，不安なく大学生活が送れるということによる離学者対策（モチベーションアップにもなる） ⑥基礎学力を確認することによる早期就職対策
導入時期	●2000年
実施場所	●聖学院大学
実施方法	●2月講座，3月講座と，それぞれ11日間スクーリング形式にて，2回同じ講座を実施 ・具体的には，英語・数学・小論文の講義を行う（1コマ90分，1日3コマ） ・小論文は学生スタッフが講師の指導のもと，添削 ●上記講座以外に学生スタッフによる個別面談，1日特別プログラム最終日にプレゼンテーションの実施を行う。
実施部署	●聖学院大学基礎総合教育部 ●事務運営は，広報企画部広報課［2012年部署名］
実施担当者	●講義を担当する講師は，非常勤講師，外部講師 ●講座運営を職員および学生スタッフが担当 ●学生スタッフは，受講生の個別面談および小論文添削も担当
詳細な実施状況	【講師の養成とオリジナル教材の利用】 ①高大の接続には高校までの教科の内容をよく理解し，教授法も心得ている予備校講師経験者が最適と考え，本学独自で継続的に講師と契約している。毎年報告書を発行しており，それを基に実施カリキュラムの見直しを毎年行っている。さらに報告書を高校などにフィードバックし，意見をもらっている。それらを基に講師がオリジナル教材を作成している。

詳細な実施状況	【添削・個人面談】 ②小論文の添削，各受講生との個人面談は，同大の学生を中心に行われている。小論文は講師が指導案を作り，添削のポイントを示すことにより，学生スタッフの添削のレベルを合わせている。学生スタッフは，1年をかけて，小論文添削のスキルやワールドカフェを通じてコミュニケーション力を培った。とくに 2012 年 1 月には講師により，小論文添削の授業を約 2 時間受講している。 【受講生の満足度】 ③学科を越えたクラス分けおよび，友だちづくりをサポートするプログラム，年齢が近い，学生スタッフによるサポートを行うため，受講生の満足度は非常に高い。なお，達成度，満足度を測るためにプレースメントテストとアンケートを実施している。 【特別プログラムの実施】 ④講座のなかで特別プログラムの実施を行っており，2012 年講座では，以下を実施 　ⓐ東日本大震災でライフセーバーとして「行方不明者捜索活動」（ボランティア）に参加したコミュニティ政策学科 4 年生学生から新入学生に向けてメッセージ（2 月 7 日） 　ⓑ English Day（2 月 16 日）：『グロービッシュ』（使用頻度の高い 1500 単語と標準な文法を利用する「シンプルな英語」）の体験 　ⓒワールドカフェ（3 月 21 日）：「友だちってなんだろう」を実施。学生スタッフが企画・運営，1 日テーマに沿って対談を行った。 ⑤自己紹介と 4 年間の目標をプレゼンテーションの形にして講座の最後に行っている。目標に関しては学生スタッフが面談を通して確認し，アドバイスしている。 　ⓐノートテーキングの重要性を認識してもらうためにデジタルペン（アノト社製）を使った論文指導を実施（2007 年，2008 年） 　ⓑコミュニケーション力は語学以上に積極的に働きかけることであることを認識してもらうためにアメリカの学生ボランティアパフォーマンス集団「YOUNG AMERICAN」とのコラボレーションイベントを実施（2010 年）。

事例⑫【短期大学事例】湘北短期大学
小樟理子（情報メディア学科／リベラルアーツセンター）

所在地	●神奈川県厚木市
実施規模	●大学全体の取組
対象学生	●入学予定者全員（H25年入学生からは推薦試験で決定した入学予定者になる予定）
実施目的	●高校3年次に早期に進路が定まってしまう生徒の勉学意欲の維持と，短期大学での勉学への動機づけを行うために実施する。 ●これにより，受講生に2年間という限られた時間を最大限活用させ，湘北短期大学の教育目的である「社会に出てほんとうに役立つ人材の育成」に資することを目指している。 ●本授業は，一般的なリメディアル教育とは異なり，職業をもつ一般社会人が備えるべき基礎能力を身につけることの重要性を早期から学生に理解させることの必要性を意識したものとなっている。 ●単なる職業教育ではなく，実社会で必要とされる生涯有効な基礎能力を短大での2年間で得ることができる，という予感を生徒にもたせることによって勉学への動機づけを行っている。
導入時期	●平成20年に，高大連携校からの入学予定者約30名に対し，試みとして接続講座を開講した。 ●当時は単位化されていなかったが，平成21年からは単位科目となり，平成22年からは，入学後のリベラルアーツ科目2単位として認定されるようになった。
実施場所	●湘北短期大学内
実施方法	●入学前の2月～3月に「コミュニケーションリテラシー」の科目を開講。4日程（各日程3コマ×4日間，各日程の受講者は約100名）で実施。 ●職業をもった社会人に必要な能力として早期から育成すべき内容を盛り込んで15講を構成している。「コミュニケーション力」を「読・書・話・パソコン」により他人と力を合わせて仕事をする力，と定義し，この力を育成するために，グループワークにより問題の解決に取組み，その結果をプレゼンテーションする。
実施部署	●全学横断組織である「リベラルアーツセンター」がその実務的な企画・運営にあたっている。
実施担当者	●教員：常勤2名，非常勤3名 ●職員：常勤（全員） ●その他　TA（外部からの院生等）約6名とSA約15名

	【受講の流れ】 ●受講生は，高校3年次の2月または3月に大学に登校して全12コマ（90分／コマ）の授業を受けたのち，4月入学時までeラーニングで課題をこなし，4月の第2～3週にまとめの授業を受ける。 【全15コマの内容】 ●全15コマの内容は，下記の通りとなっている。 ①ガイダンスとアセスメント ②，③ノンバーバルコミュニケーションの基本（2コマ） （または②，③メモの取り方・アイデアの出し方（2コマ）） ④読む技術 ⑤書く技術 ⑥図書館を利用した情報検索 ⑦，⑧PC操作と表計算ソフト（2コマ） ⑨問題とは ⑩，⑪問題発見と解決技法，その実践（グループワーク，2コマ） ⑫プレゼンテーションと講評（グループワーク，1コマ） ⑬，⑭数理的・非数理的課題の練習（2コマ） ⑮まとめとアセスメント（1コマ）
詳細な実施状況	【これまでの実施】 ・平成20年度入学生に対し試験的に開始してから，平成21年度110名，平成22年度176名，と受講規模を拡大しつつ授業の効果の評価等を行った。 ・平成23年度は内容をほぼ確立し，入学生446名に対し開講する予定であったが，東日本大震災のため，2月日程の197名のみが受講した。 ・平成24年度は全4日程で約400名が受講する予定である。なお，今年度からテキスト「大学生のための社会人基礎力養成ブック（丸善出版）」を用意した。 ・Moodle（Modular Object-Oriented Dynamic Learning Environment）を用いた学内システムで独自開発した社会人常識力を向上するための3種類のeラーニングを実施する。

Chapter 4

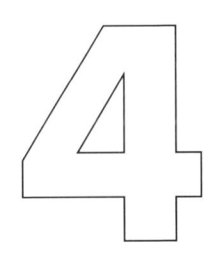

初年次・導入教育

編集担当：
寺田　貢・谷川裕稔

0 概説：初年次・導入教育

谷川裕稔

● 0-1 現　状

「導入教育」とは，基本的には大学1年次から専門への橋渡しをする教育を指す言葉であるが，中央教育審議会答申（以下，中教審答申，2008）以降，学修期間の第1年次に実施される中等教育から高等教育への移行プログラムとして，導入教育的内容を包摂する「初年次教育」概念が広く認知されるようになってきた。中教審答申は「初年次教育」を下記のように定義している。

> 高等学校から大学への円滑な移行を図り，大学での学問的・社会的な諸経験を"成功"させるべく，主として大学新入生を対象に作られた総合的教育プログラム

一言で，初年次・導入教育といっても，高等教育機関によってその内容はさまざまである。しかし「初年次教育」というターム（用語）が現れた経緯を概観すれば納得がいく。

● 0-2 「初年次教育」概念の出自

まず1991年の大学設置基準の大綱化以降から「導入教育」というタームが積極的に使用されるようになってくる[1]。しかし「導入教育」とは，本来中等教育機関で行うべき「補習教育」（リメディアル教育）も含むなど，「多義性」を有するタームであった（川嶋，2006）。また同時期に，「ガイダンス教育」というタームが現れる。これはガイダンス教育研究会の設立（1992；中村，2008）と同時に広まった概念である。ガイダンス教育とは中村（2008）によって，次のように定義されている。

---

1) CiNiiにて「導入教育」をタイトルに使用している（あるいは論文中に使用している）雑誌論文を検索した。1974年（最古の論文）から1990年と1991年から2002年（それぞれ17年間）の論文数を比較すると，前者は14編（高等教育関連12編），後者は280編（高等教育関連275編）であった［2012年4月14日閲覧］。

学生が大学で学ぶために必要な事項（意識・知識・スキルなど）をオリエンテーションし，それを学生が修得するための指導やサポートを行うこと

この概念に関連して，広島大学大学教育研究センターは，『高等教育機関におけるガイダンス教育の展開』（1995）という特集を編んだ。

加えて，「リメディアル教育」という概念も1995年以降認知されるようになってくる。同概念は，もともと中等教育レベル以下の補習・補完的な営みという意味合いをもっていた。しかし1999年前後には，「基礎ゼミ」や「オリエンテーション」「スタディ・スキル」科目など，大学教育への総合的な準備教育として同概念を捉えていた高等教育機関が大半であったことが，駿台教育研究所の調査（1999）により明らかになった（谷川，2001, 2005）。

2000年以降リメディアル教育と導入教育が，現在の初年次教育的内容で用いられる傾向にあったが（谷川，2009），両概念の枠組み範囲が明確になっているわけではなかった（山田，2005）。その後，大学教育学会の初年次教育・導入教育委員会（2004年～2006年）が「初年次教育・導入教育」と「リメディアル教育」概念との峻別を試みることになる（濱名，2004；2006；山田，2010）。そして，同委員会の見解が中教審答申（2008）に反映されることになった。

● 0-3　多様な初年次・導入教育の分類

現在もなお，大半の高等教育機関が初年次・導入教育にさまざまな教育内容をもたせている。

こうした初年次・導入教育の実態であるが，杉谷祐美子（2004）は日本私立大学協会が附置する私学高等教育研究所とともに，2001年11月に全国私立大学1170学部の学部長を対象に調査を行い，636学部の回答をもとに実施内容を整理している。それによると，科目類型では，以下のように分類できるなど，多様なものであることが明らかになった。

①補習教育型
②スキル・方法論型

③情報リテラシー型
④ゼミナール型
⑤オリエンテーション型
⑥基礎・概論型

科目名称であるが，上記の科目類型に対応して以下の名称が主なものとなっている。

①補習教育型：補習・補講および入学前教育
②スキル・方法論型：学習技術・文章作成コミュニケーション技術・文献講読
③情報リテラシー型：情報処理
④ゼミナール型：基礎演習・総合演習・プレゼミ・専門基礎演習
⑤オリエンテーション型：フレッシュマンセミナー・新人研修・ガイダンス・オリエンテーション・キャリアデザイン
⑥基礎・概論型：専門基礎・入門・概論

学部系統別から分類してみると，以下の科目類型が下記の学部にそれぞれ多くみられる傾向にあるという。

②スキル・方法論型：人文系学部
④ゼミナール型：社会系学部
⑥基礎・概論型：理系学部

● 0-4 本章の事例

本章で紹介する事例のほぼ全てが，自らの学生に期待する内容が盛り込まれたものとなっており，学部・学科単位で企画・運営している事例が大半である。そのような中で，早稲田大学や島根大学は全学のセンターが初年次・導入教育に携わっており興味深い。

杉谷（学部系統別の科目類型）の観点から本章の事例を整理すると，10校（15学部：人文系4例，社会系6例，理系5例）のうち，人文系は②「スキル・方法論型」が3例，④「ゼミナール型」が1例，⑥「基礎・概論型」が1例，社会系は②3例，④1例，⑥3例，理系は②2例，④1例，⑥3例となる[1]。

いずれにしても本章の事例は，初年次・導入教育を始める，あるいはプログラム内容の更新・変更や実施主体の改組・改編を考えている高等教育機関には示唆的なものとなるだろう。

1 解説：初年次教育

山田礼子

● 1-1 初年次教育の背景

初年次教育は，高校から大学への移行という青年期にとっての重要な転換期を支援する教育として定義され，1970年代後半から80年代前半にかけて，多くのアメリカの高等教育機関で導入されたことが始まりである。アメリカにおける初年次教育の歴史は20世紀前半にまでさかのぼるが，現在のようなファーストイヤー・エクスペリアンス（FYE：First Year Experience）に形態が定まったのが70年代後半から80年代にかけてであった。同様に，作文能力や数学，物理などの特定の教科における知識や技能が欠如している部分を補うための教育である補習教育とは定義上区別されるようになった（山田，2010）。

アメリカの高等教育機関は日本に先立ち，高等教育のユニバーサル化とそれに伴う学生の多様化を経験する一方で，卒業時の質保証への強い要求を受けてきたが，そのような状況において，初年次教育は，入学した学生を大学教育に適応させ，中退などの挫折を防ぎ，成功に水路づける過程で，効果的であるという評価を受けてきた。高い評価や期待を背景にアメリカで誕生した初年次教育は現在では日本を含む世界20カ国以上に広がっている（山田，2010）。

---

[1] 学部系統（15例）については，早稲田大学，島根大学は3系，四国大学短期大学部は2系など，設置されている学部・学科数を勘案しながらカウントした。また，例えば科目類型の「ゼミナール型」でスキル・方法論的内容を実施している場合は2例とした。

こうした教育全体を総称してファーストイヤー・エクスペリアンス（FYE）と呼称されている。ファーストイヤー・セミナーなどの名称も個別の授業名称として使用されていることも多い。FYE は，文脈によって導入教育，初年次支援プログラムということでも使用されることがある。初年次教育を正規のカリキュラムの中で実施する場合が，ファーストイヤー・エデュケーションになるが，それ以外にも多くの大学で実施されている新入生への特別な単位にならないプログラムであるオリエンテーション・プログラムを含めて FYE（初年次支援プログラム）と定義されるのが一般的である。

日本における初年次教育は，2000 年代に入って多くの大学に急速に導入されるようになった。そうした拡がりの背景として——2011 年の学校基本調査の結果速報によると 2010 度の進学率が短期高等教育機関を含めて 54.5％であるように——高等教育進学率の上昇が関係していることは否めない（文部科学省，2011）。

こうした高等教育のユニバーサル化に加えて，初年次教育が，入学難易度に関わらず多くの大学で導入されるようになった背景として，①学生の変容，②政策的側面の変化，すなわち大学をより教育を重視する場へと変革させるような政策の存在，③社会から求められる教育効果の提示といった内在的及び外在的な圧力の存在という 3 点を付加する必要がある。

● 1-2　初年次教育の内容・目的
1）アメリカの場合

アメリカのファーストイヤー・セミナーに一般的な共通の構成要素として以下の二つの要素が挙げられる。

- 社会生活スキルの向上と円滑な人間関係の構築
- 分析能力，批判的思考技術の向上

このことからもわかるように，アメリカでは必ず「分析能力，批判的思考技術の向上」のような学問的要素が取り入れられている。そして，教員が自分たちの学問的背景をもとに分析能力，批判的思考技術を向上させることを重点

的に初年次教育のなかで実践することの重要性が共有されている。また——大学生活の基礎となるアカデミックスキルの習得，時間管理，キャリア観の育成，コミュニケーション技能の習得なども意図した内容から構成されている——初年次教育は，高校から大学への移行を円滑化するうえでも効果があり，かつリテンション（Retention）率[1]の向上に効果をもたらすとみなされている。それゆえ，より多くの学生を安定して確保することで，財政を安定させたい大学にとって，初年次教育を充実させることは，戦略としても重要とみなされている。また，いずれのタイプの初年次教育においても，高校から大学という重要な移行期を支援すること，つまり学生が学業と学生生活を含めた社会生活の両面で，より充実した生活を過ごせるように支援すること，大学というコミュニティの一員であるという帰属意識を学生同士が共有することがファーストイヤー・セミナーの目的となっている。

2) 日本の場合

日本の初年次教育の目的についてもアメリカと同様に，高等学校から大学という移行期を支援することが主な目的である。実際に行われている初年次教育の内容として，オリエンテーションやガイダンス，スタディ・スキル系，情報リテラシー，専門への導入が定着していることが判明した（山田, 2010）。また，「学びへの導入」や「キャリア・デザイン」も正課内での初年次教育として位置づけられている。高等学校から大学への移行を支援する教育という概念が共有されているなかで，日本の初年次教育には専門への導入という要素が不可欠であることも特徴である。

その要因として，日本の4年制大学は，ごく少数の大学を除外すれば，専門分野別の学部から構成されているという構造を看過することはできない。専門学部制という構造にもとづき，アドミッション・ポリシー（Admission Policy），カリキュラム・ポリシー（Curriculum Policy），ディプロマ・ポリシー（Diploma Policy）が設定されている。それ故，専門分野の導入といった要素が，教育内容にも必然的に反映されることになる。その意味で，初年次・導入教育と呼称さ

---

[1] 学生が次年度に進級するときに在留する割合のこと。

れることもある。

　キャリア・デザイン，教養ゼミおよび総合演習など，「学びへの導入」を意識した初年次教育の実施率は若干低くなっている。しかし，「学びへの導入」は，多くの大学がとくに最近の5年くらいの間で力を注いできている領域でもある。

● 1-3　初年次教育に関する学習理論・方法・評価・効果の測定・教授法の発展
1) アクティブ・ラーニングと体験型学習

　初年次教育においては，協同（協働）学習あるいはさまざまなアクティブ・ラーニング（Active Learning）に関する学習理論が参照されている場合が多いが，とくにアクティブ・ラーニングは教授法として定着しつつある。そのなかでも，

- プロジェクト型学習
- プレゼンテーション
- PBL（Project/Problem-Based Learning）

などがアクティブ・ラーニングの代表的な教授法である。また，

- フィールドワーク
- インターンシップ
- サービス・ラーニング

などは体験型学習として分類されるが，初年次教育においても大いに導入されている手法である。なぜなら，知識を蓄積するというよりも，大学での学習への転換を図るという視点で設計されている授業が初年次教育には多いが，アクティブ・ラーニングはそのような目的に適合しており，学生たちが参加を通じて，知識主体の講義形式からは学べないような学習を，自ら主体的に関わることによって促進しやすい構造となっているためである。また初年次教育は，少人数での運営が基本であることも，アクティブ・ラーニングが積極的に導入される要因であるとみることができる。

2) 学習スキルの自己評価

　初年次教育受講前後の学習スキルに関連した学生の自己評価（一年次生1632人を対象とした調査）[1]をみてみると，全ての項目において授業の受講後に技能の改善がみられる。しかし，その伸びにはばらつきが存在している。例えば，高校時代にすでに身についていた技能としては，以下の3項目に対する自己評価が比較的高い。

- ポイント要約力
- 粘り強さ
- インターネット情報収集力

　また，受講後に大幅に改善度が高くなる技能項目として，以下の技能系項目が示されている。

- コンピュータ技能
- 形式的レポート作成力
- 図書館利用力
- プレゼンテーション力

　一方，改善が見られない項目としてとくに下記項目が挙げられる。

- ポイント要約力
- 粘り強さ
- 批判的思考力

---

[1] 2003年に特徴ある初年次教育を実施している8大学の学生を中心に行った調査。実施時期はかなり前になるが，この調査を踏襲して筆者が勤務している大学においても毎年「キャンパスライフアンケート調査」を初年次生全員に初年次終了時に実施しているが，獲得した能力・スキルについてはそれほど本調査結果と差異がなく安定している。この点を踏まえて，最初の調査結果を引用している。

これらのうち「ポイント要約力」や「粘り強さ」については，もともと身についていた項目であることから伸びが低くなるという制約が関係していると考えられる。また，「批判的思考力」という論理的技能項目は短期的に伸びが期待できるという性質の技能ではなく，1年次だけでなく2～4年次という継続的に育成し行くべき技能ともいえるだろう。技能系あるいは形式的な力については，わずか3ヶ月超という短い期間でも，大幅に改善がみられることから，早期に教えることに意味があると見受けられる。

授業内容についての学生の評価結果のなかでも評価の高い項目として，下記の項目などが挙げられている。

- 多様なものの見方にふれる
- 社会問題への関心を持つ
- 一般常識を身につける

このことは以下のように解釈できる。

日本の高校までの教育では学科中心の勉強が主であり，社会問題や一般常識等を各教科のなかに反映している諸外国の中等教育とはかなり異なっている。大学入学後の初年次教育でのディスカッションなどを通じてこうした社会問題への関心や多様な見方を醸成することに対しては，学生も有意義であると感じ，評価も高くなっている。

3) まとめ

こうした結果から，日本の初年次教育では，学問や社会問題，多様な価値観への寛容性をアクティブ・ラーニングであるディスカッションやグループ学習などを通じて醸成することに重点をおくことが学生にとっても有益であり，初年次教育は高校から大学での学習や生活を含めての移行を円滑に支援する目的を付随しており，アクティブ・ラーニングは初年次教育における効果的な方法であるといえよう。

● 1-4　初年次教育の課題

　高等教育の質保証が社会全般から強く求められている現状において，初年次教育も高等教育の質保証の一端を担う教育であるとするならば，大学教育全体を学士課程教育と捉え，1年次から4年次までの教育を連続性，継続性のある教育プログラムとして捉える視点が必然的となる。そうした視点に基づけば「初年次教育」は「初年次教育」として完結するのではなく，2年次，3年次，4年次への橋渡しとして，もしくは，4年間の学士課程教育全体をプログラムとしてみなした場合の重要な第一ステージとして位置づける必要がある。

　つまり，初年次教育プログラムとしての設計思想と到達目標は，

> ● 大学生活に移行する際の支援
> ● 基礎的学術技術（アカデミック・スキル）の獲得
> ● キャンパス資源とオリエンテーション
> ● 新入生のセルフ・エスティーム（self-esteem：自己肯定観）の向上

に集約されており，結果として，

> ● 学業と生活の両方を充実して過ごせるように支えること
> ● 大学というコミュニティの一員である感覚を学生同士が共有すること

におかれている。すなわち，本教育の成果は学士課程全般の教育への基盤となり，成果につながるという捉え方であるが，こうした捉え方はまだ高等教育全般には浸透していないことが課題であるといえよう。

　最後に，初年次教育の成果の評価方法に一定の合意が形成されているわけではないため，初年次教育の到達目標や成果の指標などを構築することが今後求められる。そのためには成果の測定方法の開発や成果につながる教授法に関連するミクロなデータを集積していくことが不可欠となる。具体的には，ポートフォリオや，学生調査と成果の関係性を明らかにしていくことなど効果の測定や評価方法についての研究や実践の蓄積が求められるだろう。

Chapter 4

初年次・導入教育
：事例集

事例①【国立大学事例】京都大学

溝上慎一（高等教育研究開発推進センター）

キャンパス数	● 3つ
所在地	● 京都府京都市（2）／京都府宇治市（1）
1学年の人数	● 約3,000名
実施規模	● 大学全体の取組
実施目的	● マスプロ講義の改善策と，カルト問題，レイプ・大麻事件，キャリア形成などへの対応
導入時期	● 1998年度
実施時期	● 主に1年生前期：ポケットゼミは1年生後期も開講
実施回数	―
実施部署	● 全学
実施担当者	● 教員

【1. 実施に至った経緯】

・大学設置基準の大綱化により，教養教育は1993年度より全学体制・全学共通科目となった。これにともない，教養教育に関するさまざまな問題点が検討された。そこで大教室でのマスプロ講義が問題の一つとして検討された。

・「新入生向け少人数セミナー（愛称「ポケットゼミ」）」はその改善策の一つとして提示され，1998年度より実施された。ポケットゼミは，原則10人程度の定員，教員が研究室で行う少人数教育である。それは，大学とはどのようなところか，学問とは何か，最先端ではどのような研究がなされているかなどについて，教員が学生に自由に語りかける，いわば「京都大学への入門」の授業として機能している。

・ポケットゼミ開設時は，まだ初年次・導入教育という用語が世に出回っておらず，筆者の理解する限りでは，ポケットゼミが京都大学の初年次教育であるという公式見解はこれまでなかった。

・しかし，2010年度より新入生特別セミナーが企画・実施され，ポケットゼミとあわせてそれらが京都大学の初年次教育であるとの見解に至った。

・なお京都大学では，初年次教育の中身としてスタディスキルの必要性は叫ばれていない。今後もおそらくない。しかし，カルト問題やレイプ・大麻事件に見られる希薄な法令遵守，国際・キャリア意識の弱さなどは大きな問題として認識されており，これが初年次特別セミナーの実施を促した。

詳細な実施状況	【2. 運営の主体と組織・体制】 ①ポケットゼミ：全学共通科目を企画・調整する高等教育研究開発推進機構のもと，全学的に運営されている。 ・審議機関として，機構のなかに「少人数教育部会（ポケットゼミ）」が委員会として設置されており（委員は全学から），ポケットゼミに関する課題やシラバスの検討（適切に表記されているかなどをチェック），アンケート調査などが行われている。 ②新入生特別セミナー：審議機関は，全学の教育制度委員会・全学共通教育システム委員会合同 WG 委員会で行われている。 【3. 実施時期と期間】 ①ポケットゼミ：大半は 1 年生前期に開講される 2 単位科目である。 ・2011 年度の実績は，前期 155 科目（内夏季集中が 39 科目），後期 11 科目（内冬期集中が 3 科目）であった。 ②新入生特別セミナー：前期授業が開始される前の 4 時間半プログラム 【4. 対象となる学生】 ①ポケットゼミ：対象は 1 年生全員であるが，必修科目ではないため，そして定員の関係から選抜（教員による選抜あるいは無作為抽選）があるため，実際に受講する学生は約半数である。 ・2011 年度の実績は，申込者数が前期・後期あわせて 2,255 名（全数の 75.5％），最終的な受講者数が 1,486 名（全数の 49.7％）であった。 ②新入生特別セミナー：全学の新入生全員が対象であるが，学部独自に行う工学部のようなケースもある。 ・単位には認定されない。 【5 教育の内容】 ①ポケットゼミ：「世紀末ウィーン文化入門（文学部）」「民事裁判入門（法学部）」「巨大地震の時代（理学部）」「海岸生物の世界史（フィールド科学教育研究センター）」など。 ②新入生特別セミナー：「カルト問題」「コンプライアンス」「国際交流」「キャリア形成」などをテーマに，30 分ずつ担当の教員が講義を行う。 ③その他：京都大学生協が 2002 年より新入生を対象に「PC 活用講座」を実施しており（約 200 名以上が受講），スタディスキルに関する初年次教育の役割を非公式に担っているともいえる。 ・そこでは，グループワークを通して，ワード，エクセル，パワーポイントなどの PC スキル，レポートの書き方，プレゼンテーションの仕方などを教える。上回生や大学院生が講座を担当する。

事例②【国立大学事例】島根大学

森 朋子（教育開発センター）

キャンパス数	● 2つ
所在地	● 島根県松江市／島根県出雲市
1学年の人数	● 約1,200名
実施規模	● 大学全体の取組とする（教員，職員，TA，SA） ● 実施体制等：教育開発センター初年次教育ワーキンググループ
実施目的	● 島根大学では学習コミュニティを基盤とする新入生の〈居場所〉の構築を目的としている。 ● 初年次教育を全学で展開するため，「初年次教育ガイドライン」を策定し，3つのラーニング・アウトカムを全学共通の達成目標とした。具体的には以下に挙げる3つの力の育成を目指している。 ①「学ぶ技術に関する力」：一般的なレポート・論文の書き方や文献の探し方，プレゼンテーションの仕方 ②「大学生活を豊かにする力」：大学生に求められる一般常識や学習へのやる気，仲間と協調する力など ③専門教育への橋渡しとなるような基礎的知識・技能
導入時期	● 2008年度に教育開発センターが試行授業を行い，効果を検証 ● 2009年度に全学展開
実施時期	● 2009〜1年生の前期（必修） ● 一部，通年および授業外学習展開もあり
実施回数	● 全15回
実施部署	● 全学部
実施担当者	● 所属する各学部，学科等の常勤の教員（数名）および教育開発センター教員

初年次・導入教育：事例集   *123*

	【実施内容】 ・教育開発センター担当「スタートアップセミナー」の事例 1. イントロダクション 2. 講義 3. グループ活動する①：キャンパスを探訪する 4. グループ活動する②：体験をまとめる 5. 講義を聴く・ノートをとる 6. 文章を読む 7. 資料を探してまとめる 8. データをまとめる 9. プレゼンテーションをする 10. PBL 1：学習計画を立てる 11. PBL 2：フィールド調査をする 12. PBL 3：データをまとめる 13. PBL 4：発表の準備をする 14. PBL 5：成果を発表する 15. 授業のまとめ：振り返りと授業評価 授業外 レポート提出
詳細な実施状況	【実施方法】 ・1年生（おおよそ 1,200 名）の全学生に対して実施 ・入学を受けいれた学部，学科，分野単位で授業を行う。複数の担当教員により，10 名程度の少人数グループが実現化される。教育開発センターが開講する全学対象の授業の場合は，300 名と受講者が多いため，TA および SA がグループ活動を支援している。 【評価法】 ・3 つのラーニング・アウトカムの達成状況を，入学時に行う「入学時調査」と授業終了時に行う「初年次教育ポストアンケート」の差によって測定する。効果測定は教育開発センターが担当し，その結果は，各授業コーディネーターを通じて所属教員に共有される。 ・「学ぶ技術に関する力」を評価するために，多くの授業ではレポートかプレゼンテーションを学生に課している。その評価を学生の学びの質向上に活かすため，それぞれの目的にあったルーブリック評価を導入し，学生にフィードバックしている。開発には，各授業担当者と教育開発センターが共同であたる。 【備　　考】 ・学生の自己省察能力の育成と，協調的なグループ活動を支援するため，LMS（Learning Management System）として Moodle（Modular Object-Oriented Dynamic Learning Environment）を導入している。Moodle を授業で活用したい授業コーディネーターには，学生のサポーターが手助けをする仕組みを整えている。 ・「大学生活を豊かにする力」を育成するため，協調学習や協同学習，さらにジグソー法などのグループ学習理論を活用している。 ・初年次教育プログラムの質保証のため，シラバスの充実→授業実施→効果検証→授業担当者へフィードバック→相互研修会を一連の流れとして，サイクルを回し，内部質保証に努めている。

事例③【私立大学事例】大手前大学

石毛　弓（現代社会学部）

キャンパス数	● 2つ
所在地	● 兵庫県伊丹市／兵庫県西宮市
1学年の人数	● 約700名
実施規模	● 大学全体の取組とする（教員，職員，TA）
実施目的	● リベラルアーツ型教育を実施する大手前大学では，学生が「自分で創る専門性」と「社会人基礎力」を獲得することを使命に掲げ，幅広い教育を行っている。その入口として，どの専門分野であっても必要となる普遍的な基礎力を学生が身につけることを目的とする初年次教育を行っている。 ● 初年次教育のプログラムは，さまざまな個性とバックグラウンドをもつ学生によりよく対応するために，毎年見直されている。
導入時期	● 学部別の初年次教育は以前より行っていたが，全学共通の必修科目としての初年次教育は2007年度より導入している。 ● 年度により違いはあるが，基本的に同一シラバスを用い，クラスによる極端な差のない統一授業を実施している。
実施時期	● 春学期：「キャリアデザインⅠ」「情報活用Ⅰ」「英語Ⅰ」 ● 秋学期：「キャリアデザインⅡ」「情報活用Ⅱ」「英語Ⅱ」
実施回数	● 各15回
実施部署	―
実施担当者	●「キャリアデザインⅠ，Ⅱ」：常勤の教員（20名程度） ●「情報活用Ⅰ，Ⅱ」「英語Ⅰ，Ⅱ」：常勤および非常勤の教員（各15名程度）
詳細な実施状況	● プログラムの特徴 ・学部を超えた共通プログラムを提供している。 ・大学として全体の方針を決定する。具体的な科目の設計・運営は，コーディネーターとして選出された教員が担当する。 ・全学部共通の学習支援センターを中心に大学全体として初年次教育を支援し，教職員間で情報を集約し共有する。 ・担当教員間での学部を超えたミーティングを実施している。 ・初年次教育を，大学のグランド・デザインのなかで学士課程全体のスタート地点として位置づけ，2年次以降の教育との縦の連携を強く意識したプログラムを策定している。（たとえば2011年度の「キャリアデザインⅠ，Ⅱ」では，学生一人ひとりのプレゼンテーションを年に2回撮影し，eポートフォリオに蓄積した。このプレゼンテーションは，大学での学びの成果の実践として位置づけられる。これは2〜4年次にも行い，4年間を通じた学生の成長を可視化してゆく。） ・2年次には「キャリアデザインⅢ，Ⅳ」を必修科目として設定し，キャリア教育の継続を行う。

● 「キャリアデザインⅠ，Ⅱ」の実施状況（「情報活用」「英語」は割愛）
【概　　要】
・実施対象：全初年次生（クラス人数：25名程度）
・担当教員：専任教員（アドバイザーとして，学生支援に関する幅広いケアを行う。成績不振の学生への二者面談，三者面談も担当する。）
・授業構成：講義と演習（合評会や講演会など各学期数回の合同授業を行う）
・課題：授業外課題を毎回設定。専門スタッフによる統一基準で採点・添削
・その他：出欠データを一元管理。「情報活用」「英語」と連携して，1科目で閉じない初年次教育を実施（例：パワーポイントの操作は「情報活用」で学習しているという前提で，「キャリアデザイン」において当該ソフトを利用したプレゼンテーションを行う。）

【主な実施内容】

	春学期	秋学期
詳細な実施状況	●大学での学び ・図書館の使い方 ・批判的読書法 ・レポートの書き方 ●キャリア教育 ・OB・OGによる講演 ・自分のキャリアプランの作成 ・大学生としての基本的なマナー ・社会的責任についての学習 ・マナーに関するPBL ●プレゼンテーション ・個人スピーチ（1分・撮影） ・グループ・プレゼンテーション（5分。クラスでの発表，およびクラス代表グループによる全体会での発表） ・相互評価 ●社会人基礎力 ・大手前大学独自の定義（C-PLATS）による目標の設定と自己評価	●インタビュープロジェクト（グループで学内の教職員にインタビューし，結果を小冊子にまとめるPBL） ・行動計画 ・事前調査方法 ・インタビュー時のマナー ・原稿の作成・校正 ・合評会 ●プレゼンテーション ・個人プレゼンテーション（5分・撮影。パワーポイントを使用。クラスでの発表，およびクラス代表者による全体会での発表） ・「自分のキャリアデザイン」を大テーマとし，1年間の学びの成果を実証 ・外部評価員（教育ボランティアなど）によるコメント・評価 ・相互評価 ●社会人基礎力 ・大手前大学独自の定義（C-PLATS）による目標の設定と自己評価

事例④【私立大学事例】大阪国際大学

矢島　彰（現代社会学部）

キャンパス数	● 2つ
所在地	●大阪府枚方市／大阪府守口市
1学年の人数	● 910人
実施規模	●枚方キャンパス全体（ビジネス学部・現代社会学部）
実施目的	● Generic Skill 獲得
導入時期	●基礎演習：1988年度 ●（キャンパス共通の）セミナーⅠ・ベーシックセミナー：2008年度
実施時期	●前後期
実施回数	●セミナーⅠ：30回／ベーシックセミナー：30回
実施部署	●各学科／ベーシックセミナーコーディネーター
実施担当者	●セミナーⅠ：担当者会議／ベーシックセミナー：外部講師
詳細な実施状況	①実施に至った経緯 ・経営情報学部での初年次・導入教育として位置づけられた初年次セミナー科目「基礎演習」は1988年の開学時から開講されていたが、内容は教員に任され、ゼミ毎のばらつきが大きかったため、経営情報学部では基礎演習の内容の統一化が進められた。 ・1989年には「指導の手引き」、1995年にはより具体的な「指導マニュアル」が作成された。 ・2000年には基礎演習担当者会議が設置され、2001年に「基礎演習テキスト」と「教員用マニュアル」が作成された。 ・2008年の学部改組の際に、経営情報学部での取組を引き継ぐ形で、初年次セミナーカリキュラムが枚方キャンパスのビジネス学部と現代社会学部で共通のものとなった。 ・2006年度より、「新学部セミナーⅠ作業部会」を設置し、共通テキスト・マニュアルの作成を進めた。 ②セミナーⅠ [科目の概要] ・前後期各2単位の初年次セミナー科目である。1ゼミ10名程度で共通テキスト『新編 大学 学びのことはじめ』（ナカニシヤ出版，2011）と「セミナーⅠガイドブック」を用いる。必修科目であり、全学生が対象である。2年次以上配当授業において、セミナーⅠでの到達目標を前提とした設計ができる。 [運営の主体と組織・体制] ・各学科はセミナーⅠ担当教員による担当者会議を開催し、セミナーⅠを運営している。テキスト・マニュアル改訂担当者は担当者会議からの意見に基づいてテキスト及びマニュアルの改訂を行う。

初年次・導入教育：事例集　　*127*

| 詳細な実施状況 | [教育の内容]
・学科や希望職種の枠を越えて必要な Generic Skill の獲得を目指している。
・テキストはキャンパスライフ編，スタディスキル編，キャリアデザイン編の3編から成る。
・キャンパスライフ編は学生生活の導入であり，自己紹介・シラバスの見方・大学にある施設の利用方法などを扱う。
・スタディスキル編はレポート作成を到達点とし，ノートのとりかた・文章の要約・情報収集・情報分析・グラフ作成等を扱う。
・キャリアデザイン編の最後は履歴書・自己紹介書の作成である。入学時の自己紹介内容と1年間の学生生活を経た後の自己紹介書を比較することで1年間を振り返ることが可能である。

③ベーシックセミナー
[科目の概要]
・2007年までの初年次セミナーから，20～40名規模での実施が可能な内容を独立させた科目である。セミナーⅠのゼミを単位として各学科を3分割し，日本語・数的処理・レクリエーションスポーツの3分野を前後期各5週交代で受講する。1年次配当前期後期各1単位の選択科目であるが，履修指導によって全学生に履修させている。
・運営の主体と組織・体制：3分野のコーディネーターが，授業担当教員と連携して授業を運営する。授業担当教員は，各分野の教育を得意とする外部講師が担当している。
[教育の内容]
・日本語分野：「大学生のための日本語再発見」（旺文社，2006）のアクティビティ教材を用いている。コミュニケーションギャップを体感させ，日本語コミュニケーションの重要性への気づきを重視している。
・数的処理分野：担当教員が作成したプリント教材を用い，中学数学レベルの内容を扱う典型的なリメディアル教育である。
・レクリエーションスポーツ分野：球技等の種目に取り組むが，競技力向上ではなくチームワーキングを重視する。

④オリエンテーション期間の有効活用
● 2012年度を例とすると，4月1日から授業開始日前日の4月10日までの平日9.30 - 10.20 までほぼ空き時間なく初年次・導入教育を展開し，授業開始日までに入学生としての自覚を強くもつようにしている。
・コンピュータ基礎演習集中講義開講：2012年度からは，コンピュータリテラシー授業90分×15回を，キャンパス内4学科中3学科がオリエンテーション期間に開講している。新入学生を大学の授業時間に慣れさせ，さらには前期授業開始日から全ての授業において ICT 活用教育を可能とするねらいがある。
・自分発見のすすめ：株式会社ラーニングバリューのもつ「自己の探求」プログラムを1日で実施できるようにアレンジしたものを実施している。友人を作り，学びへの意識向上が目的となっている。 |

事例⑤【私立大学事例】早稲田大学

嶋村和恵（オープン教育センター）

キャンパス数	●4つ（大学院のみのキャンパスは他にもあり）
所在地	●東京都新宿区（3）／埼玉県所沢市
1学年の人数	●約9,000名
実施規模	●全学の学生を対象としてプログラムを提供する「オープン教育センター」を設置し，実施している。 ●導入教育・初年次教育とも，全員に必修という形ではない：学部によって，一部を必修化しているところもある。 ●初年次教育として，各学部が独自に開発しているものもあるが，ここで紹介しているのは当センターが提供している全学的なプログラムに限定している。
実施目的	①導入教育は，早稲田大学全学部に一般入試以外で入学する推薦入学者，附属，系属校からの進学者を対象とし，入学前の学習意欲を維持し，学力を高めるためのものという位置づけで，2003年度入学者から実施している。 ・科目は数学Ⅰ・Ⅱ，情報，英語に加えて，2006年度入学者からは統計が組み込まれている。 ・2003年度から4年間は文章表現という科目も実施していたが，現在は行っていない。 ②学内で「WASEDA式アカデミックリテラシー」あるいは「全学基盤教育」と呼んでいる科目が，内容としては初年次教育にあたる。しかし，「初年次」の学生のみを対象にするものではなく，早稲田大学の全学生が大学で勉強するための基礎として身につけてもらいたい能力の育成を目的としている。 ・英語，数学，日本語の3つの分野がある。 ・英語：英語は話す力の育成に力を入れている。 ・数学：数学は主として文系の学生を対象として，論理的思考力を養うためのものである。 ・日本語：日本語の科目は，論文などで論理的でわかりやすい文章を書くための訓練である。 ・どの科目も学年にかかわらず履修することはできるが，設置の目的を考えれば入学直後に履修されることが望ましい。履修は，必修化している学部と学生の意思に任せている学部がある。
導入時期	①導入教育：2003年から実施 ②学内でWASEDA式アカデミックリテラシーと呼ぶ3科目：全学基盤教育と位置づけられている。 ・「Tutorial English」という英語科目は2002年度にスタートした。 ・「数学基礎プラスα」という数学科目と「学術的文章の作成」という日本語科目は2008年度にスタートした。

実施時期	①導入教育：入学が決まっている高校生を対象に，入学直前の2月から3月にかけて実施している。 ②WASEDA式アカデミックリテラシー科目：全て1年生に限定せず，どの学年でも履修することができる。 ・英語科目「Tutorial English」は，初級向けから上級向けまで5つのクラスレベルが存在し，受講前の試験でレベルを決定する。 ・数学科目は，「基礎プラスα（金利編・最適化編）」「基礎プラスβ（金利編・最適化編）」に加え，2012年度からは「基礎プラスγ（線形代数学編・解析学編）」もスタートし，上級者の要望に応えられるようになっている。1年から4年まで，ほぼ同数の履修者がいる。 ・「学術的文章の作成」も履修者は全学年に及ぶが，1年生が6～7割を占めている。
実施回数	①導入教育：全てオンデマンド形式。回数（講義時間の長さ）は科目によって異なる。 ②初年次教育：Tutorial English：各20回，数学基礎プラスα，β，γ（フルオンデマンド）：各イントロダクション＋8回，学術的文章の作成（フルオンデマンド）：8回
実施部署	①導入教育：科目はオープン教育センターに設置 ②初年次教育：科目はオープン教育センターに設置し，全学部の学生が履修できる。
実施担当者	①導入教育：[英語] 外部委託，[数学] 専任教員，[情報] 専任教員，[統計] 専任教員 ②初年次教育：[Tutorial English] 専任教員，運営を外部委託，[数学基礎プラスα，β，γ] 専任教員，[学術的文章の作成] 専任教員
詳細な実施状況	①導入教育 早稲田大学独自の授業支援ポータルを使ったオンデマンド方式による講義。受講期間を限定しているが，その期間を過ぎても講義コンテンツを視聴することはできるので，復習が可能である。 ②初年次教育 ・「Tutorial English」：学生4人に対して1人のチューター（主にネイティブスピーカー）がついたレッスン方式の授業。徹底的に聞く，話す力を身につけるためのもの。 ・「数学基礎プラスα，β，γ」：金利計算の仕組みのような身近で具体的なテーマから，数学の基礎知識を身につけてもらえるように工夫されたオンデマンド方式の講義。α，β，γとステップアップしていけるようになっている。 ・「学術的文章の作成」：論文やレポートなど，学術的文章を作成するときの慣習，語句の正しい使い方，わかりやすい文章構成など，ことばというツールを適切に使えるように訓練する講義。オンデマンド形式だが，毎回400字程度の文章を提出する課題が出され，指導員から個別のフィードバックを受けることができ，確実に文章作成力をあげることができる。

事例⑥【私立大学事例】日本歯科大学新潟生命歯学部

長田敬五（生物学）

キャンパス数	● 1つ
所在地	● 新潟県新潟市
1学年の人数	● 約60〜100名（年度により異なる）
実施規模	● 初年次PBLチュートリアル教育は学部全体の取組である。 ● 教員：日本歯科大学新潟生命歯学部PBL教育委員会（教員11名）と1学年PBL教育部会（教員8名）によって運営されている。
実施目的	● 初年次PBLチュートリアルを授業「歯科医学入門演習」において実施している。 ● 歯科医学入門演習では，第1学年の学生が基礎科学や歯科医学の専門用語を理解し，学び方，発想力，自己学習の習慣，問題解決能力，コミュニケーション技能・態度および生涯学習に対応できる能力を身につけることを目的にしている。
導入時期	● 歯科医学入門演習は，2005（平成17）年度から導入している。
実施時期	● 2005（平成17年）から，前期（4月〜9月）の毎週月曜日，13時〜17時30分を1回（週）として実施（必修）
実施回数	● 全13〜15回
実施部署	● 新潟生命歯学部
実施担当者	● 学部の常勤教員 ・コーディネーター1名 ・シナリオライター計3, 4名 ・チューター約20名

詳細な実施状況	【初年次 PBL チュートリアル実施方法】 ・対象学生：第 1 学年の全学生（約 50 ～ 100 名） ・実施方法：全員による同時実施 ・グループ：各グループ 5 ～ 8 名とした。グループメンバーは，男女比の均等化を考慮した無作為抽出によって決定した。 ・グループメンバーの交代：2 課題に 1 回の頻度で行った。 ・課　題：4,5 課題（実施年度で異なる）。毎年，最終課題は学生によるシナリオ作成に基づいた PBL チュートリアルを行った。 ・シナリオ：課題で用いるシナリオ（教員が準備するもの）は，履修済の上級生による情報漏れの懸念から毎年新規に作成し，1 学年 PBL 教育部会（または PBL 教育委員会）によるブラッシュアップを経て使用した。 ・チューター：チューターは日本歯科大学のチューター養成ワークショップを修了した教員とし，1 グループを 1 人で担当するものとした。2 課題にわたって同じグループを担当することのないようチューターは課題毎に入れ替えた。 ・チューター会議：当日の授業前にチューター連絡会議，授業後に反省会議を毎回実施した。 【授業内容】 ・グループ討論（アイスブレーキングを含めて約 100 分） ・討論アセスメント（10 分） ・自己学習（約 120 分） ・ノートアセスメント（各対応の合計，約 30 分） の順に実施 ・討論アセスメントでは学生がグループ討論に対する振り返りを行う。 ・ノートアセスメントでは各自の学習ノートに基づいてチューターが個別にアセスメントとフィードバックを行った。 【評　価】 ①グループ討論における個々の態度評価（チューター評価と自己評価） ②シナリオライターによる学習ノートの評価 ③学期末に行う問題発見能力判定試験の評価 上記の 3 評価に基づく総合評価とする。 ・態度評価：学生の自己評価も評価対象に加え，学生の自己評価スキルの向上に役立てた。 ・問題発見能力判定試験：提示されたシナリオから時間内に抽出できた疑問点，仮説および学習項目を評価した。 ・学習ノート：グループ討論の記録と自己学習の学習内容等を記載させ，課題終了後，3 ～ 4 日後に提出させた。 ・学習環境：グループ討論はセミナー室，自己学習は IT 教室，1 学年の教室，図書館またはロビー等を使用した。

事例⑦【私立大学事例】新潟産業大学

江口　潜（経済学部）

キャンパス数	●1つ
所在地	●新潟県柏崎市
1学年の人数	●約160名（入学定員）
実施規模	●「生活数学」という授業（2単位）の演習教材として導入 ●大学による採点補助者への謝礼支出などの支援あり
実施目的	●日常生活を送る上で必要な算数・数学知識は有理数上での四則演算であり，それをできるようにして学生を社会に送り出す（その事を通じて学生が自信をもって社会に対峙していく自信を与える）
導入時期	●「生活数学」における公文式学習の導入は2005年度に試行を行い，2006年度の入学生から本格的に行っている。
実施時期	●2006～：1年生の前期（春学期）。
実施回数	●全15回
実施部署	●「経済数学」という授業の中での実施 ●経済学部からの予算的補助あり
実施担当者	●「生活数学」担当教員1名 ●採点補助者（職員と先輩アルバイト合計数名）

詳細な実施状況	【対象・内容】 ・新規入学者（入学定員 160 名）のうち，プレースメントテストで選抜された 40 名に対し実施 ・全ての学生に一定の素養（有理数上の四則演算能力。言い換えるならば分数と少数までの四則演算能力）を与えるために，公文式の教材と教育ノウハウを取り入れる。 ・授業は，講義と演習を織り交ぜる。授業担当者は公文式教材を用いた演習の時間が長くなりすぎないよう一定の配慮を行う。 【実施体制】 ・採点を行う支援員は，教室内で随時，採点を行う。 【教材などについて】 ・公文式教材は「A 教材」と呼ばれる「1 桁の足し算」からスタートをする。 ・そのような演習内容は一見すると「大学でやることではない」と思われるかもしれないが，「ゆとり教育」の名のもと，足し算や九九ができなくても「よし」とされ放置されてきた学生の算数・数学能力を構築するための，学生にとってはおそらく人生の中で最後のチャンスである。 ・公文式の教材は 15 週間で 1000 枚をこなす（1000 枚を自力で解き，全てを 100 点にする）ことを「生活数学」の単位認定の前提条件とする。 ・公文式教材の進捗に応じて，随時「修了テスト」と呼ばれる，単元の区切りごとの学力の確認テストを受ける。 ・期末の試験では，プレースメントテストで用いたのと同じ，公文の「学力診断テスト」を用いて学力の伸びを確認し学生にもフィードバックする。 ・講義の内容は，受講者の学科構成や公文式教材の進捗状況に応じて工夫する。

事例⑧【短期大学事例】桜の聖母短期大学

壁谷一広（元英語学科*）

キャンパス数	● 1 つ
所在地	● 福島県福島市
1 学年の人数	● 約 190 名（英語学科約 70 名，生活科学科約 120 名）
実施規模	①教学部が中心の短期大学全体の取組 ②英語に特化した英語学科独自の取組
実施目的	①全学的な初年次教育を「基礎演習」として実施している。 ・対面授業のほかに，グループワークを通して，短期大学での学びの成功に必要となる基礎的な学習スキル，日本語力，さらにキャリア形成に欠かせないコミュニケーション力の習得を目的としている。 ②また，英語学科では，英語に特化した初年次教育を「基礎ゼミ」として実施している。 ・対面授業のほかに，グループや個人のワークを通して，英語の学習スキルの習得と 2 年次の学びにつながる基礎英語力の向上を目的としている。
導入時期	①全学的な基礎演習は，2011 年度の入学生から導入している。 ②英語学科の基礎ゼミは，2009 年度の入学生から導入している。
実施時期	①基礎演習：2011 ～ 1 年生の前期（必修） ②基礎ゼミ：2009 ～ 1 年生通年で 2 単位（前期 1 単位）（後期 1 単位）で必修
実施回数	①基礎演習：全 15 回 ②基礎ゼミ：全 30 回（1 コマ 45 分）
実施部署	①基礎演習：全学科（英語学科・生活科学科） ②基礎ゼミ：英語学科
実施担当者	①基礎演習：学科に関わらず常勤の教員（数名）が担当する。 ②基礎ゼミ：英語学科の常勤教員全員が担当する。
詳細な実施状況	①基礎演習（全学科） ・1 年生全員（約 190 名）の全学生に対して実施している。 ・全員を集めて，内容に応じて小グループに分け，グループワークを中心とした活動をしている。ただし，レポート教室については，4 グループに分け，対面授業を行っている。 基礎演習の授業内容（授業回数） ・自己の探求Ⅰ（8） ・新大学生のためのレポート教室（2） ・マインド・マップ（4） ・日本語検定（1）

* 現在函館大学所属。執筆者異動により問合せは①の教学部の実践事例に限り教学部にお願いされたい。

初年次・導入教育：事例集

| 詳細な実施状況 | ・「自己の探求Ⅰ」：コミュニケーション力の育成を目的としたもので，ラーニングバリュー社との連携による，2日間集中のグループワークを通した取組である。
・「新大学生のためのレポート教室」と「マインド・マップ」：基礎的な学習スキルの習得を目的としたもので，それぞれ1日集中の取組である。
・基礎演習の効果確認を兼ねた単位認定の条件：日本語検定4級以上の合格で，日本語検定の試験時間を授業1回分に換算している。（受験料1回分は短期大学が負担）

②基礎ゼミ（英語学科）
・1クラス約10名で実施している。
・取り組む内容によって責任者を決め，責任者となった教員が，教材や指導法を他の教員に事前に連絡する。
・授業後にミーティングを行い，スムーズにいった点や改善すべき点などについて情報交換を行う。
・前期には，学習習慣の確立や学びの転換を目的にしているので，学生が授業で使用しているテキストの内容をもとにした課題を通して，スタディスキル，英語の読み方，課題の取り組み方などを学ぶ。
・後期には，前期に学んだことを活用する取組や3〜4名のグループプロジェクト（カプセル1, 2）で応用する体験を通して，2年次の学びにスムーズに移行できるような構成にしている。（2年次では短期大学における学びの集大成になる特別研究ゼミが必修となるため）

基礎ゼミの授業内容（授業回数）
前期
・ガイダンス（1）
・ノートテイキング（1）
・辞書活用法（1）
・単語学習（1）
・読解のスキル（5）
・インターネットの活用法（1）
・図書館の活用法（1）
・課題の取り組み方（3）
・まとめ（1）
後期
・資格試験の準備の仕方（3）
・発音矯正練習（1）
・電子辞書の活用と語彙学習（1）
・和英辞典を使った英作文（1）
・カプセル1　（4）
・カプセル2　（4） |

事例⑨【短期大学事例】四国大学短期大学部

谷川裕稔(幼児教育保育科,学修支援センター)

キャンパス数	● 1つ
所在地	● 徳島県徳島市
1学年の人数	● 260名
実施規模	● 短期大学部全体の取組[4科2専攻]:ビジネス・コミュニケーション科,人間健康科(食物栄養専攻・介護福祉専攻),幼児教育保育科,音楽科
実施目的	● 学習技術,文章作成力,キャリアデザインの修得
導入時期	① 1993年:リメディアル教育(文章作成技術の向上)を意識して導入された。 ② 2011年:2010年,短期大学部はワーキンググループを立ち上げ,文章作成中心の『自己表現論』の見直しをはかった。その結果,初年次教育的な内容に変更されることになった。
実施時期	● 1年生の前期
実施回数	● 15回
実施部署	● 短期大学部
実施担当者	● 全学科の常勤の教員
詳細な実施状況	①導入の背景 ・短期大学部の共通教養科目として,『自己表現論』が1993年に導入された。 ・当初はリメディアル教育の一環として,日本語文章の技術向上を目指すものであった。 ・講義に加えて2回の講演を視聴し文章にまとめる作業が学生に課せられた。 ・卒業必修科目に位置づけられた。 ②初年次教育としての『自己表現論』 ・当初(1993)は通年(前後期2単位:45分30回)であったが,2007年からは前期(2単位:90分15回)に変更された。 ・理由は,5限目に設定されていたこともあり①教員・学生の精神的負担が過重になってきたこと,前期のみの実施であれば,②学生に再履修の機会を与えることができることの2点である。 ・初等・中等教育機関の校長経験者(常勤教員)が主として担当した。

詳細な実施状況	・2011年度から，初年次教育を意識した包括的内容へと進化・深化させることにした。 ・短期大学部スタンダード構想のひとつの取組として実施されることになった。 ・従前までの「日本語文章作成技術の向上」を基本として，学生が短期大学部を卒業するための①「学習技術」と，社会人になるために必要とされる②「キャリア意識」などの基礎的素養の修得を目指すことにした。 ・学科・専攻の常勤教員が担当することになった。 ・入学時から学科・専攻所属の常勤教員が学生の姿を積極的に把握することによる有用性（例えば学習成果，大学への定着）を強調する「初年次教育」のコンセプトを踏まえたものである。 ③実施方法 ・全学科専攻の1年生（260名）に対して実施する。 ・1クラスの上限は原則，20名とする。担当教員は，授業ごとに用意された「授業マニュアル」を参考に授業を組み立てる。 ・新年度の初めに，学科専攻の担当教員は，内容や進め方についての打ち合わせをする。 　授業内容（授業回数） 　・オリエンテーション（1） 　・スタディスキルズ（3） 　・講演（2） 　・日本語作成法：基礎編（3） 　・日本語作成法：応用編（2） 　・キャリア教育（3） 　・総括（1） ・「スタディスキルズ」「キャリア教育」の時間に，プレゼンテーション，ディスカッションなど，演習的手法を必ず織り込む。 ・「2回の講演」は継続させる。学生は，指定された講演を最低2回受講（視聴）した後，「日本語作成法」にて学んだ書式に沿ったレポートの提出が求められる。担当教員は，提出されたレポートを添削し，コメントを付した上で学生に返却する。 ④課　題 ・課題は，以下の4点などが挙げられる。 ①短期大学部全体で一斉に授業を実施する機会の設定 ②『自己実現』の統一テキストの作製 ③教授法の研究 ④学科専攻の担当教員の意思統一

事例⑩【高等専門学校事例】阿南工業高等専門学校

奥本良博（機械工学科）

キャンパス数	● 1つ
所在地	● 徳島県阿南市
1学年の人数	● 約160名
実施規模	● 4学科160名の学生を4クラスに再編成（男女比を統一するなど）して混合学級とし，4学科の基本をオムニバスで教授する科目として「ものづくり工学基礎」を開講している。（教員，技術職員）
実施目的	● ものづくりに関わる技術者としての基礎を身につけるため，機械工学，電気電子工学，制御情報工学，建設システム工学の4学科の内容を，1年間を4つの期間に分けローテーションで各分野の講義および演習によって学ぶ ● 広い工学分野の知識を身につけることで，現在の社会が求めている複合融合分野の技術者となるための基礎を築くことを目標とする
導入時期	● 中学校卒業段階で学生の将来に直接つながる学科選択をするのは困難であるという，保護者・中学校の意見を反映して2008年度入学生より，希望学科再選択制を導入 ● 2年時での学科選択の参考にするために開講した
実施時期	● 2008～：1年生通年で2単位で必修
実施回数	● 全5回×4学科（計20回）＋キャリア教育等が10回
実施部署	● 全学科：機械工学科，電気電子工学科，制御情報工学科，建設システム工学科
実施担当者	● 全学科の常勤の教員および技術職員（数名）
	【実施方法】 ・1年生（160名）の全学生に対して実施 ・1クラス40名の学生に対して4学科の教員が巡回する形で各学科の基礎内容を教授し，学科の特徴および学習内容を紹介することで，2年時の学科再選択の参考にしてもらう ・4学科の講義・演習の節目で全員に対するキャリア教育等の講演をはさんでいる ・160名が合同で授業をする場合，規模に応じた担当教員を各学科から配置する

初年次・導入教育：事例集　　*139*

ものづくり工学基礎の内容（授業回数）	制御情報工学分野（5）

ものづくり工学基礎の内容（授業回数）
ものづくり工学系科目の概要説明（1）
関数電卓の使用方法等の実習（2）
キャリア教育に関する講演など（6）
安全教育（1）

電気電子工学分野（5）
1. 電気電子工学の基本事項について説明
2. 機器分野の概論と最新技術紹介
3. 通信分野の概論と最新技術紹介
4. 半導体分野の概論と最新技術紹介
5. 発電分野の概論と最新技術紹介

制御情報工学分野（5）
1. 学科紹介，画像処理技術の概要
2. ネットワーク技術の概要
3. コンピュータグラフィックス技術の概要
4. 移動ロボット技術の概要
5. 自動制御技術の概要

建設システム工学分野（5）
1. 学校・学科紹介，建設業の歴史
2. 安全・安心のための防災講座
3. 建設工事現場（四国横断道）見学
4. 持続可能な社会をつくるための環境講座
5. 生態系環境を守る現場見学

	・以下は機械工学分野の詳細を述べる 機械工学分野（5） 1. 機械工学科ガイダンス 2. 機械工学基礎演習1 3. 機械工学基礎演習2 4. 機械工学基礎演習3 5. 機械工学基礎演習4 ・Taller Tower：紙で作った塔の高さを競う競技 ・紙飛行機：市販のペーパープレーンを改造 ・鋳造演習：チームに分かれてパズルを作る の3単元を5週（各2時間）で実施している
詳細な実施状況	・この演習を通して全ての学生に機械工学のエッセンスを体感してもらうために，基本的にPBLの形をとっている ・教員は問題を解決するための知恵を授けるために丁寧に説明するように心がけている ・実物や例を示し，教員がしていることの意味を解説するようにしている（特に安全教育には気を配っている） ・途中からは一切説明を控え，学生の自主性に任せて，知恵を活用するように促す ・コンテストの結果はできるだけ丁寧に説明し，今後の学習の指針についても述べ，機械工学への興味が出るように工夫している

事例⑪【高等専門学校事例】弓削商船高等専門学校
望月　肇，濱中俊一，上江憲治（総合教育科），葛目幸一（情報工学科）

キャンパス数	● 1 つ
所 在 地	● 愛媛県越智郡上島町
1 学年の人数	● 約 120 名：商船学科 40 名，電子機械工学科 40 名，情報工学科 40 名
実施規模	● 詳細な実施状況を参照
実施目的	● 詳細な実施状況を参照
導入時期	● 2005 年度
実施時期	● 詳細な実施状況を参照
実施回数	● 詳細な実施状況を参照
実施部署	● 1 年学級担任ならびに 1 年教科担当教員，2011 年度より初年次教育支援室
実施担当者	● 初年次教育支援室：室長 1 名，副室長 1 名，1 年学級担任 3 名，専門学科または総合教育科より支援教員 3 名，総合教育科の英語，数学担当の教員より 1 名ずつ，計 2 名，合計 10 名の教員（2011 年度より）
詳細な実施状況	【1．初年次教育の実施に至った経緯】 ・高等専門学校（以下，高専）は，大学や短期大学（以下，短大）に比べて 3 歳若い，中学校を卒業したばかりの高等学校（以下，高校）1 年生と同じ 15 歳以降の入学生を受け入れ，本科 5 年間の一貫教育を実施する高等教育機関である。 ・このため，高専への新入生に対しては，大学，短大での教育よりもきめ細かな指導が求められる。 ・高専の各教員は独立した研究室で教育，研究を行うため，卒業研究等の指導は行いやすく，この点で大学や短大に似た教育システムをもつ。しかし高専には職員室が存在しないため，高校と比較して教員間の連携は取りにくい傾向にある。 ・また弓削商船高専では，毎週木曜 7 限のロング・ホームルーム（LHR）以外は，毎朝と放課後のショート・ホームルーム（SHR）が原則的に存在しないため，学級担任と学生とのコミュニケーションが希薄になりがちである。 ・このような独特の教育システムをもつ高専において，15 歳以降の入学生がスムーズに高専の教育課程に順応するための初年次教育を充実させる必要がある。 【2．これまでの初年次教育の実践】 ①創造性教育（課題学習） ・弓削商船高専における初年次教育は，2005 年度より「創造性教育（課題学習）」という名称で，高学年における卒業研究などにおいて求められる創造力の育成を，初年次から疑似体験させる目的で実施してきた。

	・1年3学科のうち1学科に絞り，5名程度の少人数グループ毎に，歴史，文化，環境など各学生が興味をもったテーマについて，フィールドワークを取り入れた調査学習を，9月から11月までの約3か月間，毎週木曜7限のLHRを活用して行われた。 ・各グループに1名ずつ指導教員が指導にあたり，最終日にはパワーポイントによるプレゼンテーション形式の成果発表会を公開授業として実施した。 ・この創造性教育（課題学習）は，2008年度まで同じ形式で毎年実施した。 ②インターナショナル・デイ（International Day） ・2008年度より「インターナショナル・デイ」という取組を始めた。 ・これは海外からの学生と，英語と日本語を交えたコミュニケーション活動，書道や折り紙をはじめとするアクティブ・ラーニングの活動を通して，1年生の国際交流の意識を高めることを目的としている。 ・2008年度はアメリカ合衆国のBear Creek High Schoolより，2010年度はオーストラリアのThe Kooralbyn International Schoolより，教員と生徒を迎え，互いの文化への理解，関心を深めた。 ③新入生オリエンテーション合宿（協同学習） ・2009年度より，4月上旬の入学式後に，新1年生全員参加による1泊2日の「新入生オリエンテーション合宿」を，校外施設を利用して毎年実施している。 ・この行事は，少人数グループによる協同学習を取り入れ，1年学級担任をはじめとする複数の教員が連携しながら，弓削商船高専の教育方針の1つである「高い倫理観をもった人材の育成」を目指しつつ，「団体生活を通して団体秩序を守り，寛容な心で同級生との親睦を図るとともに，学生生活及び学生としての心得を身につけること」を目的としている。
詳細な実施状況	④1年生対象の講演会（早期キャリア支援） ・その他，就職，進学状況が良好な状況である高専の特色に基づいて，社会の第一線で活躍する卒業生をはじめ，外航船舶の元船長，大学教員などの外部講師を招き，早期キャリア支援を目的とした1年生対象の講演会を実施している。 【3．初年次教育支援室の設置】 　これまでの弓削商船高専の初年次教育は，1年学級担任をはじめとする複数の教員が中心となって，試行錯誤を繰り返しながら実施してきたが，これらは一部の教員が有志で行ってきたものであり，初年次教育のさらなる充実のためには，学校全体としての組織的な取組に発展させることが課題であった。 ・これらを受け，初年次教育のさらなる充実を目的として，2011年4月に「初年次教育支援室」を新設した。初年次教育支援室（以下，支援室）は，室長1名，副室長1名，1年学級担任3名，専門学科または総合教育科より支援教員3名，総合教育科の英語，数学担当の教員より1名ずつ，計2名，合計10名の教員より構成される。

詳細な実施状況	・支援室の役割は，入学予定者の準備学習（入学前の国語・数学・英語の春休み課題），新入生オリエンテーション合宿，毎朝のSHR，外部講師による講演会，インターナショナル・デイ（海外からの学生との国際交流活動）をはじめとするアクティブ・ラーニング，秋の商船祭における芸術（音楽・書道・美術）授業発表会など，さまざまな初年次教育プログラムの企画と運営，さらに学習支援や学習相談，とりわけ数学・英語などの補習（リメディアル）教育の企画と運営などが挙げられる。 ・支援室の設置から1年がようやく経過した段階にあり，弓削商船高専の初年次教育は，教員有志での取組から，学校全体としての組織的な取組に向けて動き始めたところである。 【4．高専における初年次教育としての弓削商船高専の取組】 ・2010年度までは，毎週木曜7限のLHRの枠内で，1年学級担任が有志で，学外講師による講演会，アクティブ・ラーニング，定期試験前補習などを実施してきた。また，朝のSHRの実施も1年学級担任が有志で行ってきた。 ・2011年度より，毎週月曜7限，金曜7限の1年生の時間割を「初年次教育」の時間として，1年学級担任，初年次教育支援室，各専門学科の教員が中心となり，定期試験前の数学・英語対策補習，パソコン検定などの資格試験対策などを企画，実施した。これらの補習では，専攻科学生（大学3年，4年生に相当）がTA (ティーチング・アシスタント:Teaching Assistant) として教員と連携しながら，1年生を少人数グループ形式で指導する試みも行われた。さらに，1年学級担任が中心となり，初年次教育支援室の教員と連携しながら，毎朝のSHR，毎週木曜7限のLHRを実施した。合同ホームルームの形式で，教員によるインターネット使用に関する情報モラル講習，早期キャリア支援を目的とした電力会社に勤務する卒業生による講演，さらに警察署生活安全課による「携帯電話使用に関する犯罪防止」についての講演，日本赤十字社による「献血の現状，タバコの害」に関する講演を実施した。 ・また，弓削商船高専をはじめとするほとんどの高専には学生寮が設置されており，「教育寮」として位置づけられている。弓削商船高専では，学生の約6～7割が寮生，約3～4割が通学生であり，寮生の割合が高い。寮生は学生寮において，宿直教員，学生寮担当教員の指導のもと，自習時間や清掃活動などの定められた日課に基づいた集団生活を行っている。学生寮での集団生活において，教員が連携して生活指導を行うことにより，寮生である1年生は基本的生活習慣を身につけ，高専での学生生活に順応できるようになっていく。 ・以上のように，弓削商船高専では独特な教育システムをもつ高専の教育課程において，高校1年生と同じ年齢の新入生がスムーズに適応できるように，教員が連携しながら，学習面ならびに生活面における指導を有機的に結びつけた初年次教育の実践を目指している。

Chapter 5

国語リメディアル教育と大学生のための日本語教育

編集担当：
馬場眞知子

0 概説：国語リメディアル教育と大学生の日本語教育

小野　博・馬場眞知子・たなかよしこ

● 0-1　言語教育の重要性

いわゆる国語科の指導に関しては小・中・高等学校において，文部科学省の学習指導要領に基づいて行われている。

しかし，「新学習指導要領・生きる力」では言語活動の充実を掲げ，国語科のみならず，各教科での言語活動の充実についても強調している。すなわち，「各教科などにおいては国語科で培った能力を基本に，それぞれの教科等の目標を実現する手立てとして，知的活動（論理や思考）やコミュニケーション，感性・情緒の基盤といった言語の役割を踏まえて，言語活動を充実させる必要がある」と明記している。これらの目標を掲げ，考える力や言語感覚を磨き，言語力をつける方向が示され，さらに，発達の段階に応じて可能な言語力育成が重要であるとも記されていて，初等・中等教育での発達に応じ，「各教科の目標」を達成するための言語活動，それを支える言語力とその教育の重要性が示されている。

しかし，今日，大学生の日本語力が低下しているといわれる背景には，近年のゆとり教育や入試の多様化などの影響，また小・中・高校生の読書量の低下，IT技術の発達によるコミュニケーションスタイルの変化などさまざまな要因が考えられる。このような変化の中，専門科目を教える大学教員からのニーズもあり国語力の育成策として多くの大学において「国語リメディアル教育」が行われるようになった。

● 0-2　国語リメディアル教育

ここでいう「国語リメディアル教育」とは，高校までに学んでいるはずの国語科の指導の一部である，漢字，語彙の用法，読解などを補習として行うことを指し，その学習内容は，高校卒業までに学んでいるはずのこととして扱うことである。受験用の教材などを使用することも多く，数値化された目標や漢字の数等を明確に示しやすいことから，比較的短時間で集中的学習が可能であると考えられており，例えば，それまで読めなかった漢字が読めるようになる，知らなかった熟語の意味がわかるようになるなど，直接的な成果として認めら

れることがわかっている。もちろん，このような測定可能な数値化しやすい部分での「国語力」は伸ばしやすいといえるが，それ以外の力についてはこの限りではないことはいうまでもない。

● 0-3　大学での日本語教育の必要性

学習指導要領の国語科においては，前述のように言語の果たす役割を踏まえて，発達の段階に応じて，さまざまな言語活動を行う能力を培う必要があるとされている。これらを踏まえ，初等・中等教育での国語科の指導で，ディスカッション，プレゼンテーション，論文作成などが実施されている。しかし，それらは，それぞれの発達の段階での言語力で可能な範囲であると考えられる。つまり，小学生ならば，発達理論でいう児童期後期であり，中学生・高校生であれば，思春期にあたる。翻って，大学生の場合は青年期後期であり，その発達課題は自我同一性の確立，社会集団の一員としての自覚である。この時期だからこそ，獲得できる言語力は，初等教育・中等教育とは異なるものであるのは自明である。

大学での日本語教育というのは，基準となる学習指導要領などないものであり，各大学でさまざまな実態があるところではあるが，本節ではこのような言語力を，日本語力として捉える。

● 0-4　日本語力とは

つまり，本章で述べる「日本語力」というのは，上述の初等・中等教育までの「国語科」で学ぶ言語力とは異なる概念であると考える。

高等教育において，母語である日本語を十分に使える力とは，思考を支える道具としての言語力であり，漢字の読み書き，難読語や概念語の意味を知ることだけではなく，思考を組み立てる，概念を構成するメタ言語知識を理解し，その知識をすでにもっている知識の中に組み込むという活動を日本語ですること，辞書的な意味を知るだけではなく，自分の言葉としてその意味を表出し，その意味に則す例を実体験の中から取捨択一し，表現をすることを意味する。

すなわち，「日本語力」とは初等・中等教育での国語力の上に，大学でのさまざまな学びや社会人として必要となる理解力，論理力，論述力などの思考力，

さらに自分の人生を組み立てるための創造力や問題解決力などを支えるための力を指すものである。これはもちろん，文科省のいう言語力を含むものであるが，これらの力を伸ばすためには，高校までの学びとは異なる「学びの変換（組み替え，再体制化，再組織化）」が必要で，多様なジャンルの書籍を精読し，新聞など情報を取捨選択して読み取ることによって，思考力を養う基盤を作ることが重要である。この思考力というのは，誰かがすでに解いた，解き尽くされた，答えのある，過去の問題を効率的に組み立てることだけではなく，現実の社会で，まだ解のない課題を自ら見つけ，その課題に社会集団の一員としての役割を果たしながら取り組む時に必要とされる思考力を指す。自らの思索を深めながら，抽象概念を含む討論を繰り返すなどの活動を通して，日本語で思考する能力を学習者自らが育成していくことを目指すことが大学教育では重要なのである。

● 0-5　大学生のための日本語教育

　大学生の日本語力の問題が取り上げられ始めた時期，大学での日本語支援は，本節で述べたいわゆる「国語リメディアル教育」が中心であったと推測されるが，その後，社会的ニーズから「大学生のための日本語教育」が整備され，現在では教養教育や初年次教育として定着しつつある。多民族を擁する米国では，かねてより英語教育をリベラルアーツとして実施しているが，現在では，一部の日本の大学でもこのような日本語教育を単位化して実施している。これは中・高における教育にはなかった高等教育で必要な思考力を鍛錬するための教育として「日本語教育」を捉え，大学教育・教養教育の一環として考え始めているためである。

　上述のような初等・中等教育までの学習内容を補習する「国語リメディアル教育」と高等教育における「大学生のための日本語教育」についての区別は，各種日本語テスト類においても混同が見られる。多くのテストは，学習指導要領に則って出題され到達度を測るテストで，中・高の学習内容に沿う内容であるため，指導者にとっては初等・中等教育からみた，学生のレベルを判定しやすく，その学習内容に従って授業を展開することができることから，一定の向上を図りやすい。一方，思考の道具としての言語力「日本語力」を測るのは非常

に困難であり，その成果も一朝一夕に得られるものではない。

本章では，これらの大学生のための日本語教育についての考え方と取り組みについて述べ，事例を示す。

1 解説：日本人学生に対する日本語教育

佐藤尚子・橋本美香

本節では，主に，日本人学生に対する日本語教育の流れと日本語力の測定について述べる。

● 1-1 日本人学生に対する日本語教育とは

小・中・高における「国語」という科目は，日本における共通語である日本語話者を育てる科目である。一方，日本の大学では，多くの場合，「日本語」を用いて，教育・研究活動が行われるため，学生は日本語で思考する必要がある。大学では，このスキルとして使われる日本語の能力を高めるために，日本語の教育が行われていることから，国語教育とは呼ばず，日本語教育と呼ぶことが多い。

● 1-2 日本人学生に対する日本語教育

1) 日本語教育の黎明期

大島（2006）によれば，「日本語表現法」「文章表現法」など，日本人学生に対する日本語の科目は，1980年代からみられるようになったとあるが，それ以前にも，学外にはあまり知られてはいないが，開講されていた大学もある。日本人学生に対する日本語の科目として，後から日本語科目を開講しようと考えた大学にとって，富山大学や高知大学の事例は参考となった。

そして，2004年頃になると，リメディアル教育，初年次教育，導入教育など，科目の位置づけは大学の事情によって異なるものの，日本人学生に対する日本語教育が多くの大学で行われるようになった。その背景には，1995年から文化庁が実施している国語に関する世論調査の結果で日本人の日本語力が低下しているということが明らかになり，また，学習指導要領の改正に伴い，2002年度から小中学校で実施された「ゆとり教育」のもとで，国語の授業時間が大幅に

削減されたこともあると考えられる。
　従来，大学では行われてこなかった日本人学生に対する日本語教育が行われることに対して，日本人の日本語力が落ちていて，嘆かわしいという論調もあるが，知の伝授の方法が変化したことも大きいと考えられる。
　1981年に木下是雄が『理科系の作文技術』を著した。現在，レポートや論文の書き方や口頭発表の方法などアカデミック・スキルに関する書籍が多く出版されているが，その先駆となるもので，版を重ね，ロングセラーとなっている。この『理科系の作文技術』の登場によって，言語技術教育が知られ，大学においてアカデミック・スキルの教育が必要であることが知られるようになった。さらに，1994年に小林，船曳らによる『知の技法』，1995年に『知の論理』が出版され，大学教育における体系的な知の伝授の教育が認知されるようになった。
　先述の『理科系の作文技術』が出版された1980年代初め頃までは，論理的な思考方法やアカデミック・スキルなど知の伝授は，例えば，教員から個別に伝授される，先行研究を真似るといった，明示的，体系的ではない形で示されていた。しかし，現在では，書籍や授業を通して，明示的かつ体系的に示され，それを学習する形に変化している。つまり，知の伝授の仕方が，個別的な伝授から体系的な学習に変化したといえよう。さらに，今日では，教員から学生に一方向的に示すだけではなく，ピア活動や，アクティビティーを通して，学生の気づきを促し，学生自ら学ぶ活動など，協働的な活動を採り入れた授業が行われるようになってきている。このような変化も，日本人学生に対する日本語教育が盛んになった背景にあるだろう。
　日本リメディアル教育学会設立のきっかけとなったのは，各地の大学からの「まずは日本語教育が必要である」という多くの声であった。これを受けて2001年に日本語文章能力に関する実験授業（馬場・田中ら，2003）が行われ，学生の書く力が，学生に「気づき」を促すアクティビティ型の授業で著しく伸びるという結果が得られた。
　2005年に日本リメディアル教育学会が設立されたが，「まずは日本語」というコンセプトから日本語部会が設立され，以後さまざまな活動を行っている。

2）現在，行われている日本語教育

多くの大学で，日本人学生に対する日本語教育が行われるようになったが，その教育内容は，それぞれの大学の専門や教育の目的などによって異なり，概説にもあるように，「国語リメディアル教育」と「大学生のための日本語教育」に大別される。「国語リメディアル教育」については，概説に詳しいので，本節では「大学生のための日本語教育」について述べる。

「大学生のための日本語教育」には，専門を問わず，大学の学びに必要なアカデミック・スキル（レポート・論文の書き方，口頭発表の方法，それらを支える論理的思考力の養成）を養成する初年次教育での日本語教育と，特定の領域で必要になるコミュニケーション能力やリテラシーを養成する専門教育での日本語教育がある。

2004年に「特色ある大学教育支援プログラム（特色 GP：Good Practice）」に岡山大学の「日本語力の徹底訓練による発想型技術者養成」が採択された。これは，工学部において日本語力を訓練することによって，技術者の開発能力基盤を形成し，その上に発想教育と技術経営教育による能力訓練で発想型技術者を育成することを目的にしている。工学教育に日本語教育を採り入れることによって，より高度な技術者の育成を行おうとしており，専門教育における日本語教育の事例として，各方面に大きな影響を与えた。そのほかに，専門教育での日本語教育の例としては，医学部や看護学部などで行われている，医者が患者と接する場合のコミュニケーション能力を養成するものや，看護・介護記録の書き方の指導などがある。

現在，それぞれの大学で行われている具体的な日本語教育については，事例報告を参照していただきたい。

3）日本語教育のこれから

2008年に文部科学省から「学士課程教育の構築に向けて（答申）」が示された。そこでは，大学の学部教育である学士課程において習得すべき能力を「学士力」と位置づけた。この中で，学士力を形成する汎用的な技能として，コミュニケーション・スキル，論理的思考力，問題解決能力などをあげている。

また，企業からも新入社員に対して高度なコミュニケーション能力を求め

る声が強い。2004年に厚生労働省が「就職基礎能力」を，2006年に経済産業省が「社会人基礎力」を示した。2つの省が示した能力の中核は，日本語による「コミュニケーション能力」である。大学では，学生の就職を見据え，企業から求められる能力を高めるための日本語教育も行われるようになってきている。

さらに，OECD（Organisation for Economic Co-operation and Development：経済協力開発機構）は，大学など高等教育機関の学習成果の国際的な評価を行うため，「高等教育における学習成果の評価（AHELO：Assessment of Higher Education Learning Outcomes）」の実施を検討している。今後は，グローバルレベルで，コミュニケーションに関わる能力，論理的思考力，問題解決能力などが測られるようになるだろう。そして，このような評価に備えた，日本語力の養成が必要になってくるだろう。

このように，大学でも社会でも必要となる能力としての日本語力の養成が求められているといえよう。

2011年度から小学校で，2012年度から中学校で実施された，「新指導要領・生きる力」では批判的思考力の養成，言語技術の養成など，現在の大学生に不足しているといわれる能力の養成が多く織り込まれている。これらの教育を受けた児童・生徒が大学へ入学した時点で，学生の日本語力には大きな変化があり，今後，それらの変化を受け，日本人大学生に対する日本語教育にも大きな変化があるだろう。

● 1-3　日本語力の測定：語彙力について

第一言語（母語）である日本語力を測ることは難しい。しかし，適切な教育を行うためには，学生の日本語力を測り，どのレベルにあるか知る必要がある。

小野他（1989）が行った日本語力検査の研究で，日本語力を構成する各要素について因子分析を行った結果，「語彙」の検査結果で全般的な日本語力を代表させられることが明らかになった。この結果をふまえ，その後，語彙力を測定することで日本語力を測るプレースメントテストの開発が行われた。

語彙力とは，ただ，語彙を知っているだけではなく，他の語彙とのつながりや文章とのかかわり，意味の的確さなどを知り，それぞれが適切に運用できる

ことである。

　大学での学びに関わる語彙としては，専門領域では必要不可欠である（が，領域以外では知る必要がない）「専門用語」，専門領域に関わらず，論理的な思考を支え，大学という学術的な場で教育を受けるのに必要な「学術用語」がある。また，学術的な場にふさわしい書きことばの習得や，事態をより正確に表すための修飾語（形容的な表現や副詞的な表現）など，「専門用語」「学術用語」などを学習する以前に，大学での学びに必要な基本的な語彙や表現を習得する必要がある（佐藤，2011）。

　語彙力の養成の重要性をふまえ，日本リメディアル教育学会日本語部会では，大学生の語彙力の養成について，シンポジウムを開催したり，『リメディアル教育研究』に研究成果を発表したりしている[1)2)]。

● 1-4　おわりに

　近年，グローバル化の進展によって，異なった考えをもった人間と，常に，言語を介して意思疎通を図る必要性が増している。

　また，グローバル化の進展とともに，第一言語（母語）である日本語だけではなく，第二言語（外国語，多くの場合は英語）でも高度なコミュニケーションができる人材が求められている。しかしながら，いくら第二言語（外国語）を学んだとしても，第一言語（母語）を超えた言語力を身につけることはできない。第一言語（母語）の能力が高くなければ，高度な第二言語（外国語）を習得することはできないのである。

　このような社会の変化により高い第一言語（母語）である日本語能力を習得する必要があり，今後も日本人学生に対する日本語教育の充実が求められる。そして，コミュニケーション・スキル，論理的思考力，問題解決力など，現在は，個別的に研究されているこれらが学際的に研究され，より高度な日本語教育が

---

1) 日本リメディアル教育学会日本語部会では，第5回全国大会（2009）で「学士課程で必要な語彙理解力の育成のために」，第6回全国大会（2010）で「大学の授業理解に必要な日本語力とその育成について考える」というシンポジウムを開催した。
2) 語彙力が高いからといって，対人的なコミュニケーション能力が高いわけではない。語彙力の高さは，思考の道具となる日本語力の高さに関わるところが大きいだろう。

行われるようになることが必要である。また，日本人学生に対する日本語教育は新しい領域であるため，それを専門とする教員，研究者はまだ少ない。人材の養成も急務である。

2 関連図書の一覧表

たなかよしこ・河住有希子

現在使用されているさまざまな日本語教育・国語リメディアル教育・学習／アカデミック・リテラシーの図書の一覧表を掲載する。これらの図書は，使用方法として以下の分類が可能である。

凡例（学び方）
[松] しっかり読め／[竹] コツコツ・がっつり／[梅] コツコツ・がっつり・ワークシートばっちり／[ひまわり] わくわく・面白い 読み物／[たんぽぽ] ノリノリ クイズパワーで練習繰り返し／[宇宙人] 異文化としてコミュニケーションの基底を考える／[大] 大学基礎／[論] 論理的思考

【分類1／分類2】	発行年：著者名・**書名**・出版社
	2012
【松／語彙】	柿木重宜 **日本語再履修** ナカニシヤ出版
【ひまわり／文章】	石黒 圭 **論文・レポートの基本―この1冊できちんと書ける** 日本実業出版社
【ひまわり／論・大】	宇田 光 **大学生活を楽しむ護心術―初年次教育ガイドブック** ナカニシヤ出版
【梅／大】	金田 徹・長谷川裕一 **理工系学生のための大学入門―アカデミック・リテラシーを学ぼう！** ナカニシヤ出版
【梅／大】	中野美香 **大学生からのプレゼンテーション入門** ナカニシヤ出版
【梅／大】	小椋理子・伊藤善隆・高橋可奈子・野村亞住 **大学生のための基礎力養成ブック** 丸善出版
【梅／大】	大島弥生・大場理恵子・岩田夏穂・池田玲子 **ピアで学ぶ大学生・留学生の日本語コミュニケーション―プレゼンテーションとライティング** ひつじ書房
	2011
【竹／語彙・文章】	中谷克己・野村和代 **大学生のための日本語の基礎―入門編** 帝塚山大学出版会
【梅／大・文章】	学習技術研究会［編］ **知へのステップ 第3版** くろしお出版
【梅／文章】	石井一成 **ゼロからわかる大学生のためのレポート・論文の書き方** ナツメ社
【梅／大】	小原芳明［監］／玉川大学［編］ **大学生活ナビ 第二版** 玉川大学出版部

【梅/大】	大塚裕子・森本郁代［編］　話し合いトレーニング―伝える力・聴く力・問う力を育てる自律型対話入門　ナカニシヤ出版
【梅/大】	佐藤智明・矢島　彰・安保克也［編］　新編　大学　学びのことはじめ―初年次セミナーワークブック　ナカニシヤ出版
【梅/大】	世界思想社編集部　大学生 学びのハンドブック［改訂版］　世界思想社

2010

【たんぽぽ/語彙・大】	中山秀樹　ほんとうは大学生のために書いた日本語表現練習帳　すばる舎
【宇宙人/論・語彙】	馬場眞知子・田中佳子［編著］　理工系大学生のための日本語再入門　化学同人
【たんぽぽ・宇宙人】	宇都宮裕章［編著］　対話でみがくことばの力―互いの異なりを活かすグループワーク26　ナカニシヤ出版
【梅/語彙・文章】	安部朋世・福嶋健伸・橋本　修［編著］　大学生のための日本語表現トレーニング［ドリル編］　三省堂
【梅/大】	米田明美・蔵中さやか・山上登志美　大学生のための日本語表現実践ノート　風間書房
【梅/文章】	高崎みどり［編著］　大学生のための「論文」執筆の手引―卒論・レポート・演習発表の乗り切り方　秀和システム
【梅/大】	中野美香　大学1年生からのコミュニケーション入門　ナカニシヤ出版

2009

【松/文章】	小笠原喜康　新版 大学生のためのレポート・論文術　講談社
【松/大】	近田政博　学びのティップス　玉川大学出版部
【ひまわり/大】	広島大学101冊の本委員会　大学新入生に薦める101冊の本［新版］　岩波書店
【たんぽぽ/語彙】	名古屋大学日本語研究会GK7　スキルアップ！日本語力―大学生のための日本語練習帳　東京書籍
【竹/語彙・大】	中谷克己・野村和代　わかるできる大学生のための日本語の基礎［表現編］　帝塚山大学出版会
【竹/大】	専修大学出版企画委員会　知のツールボックス―新入生援助（フレッシュマンおたすけ）集［改訂版］　専修大学出版局
【梅/大】	福嶋健伸・橋本　修・安部朋世［編著］　大学生のための日本語表現トレーニング実践編　三省堂

2008

【竹/文章】	佐渡島紗織　古野亜矢子　これから研究を書くひとのためのガイドブック―ライティングの挑戦15週間　ひつじ書房
【梅/大】	世界思想社編集部［編］　大学生の日本語トレーニング　世界思想社
【梅/大】	橋本　修・安部朋世・福嶋健伸［編著］　大学生のための日本語表現トレーニングスキルアップ編　三省堂

2007

【松/文章】	阿部紘久　明快な文章　くろしお出版
【松/大】	玉川大学リベラルアーツ学部［編］　キーワードで学ぶ知の連環　玉川大学出版部
【松/文章】	塚本真也　知的な科学・技術文章の徹底演習　コロナ社
【梅/大】	松本　茂・河野哲也　大学生のための「読む・書く・プレゼン・ディベート」の方法　玉川大学出版会

2006

【松/大】	佐藤　望・横山千晶・湯川　武・近藤明彦　アカデミック・スキルズ―大学生のための知的技法入門　慶應義塾大学出版会
【松/論】	野矢茂樹　新版 論理トレーニング　産業図書
【松/大】	溝上慎一　大学生の学び・入門―大学での勉強は役に立つ！　有斐閣
【たんぽぽ/語彙】	小野　博［監修］佐藤尚子・田島ますみ・小林佳代子［編著］　テスト形式！やり直しの日本語　日刊工業新聞社
【竹/大】	竹田茂生・藤木　清　知のワークブック―大学生と新社会人のための　くろしお出版
【宇宙人/論・語彙】	小野　博・林部英雄［監修］馬場眞知子・田中佳子　やってみればおもしろい！大学生のための日本語再発見　旺文社
【宇宙人/論】	三森ゆりか　外国語で発想するための日本語レッスン　白水社

2005

【松/文章】	柴田義松・鶴田清司・鈴木康之　大学生のための日本語学習法　学文社
【松/大】	北尾謙治・石川有香・西納春雄・実松克義・早坂慶子　広げる知の世界―大学でのまなびのレッスン　ひつじ書房
【梅/文章】	大島弥生・池田玲子・大場理恵子・加納なおみ・高橋淑郎・岩田夏穂　ピアで学ぶ大学生の日本語表現―プロセス重視のレポート作成　ひつじ書房

2004

【松/文章】	APA（アメリカ心理学会）／江藤裕之・前田樹海・田中建彦［訳］　APA論文作成マニュアル　医学書院
【竹/文章】	吉田健正　大学生と大学院生のためのレポート・論文の書き方［第2版］　ナカニシヤ出版

2003

【松/論】	三森ゆりか　外国語を身につけるための日本語レッスン　白水社
【松/文章】	速水博司　大学生のための文章表現入門 演習編　蒼丘書林
【松/文章】	小笠原喜康　大学生のためのレポート・論文術　講談社
【松/文章】	小笠原喜康　インターネット完全活用編大学生のためのレポート・論文術　講談社

2002

【松／文章】　速水博司　大学生のための文章表現入門—正しく構成し，明快に伝える手順と技　蒼丘書林
【松／文章】　河野哲也　レポート論文の書き方入門第3版　慶応義塾大学出版会
【松／文章】　酒井聡樹　これから論文を書く若者のために—イントロ大切，何をやるのか，どうしてやるのか，明確に，ホー♪　共立出版
【ひまわり／大】　戸田山和久　論文の教室—レポートから卒論まで　NHK出版

2001

【松／文章】　伊丹敬之　創造的論文の書き方　有斐閣
【松／文章】　杉原厚吉　どう書くか—理科系のための論文作法　共立出版
【竹／文章】　三島　浩　技術者・学生のためのテクニカルライティング　共立出版

2000

【松／文章】　木下長宏　大学生のためのレポート・小論文の書き方　明石書店
【松／文章】　若林　敦　理工系の日本語作文トレーニング　朝倉書店
【竹／大】　荒木晶子・向後千春・筒井洋一　自己表現力の教室　大学で教える「話し方」「書き方」　情報センター出版局

1999

【松／文章】　小川雅弥［監修代表］　化学のレポートと論文の書き方　化学同人
【松／文章】　栗山次郎　理科系の日本語表現技法　朝倉書店

1998

【松／文章】　斉藤　孝　学術論文の技法　日本エディタースクール出版部
【松／文章】　沖森卓也・半沢幹一　日本語表現法　三省堂

1997

【松／文章】　高木隆司　理科系の論文作法—創造的コミュニケーションの技術　丸善
【松／文章】　花井　等・若松　篤　論文の書き方マニュアル—ステップ式リサーチ戦略のすすめ　有斐閣
【竹／文章】　吉田健正　大学生と大学院生のためのレポート・論文の書き方　ナカニシヤ出版

1996

【松／文章】　牧野賢治　理系のレトリック入門—科学する人の文章作法　化学同人
【松／文章】　ベッカー, H.S.・リチャーズ, P.　論文の技法　講談社
【松／文章】　中島利勝・塚本真也　知的な科学・技術文章の書き方—実験リポート作成から学術論文構築まで　コロナ社

1995

【松/大】　コーンハウザー, A. W. [著] ／エナーソン, D. M. [改訂] ／山口栄一 [訳]
　　　　　大学で勉強する方法　玉川大学出版部
【松/文章】　高橋昭男　**技術系の文章作法**　共立出版

1994

【松/文章】　木下是雄　**レポートの組み立て方**［ちくま学芸文庫版］　筑摩書房
【松/文章】　辰濃和男　**章の書き方**　岩波書店
【松/文章】　「化学」編集部　**若い研究者のための上手なプレゼンテーションのコツ**
　　　　　化学同人

1992

【松/文章】　古郡延治　**論文・レポートの文章作成**　日本エディタースクール出版部
【松/文章】　井上勝也　**科学表現——基本と演習**　培風館

1990

【松/文章】　木下是雄　**レポートの組み立て方**　筑摩書房

1983

【松/文章】　澤田昭夫　**論文のレトリック——わかりやすいまとめ方**　講談社

1981

【松/文章】　木下是雄　**理科系の作文技術**　中央公論社

1978

【松/文章】　保坂弘司　**レポート・小論文・卒論の書き方**　講談社

1977

【松/文章】　澤田昭夫　**論文の書き方**　講談社

1976

【松/文章】　本多勝一　**日本語の作文技術**　朝日新聞社

1959

【松/文章】　清水幾太郎　**論文の書き方**　岩波書店

Chapter 5

国語リメディアル教育と大学生のための日本語教育：事例集

事例①【日本語事例】大阪体育大学

長尾佳代子（教養教育センター）

キャンパス数	● 1つ
所在地	● 大阪府泉南郡熊取町
1学年の人数	● 約620名
実施規模	● 大学全体として取り組んでいる。
実施目的	● 日本語作文の技法における原則を理解するための講義と定着をはかるための作文実習で構成される「日本語技法」の授業を設置している。しかし、語彙力が著しく不足する学生は、そのままでは講義を理解することが困難なことが多いため、追加の入学前指導と授業に即した課題を与えている。 ● また、このような学生は個別指導が有効である場合も多いので、授業時間外に学習支援室のチューターが直接指導を行っている。 ● とくに基礎力を強化する必要のある学生には「日本語技法演習（基礎）」の受講を義務づけている。
導入時期	● 入学前指導は2007年度から ●「日本語技法」の授業は2006年度より開始 ●「日本語技法演習（基礎）」の授業は2011年度より開始 ● 学習支援室による個別指導は2009年度より開始
実施時期	● 入学前指導は1月〜3月 ●「日本語技法」の授業は1年前期あるいは後期に実施 ●「日本語技法演習（基礎）」の授業は1年前期に実施 ● 学習支援室による個別指導は通年行っている。
実施部署	● 学習支援室と教養教育センターの連携のもとで行っている。
実施担当者	● 学習支援室の常勤職員、非常勤チューター、教養教育センターの常勤教員および非常勤講師で実施している。 ● 常勤職員および教員が非常勤チューターや非常勤講師の配置や連絡調整を行いつつ、自らも授業や指導を行う。 ● 非常勤のチューターや講師には、研究職や大学教員を目指す文系オーバードクターをおもに採用しており、彼らは教材の開発や授業の立案・企画なども行う。 ● また、授業実施時間内における個別指導については、大学院生のTAも補助する。
対象学生	● 入学前指導の対象は全新入生だが、付属高校からの内部進学者には大学入試問題を受験させる。その中から抽出された一部の学生にはとくに8日間の通学指導を行っている。 ● 2012年度はNHKエデュケーショナルのIRTテストを実施し、日本語語彙力について下位48名の学生を「日本語技法演習（基礎）」の受講生として抽出した。 ● また、学習支援室による個別指導については、「日本語技法」の各クラス担当教員が必要性を見出した学生をクラスに関わらず来室させた。

強制か任意か	●抽出された学生に指導を受けるように強くすすめる。強制ではないが，すすめられた学生は，ほぼ全員指導を受けに来る。
単位の有無	●入学前指導の課題を提出することは「日本語技法」の単位認定の必須条件である。 ●「日本語技法演習（基礎）」に即して与えられる補習課題と学習支援室で行う個別指導には単位を認定しない。 ※これらは正規授業の単位取得を支援するために補助的に行われている指導である。
教　　材	●長尾佳代子編『日本語技法テキスト』（大阪体育大学教養教育センター，2012）長尾佳代子『大学生・短大生のための日本語テキスト』（旺文社，2011）を用いている。
形　　態	●入学前指導は教材を送付し，入学後にその中の課題を提出させるというやり方である。 ●「日本語技法演習（基礎）」内の課題は授業時間内および時間外に行う。 ●学習支援室による個別指導は学生の授業の空き時間に学習支援室での対面授業として実施している。
詳細な実施状況	【入学前指導】 ・入学前指導は1～3月に取り組む課題を与え，入学後に提出させている。一部の学生は大学に通学して指導を受ける。6月初旬にその定着度の確認テストを行う。 【日本語技法演習（基礎），日本語技法】 ・「日本語技法演習（基礎）」と「日本語技法」は1年前期に開講されている。また，後期には「日本語技法」と「日本語技法演習（応用）」が開講されている。 ・授業は毎週火曜日，1クラス30名程度で，1, 2時限目は「日本語技法演習（基礎）」1クラスと「日本語技法」7クラス，3時限目は「日本語技法」のみ6クラス実施している。 【個別指導】 ・授業の中で，担当教員からすすめられた学生が学習支援室で個別の作文指導を受ける。 ※大阪体育大学の日本語リメディアル教育の特徴は「基礎教育科目」（「日本語技法」「日本語技法演習（基礎）」「英語」「自然科学基礎」など）との連携にある。基礎教育科目の授業担当者はそれぞれ日本語（国語），英語，数学などの補習を必要とする学生を学習支援室に報告する。学生はしばしば基礎教育科目の複数あるいは全部で補習を受けるように指導される。学習支援室では要支援の学生の情報を集約し，クラブ活動（競技生活）や卒業後の進路希望（例：実業団，体育教師，警察官，消防士，大学院進学など）の状況も把握した上でチュータリングにあたる。「クラブの先輩に勧められて」とか「英語（数学）で補習を受けたので（作文もみてもらおうと思って）」というきっかけで学習支援室に指導を受けにくる学生も多い。

事例②【日本語事例】日本工業大学

たなかよしこ（工学部共通教育系）・河住有希子（学修支援センター）

キャンパス数	● 1つ
所在地	● 埼玉県南埼玉郡宮代町
1学年の人数	● 約1,100名
実施規模	● 日本語リメディアル教育として，全学科対象の科目を開講している。同時に，学修支援センターにおいて「支援チュータ」が総合的な相談に応じている。日本語以外の科目について，学修支援センターで元高校教員・大学非常勤講師などによる個別対応をしている。専門教員による少人数担任制クラスでの日本語技法の取り入れ，キャリア教育課程での社会人基礎力としての幅広い意味での日本語指導も実施。リメディアル教育科目開講以前から，共通教育系科目として「文章表現法」がある。
実施目的	● 以下で紹介する開講科目は科学技術を担う事実を伝える道具としての日本語の理解を促進する。また，社会の中での生産活動に関わる人的資源としての情報伝達スキルの獲得を目指している。
導入時期	● 2001年度秋学期より開始
実施時期	● 2002年4月から「文章能力開発演習」を開講。その後，何度も出席したいという学生のニーズから，「文章能力開発演習Ⅱ」「文章トレーニングⅠ」「文章トレーニングⅡ」を順に開講。現在は「文章能力開発演習Ⅰ」「文章トレーニングⅠ」を前期，それぞれのⅡを後期に開講している。さらに学生の要求で，2011年度からより高度な「論理トレーニングⅠ・Ⅱ」「ロジカルシンキングⅠ・Ⅱ」を開講している。
実施部署	● 日本語力支援は，主として，学修支援センターにおいて，日本語学が専門である者が，小論文作成，日本語検定などさまざまな角度から指導している。上記，開講科目については，共通教育系科目の自由科目として開講している。
実施担当者	● 常勤およびチュータなどが協力して運営している。 ● 常勤は，科目の責任者としてコースデザイン，評価を行う。
対象学生	● 入学直後のオリエンテーションで日本語能力テストを実施している。 ● その結果に応じて，初年次のフレッシュマン・ゼミでの声かけ，その他授業での見取りから学生に科目履修を勧めている。 ● 多くの学生は自分からの興味で履修している。
強制か任意か	● 自由科目であり，強制するものではない。
単位の有無	● 自由科目1単位。自由科目は卒業に必要な単位数に含まれない。日本工業大学では中等教育の学習内容の補習教育としてのリメディアル科目は単位として認定するつもりはない。 ● 日本工業大学でのリメディアル教育科目は，「思考を組み立てる言語を学生自身が育てる」場としての，体系的であり，縦断的，横断的なアカデミズムの学びの場である。

教　材	● 『大学生のための日本語再発見』（小野・林部編，旺文社），『理工系学生のための日本語再入門』（馬場眞知子編，化学同人），『論理トレーニング』（野矢茂樹，産業図書），『ロジカル・シンキング――論理的な思考と構成のスキル』（照屋華子，東洋経済新報社）などの教材に基づいて隅から隅までを学習する。 ・旺文社・化学同人の教材は，学生の気づきを触発するためのさまざまなコミュニケーションタスクを盛り込んだ課題集である。
形　態	● 正規の時間割内に教室での対面授業で実施している。
詳細な実施状況	【学生の主体的な活動を重視】 ・学生の主体的な活動を妨げないように演習を行っている。 【知識の吸収を目的としない日本語教育】 ・日本語にまつわる情報を知識（例えば，難読漢字，四字熟語，慣用句，ことわざなど）として吸収するということを目的としない。 【自分の日本語に気づく】 ・日本語リメディアル教育では，第一に学生自身が「自分の書いた日本語がどのようなコミュニケーションスタイルであるかということを知ること」を目的としている。それは自分の日本語に気づくことであり，通じていると思っていた日本語表現が実は通じていないという体験などを通して，自ら，日本語力を有機的に育てようという学習者になることを目的としている。 【総合的な力を養う】 ・日本語で文章を書く時の，態度，注意，助力の求め方も含め，情報の整理の仕方などについての個々の学習スタイルを確立させる。 ・これらの総合的な力を養う教室活動であるため，半期15回の授業であるが，卒業まで8回（時には大学院進学後も継続する場合は10回）受講を続ける学生がいる。この現象は，当該科目が自由科目であり，卒業に必要な単位ではないということから，学生の向学心をそそり，受講を可能としているといえる。 【学習の場づくりとして】 ・何度も履修する学生がいるため，教室活動は先輩・後輩の関係を育むことが可能な場となっている。 ・教員の最小限の介入によって，学習が進められている。 ・これらの学習の場づくりは，授業担当教員の努力や成果ではなく，学生たちの力である。

事例③【日本語事例】川崎医療短期大学

橋本美香（一般教養*）

キャンパス数	● 1つ
所在地	● 岡山県倉敷市
1学年の人数	● 約370名
実施規模	● 日本語のリメディアル教育は，入学前および，入学後に導入教育として大学全体で実施している。
実施目的	● 大学の講義内容を理解できない学生が存在する。そのため，リメディアル教育の一環として高校卒業までに身につけておかなければならない内容を理解することを目指す。加えて，専門教育の導入教育としても位置づけている。
導入時期	● 入学前学習は，大学全体で2003年度から実施している。 ● 日本語（大学全体）のプレースメントテストを2007年度より実施している。2007年度〜2009年度は語彙について実施，2009年度以降は，国語（語彙・表現・読解の分野）を実施している。また，入学時の実施だけではなく，1年後期の講義終了後にも実施している。 ● 入学後には，日本語の講義を2007年度より開講している。
実施時期	● 入学前および1年次に実施している。 ● 入学直後に，ノートの取り方，レポートの書き方に関する特別講義を全学科対象に実施している。
実施部署	● 日本語担当の常勤教員が実施している。
実施担当者	● 入学前，入学後ともに常勤教員と非常勤講師で実施している。担当しているのは，高等学校の国語担当経験者，日本語教育経験者などである。 ● 看護科については，看護科の専門教科担当教員1名が授業のサポートをしている。
対象学生	● 全学科1年次生対象 ● 前期「日本語」，後期「文章表現」を開講しており，全学科いずれかの講義を受講することになっている。中でも介護福祉科は，2科目ともに必修，医療保育科は2科目を自主的にほぼ全ての学生が受講，看護科についても，約90％の学生が2科目受講している。 ● 看護科の講義については，入学時のプレースメントテストの結果によって2007年度からクラス分けを実施し，前期4クラス（必修科目，受講者約120人）・後期3クラス（選択科目，受講者約110人）のレベル別のクラス編成としている。2009年度から下位クラスについては，日本語の教員に加え，看護科の教員1名が授業のサポートをしている。
強制か任意か	● 入学前学習について，AO，特別，推薦入試合格者は強制しているが，一般入試合格者については，任意としている。 ● 入学後については，「日本語」「文章表現」が開講されており，基本的にいずれかについて，必ず受講するように義務づけている。

* 現在，川崎医科大学所属。問い合わせ先：mhsmt@jc.kawasaki-m.ac.jp

国語リメディアル教育と大学生のための日本語教育：事例集　　*163*

単位の有無	●単なるリメディアル教育としての開講はしていないが,専門科目の導入教育として位置づけている講義において,高校で履修している内容について復習,確認をしており,単位として認定している。
教　材	●入学前学習については教員が作成した課題を実施している。 ●本学教員が作成した教科書,新聞教材などを使用している。
形　態	●入学前学習については,添削指導をしている。 ●入学後については,対面授業であり,導入教育として位置づけられている講義の中で,それぞれ復習,確認を行っている。
詳細な実施状況	【入学前学習】 ・入学前学習については,『入学前学習資料集』を2004年度から,毎年作成している。国語の確認問題に加えて,新聞のコラムの書き写しも実施している。 【1年前期開講：日本語】 ・「日本語」の講義では,話す力,聞く力の養成を目指している。その中で,漢字テスト,新聞のコラムの書き写しを実施している。 ・漢字テストは,教員が作成した『医療・福祉系学生のための漢字100選』を用い,医療・福祉でよく使われる漢字を出題している。常用漢字,常用外漢字のいずれの漢字も扱っている。 ・新聞のコラムの書き写しは,毎回宿題として課し,表現力,語彙力,文章力などの向上を目指している。 【1年後期開講：文章表現】 ・2012年度から,教員が作成した文章表現のワークブックを使用する予定である。 ・新聞の内容を読み解く力,記事に対する意見を述べる力を身につけさせるため毎回ワークシートを実施している。さらに記事について,漢字テストの実施している。 ・新聞のコラムの書き写し,記事の要約について宿題として課し,専門教育に必要な読解力,論理性などの養成をしている。看護科については,後期も引き続きレベル別のクラス編成としている。 【NIE（Newspaper In Education）の活用】 ・2011年度に小学校から導入が始まったNIEについても（高校は2013年度似導入）リメディアル教育であり,一方で導入教育と位置づけ実践している。 ・入学前学習,前期,後期の講義において,先述のようにコラムの書き写しなど,新聞を活用しているが,新聞に関する教育は,日本語担当教員だけの指導にとどまらない。岡山県NIE推進協議会と連携し,新聞社による出前講義も実施しいしている。また,NIEに関するコンテストにも参加させており,真摯に取り組む契機となっており,これまでに,個人賞,学校賞を複数受賞している。

事例④【日本語事例】中央学院大学

田島ますみ（法学部）

キャンパス数	● 1つ
所在地	● 千葉県我孫子市
1学年の人数	● 約730名
実施規模	● 大学全体で，各学部の1年次配当の日本語科目を設けている。
実施目的	● 大学での学びに必要な日本語力を鍛錬するために設けられている。
導入時期	● 以前からあった「国語」を，講義形式ではなく日本語のトレーニングの場とし，少人数のクラスで実施する授業と改めた。 ● 商学部では，2005年度から「日本語表現Ⅰ」（前期），「日本語表現Ⅱ」（後期）として開講している。 ● 法学部では2006年度から「日本語実践」として開講している。
実施時期	● 1年次に通年で履修する。ただし，商学部は前期2単位，後期2単位に分かれ，法学部は通年4単位の科目である。
実施部署	● 各学部が正規科目として実施している。
実施担当者	● 常勤および非常勤の教員で実施している。商学部は常勤3名，非常勤6名，法学部では常勤1名，非常勤7名の体制である。
対象学生	● 1年生全員。成績が不可で単位を与えられなかった者は，再履修クラスに登録し，卒業前までの履修が必要である。再履修クラスには2年生から4年生までの学生が混在する。
強制か任意か	● 卒業所要単位に必要な必修科目
単位の有無	● 商学部：前期2単位，後期2単位 ● 法学部：通年4単位
教　材	● 担当教員がそれぞれに選定・作成したものを使用している。
形　態	● 正規の時間割の中で，教室での対面授業で実施している。

詳細な実施状況	【少人数のクラスでの実施】 ・先述のように以前からあった「国語」を，講義形式ではなく日本語のトレーニングの場とし，少人数のクラスで実施する授業と改めた。 ・正規科目であり，他の科目と同様に4月から1月に開講される。1クラスは30名を超えない人数で構成され，月曜から金曜，1限から5限の時間割の中に設置されている。クラス編成は教務課が決める。 【商学部での実践】 ・商学部では20コマが開講されている。他に，3ないし4コマの再履修クラスがある。そのうち1コマは前期に「日本語表現Ⅱ」，後期に「日本語表現Ⅰ」としている。 ・当初，外国人留学生を区別しなかったが，現在，日本人学生と区別し，4コマを留学生用としている。 【法学部での実践】 ・法学部では16コマに加えて再履修クラス2コマが開講されている。留学生は留学生必修科目である「日本語Ⅰ」「日本語Ⅱ」（それぞれ通年2単位）を履修することで，「日本語実践」の履修は免除されている。 【入学前日本語教育】 ・これらの科目に加え，2012年3月より，AO入試，または推薦入試で合格した次年度入学予定者の中で希望する者に対し，入学前日本語教育が実施される。 ・短期集中のセミナーの形式で行われ，とくに人に伝える文章表現力を向上させることを目的とする。 ・これとは別に実施される，自己理解を深めながらコミュニケーション能力の向上を図るセミナーと連動し，二つのセミナーで大学生活を充実させるためのウォーミングアップ・セミナーとなる。

事例⑤【日本語事例】北海道工業大学

塚越久美子(高等教育支援センター)

キャンパス数	● 1つ
所在地	● 北海道札幌市
1学年の人数	● 約700名
実施規模	● 大学全体で取り組んでいる。
実施目的	● 学生の日本語能力の低下が懸念される中、入学時学力調査テストの低得点者への補習を実施し、全ての専門分野の基礎となる日本語能力の向上を図る目的である。
導入時期	● 2011年度より開始
実施時期	● 1年前期中に実施 ● 2012年度は前期の日本語科目の成績が「可」以下の学生を対象に、後期も継続して実施の予定
実施部署	● プレースメントテストの実施と成績管理:学修支援センター(学生部と教務部) ● リメディアル教育実施:高等教育支援センター
実施担当者	● 常勤および非常勤の教員で実施している。 ● 教材作成と実施状況の取りまとめ、各専門学科との連絡は科目責任者が担当し、実施は常勤および非常勤の教員が実施する。
対象学生	● 入学時のプレースメントテストとして利用している外部委託の学力調査により、中1レベル~高1レベルと診断された学生を対象とする。 ● 新入生総数が約650名で、そのうち100名が対象となっている。
強制か任意か	● 対象となった学生には、強制的に受けさせている。
単位の有無	● 単位として認定はしていない。今後も、単位として認定する計画はない。
教材	● 市販の語彙力問題集や、日本語検定問題集、教員作成のプリントなど。語彙力をつける教材が中心となっている。
形態	● 週1回の「文章表現法」の授業の際、担当教員が教材のプリント(A3用紙1枚程度)を配付し、学生各自が持ち帰って解答する。翌週の授業で提出させる。 ● 英語、数学には支援室があるが、日本語は教員の人員不足、場所の確保の困難のため、補習課題の配付の形を取っている。

詳細な実施状況	【実施時期】 ・1年前期の4月～7月に実施している。 【日本語基礎力アップのための課題】 ・「日本語基礎力アップのための課題」と称し，学力調査テストの類似問題，授業内容の補完の課題プリントを毎週授業の際に配付し，提出させる。 ・課題提出は11回。8人の教員が担当。各教員は課題提出状況や，授業態度，テストの成績を共通のエクセルファイルに毎週書き込み，日本語の責任者に報告する。 ・さらに，高等教育支援センターの責任者が英語，数学，日本語の補習実施状況を取りまとめ，各専門学科に報告する。 【課題の確認テスト】 ・6月と7月に課題の確認テストを実施 【教員1名あたりの補習対象学生】 ・教員1名あたりの補習対象学生は3人～20人で，授業を通して学生をきめ細かく指導できるので，この実施方法は今後も継続する予定である。 【課題提出率：問題点とその対策】 ・課題提出率は毎回85％～90％だが，単位認定に無関係なので，しだいに低くなってくる。 ・とくに英語，数学も重ねて補習対象になっている学生の負担感が大きく，提出しない傾向がみられる。 ・そのような学生には，知識を習得させるだけでなく，学習習慣の定着や，生活習慣の改善を図ることも含めた指導方法の工夫が必要であり，学科教員との連携をさらに強めなければならないだろう。 【実践からのフィードバック】 ・前期末に授業の成績との相関もみながら，次年度に向けて課題の内容を検討する。

事例⑥【日本語事例】千葉大学

佐藤尚子（国際教育センター）

キャンパス数	●4つ
所在地	●千葉県千葉市（2）／千葉県松戸市（1）／千葉県柏市（1）
1学年の人数	●約2,300名
実施規模	●日本語は，普遍教育（教養教育）で取り組んでいる。
実施目的	●千葉大学で学ぶ学生が必要とするコミュニケーション能力，読み書き能力の向上を目指す。
導入時期	●1年生を対象とした授業は2007年度より開始した。
実施時期	●コミュニケーション能力の向上を目指す「コミュニケーション・リテラシー科目」には全学年を対象としたものと1年生を対象にしたものがある。 ●1年生を対象としたものは前期に2科目程度，後期に1科目程度を開講している。
実施部署	●1年生を対象とした科目は，言語教育センター日本語部門が中心となり，教材の選定や開講する曜日・時間等を決定している。
実施担当者	●1年生を対象とした科目は言語教育センター日本語部門の常勤と，非常勤講師によって，授業が行われている。
対象学生	●1年生を対象とした科目は，受講希望者が定員を超えた場合は，授業担当者が，テストやアンケートを行うなどして，受講者を決定している。
強制か任意か	●教養展開科目という選択科目の中に位置づけられているため，受講は学生の選択による。
単位の有無	●普遍科目の単位として認定している。
教材	●授業を担当する教員が決定する。特定の教科書を使用せずに，随時，教材を配布している教員もいる。 ●1年生を対象とした科目で使用している教科書には，大島弥生ほか（2005）『ピアで学ぶ大学生の日本語表現』（ひつじ書房），戸田山和久（2002）『論文の教室』（NHKブックス）などがある。
形態	●正規の時間割の中で教室での対面授業で実施している。
詳細な実施状況	【概観】 ・1年生を対象とした科目は，1年生前期4月〜8月，または，1年生後期10月〜2月に各科目週1コマ実施している。 ・各科目の定員は，20〜30名程度である。科目によっては，受講希望者が多く，選抜を行わなければならない状況にある。

Chapter 6

リメディアル教育

編集担当:
小野　博・馬場眞知子

0 概説：リメディアル教育

小川　洋

　リメディアル（remedial）教育はアメリカで発達してきた。大学において中等教育，場合によっては初等教育の内容の指導を行う教育をいう。近年ではディベロップメンタル・エデュケーション（developmental education）の語を使うのが，より一般的である。

● 0-1　リメディアル教育がアメリカで発達した理由
　リメディアル教育がアメリカで発達した理由は二つある。

1）大学教育のユニバーサル化
　ひとつは，移民国家として多様な文化的背景をもつ国民に対して，中等教育（high school）が，市民完成教育を中心に発達してきたことであり，ヨーロッパ諸国のように高等教育への準備教育が中等教育の主流にはならなかったことである。アメリカでは，1970年代に大学教育がユニバーサル段階に達し，大学教育の前提となる知識や技術を入学者に期待することができない大学も増え，中等教育の内容を扱う教育を提供せざるをえなくなった。

2）公民権運動の高まり
　いまひとつの理由としては，民族グループと社会経済的地位とが深くリンクする傾向のあるアメリカでは，貧困と低学力とが強い相関関係にある。高等教育から疎外されていた黒人など少数民族にとっては，公民権運動などを通じて大学進学の機会が増えていった。そのなかで，彼らの学力引き上げのための教育プログラムが必要となった。

● 0-2　日本におけるリメディアル教育導入の背景
1）入学試験・センター試験
　日本におけるリメディアル教育は，アメリカの最初の理由と同様の事情から生まれてきたと考えられる。日本では従来，各大学が実施する入学試験および共通一次試験が，大学教育を受けようとする受験生の学力の内容と学力レベル

を保証するものとして機能してきた。また大学は入口段階での選抜性の強い時期が長く続き，大学教育の質はあまり問われることはなかった。

2）高校卒業者数の減少と入学試験制度の多様化：学力格差

　このような事情に変化が生じてきたのが1990年代である。高校卒業者数が1991年度をピークとして急激な減少に転じた。また共通一次試験が1990年よりセンター試験に変更され，私立大学の利用も可能となり，受験科目を自由に選べるアラカルト方式が導入された。国公立大学も，受験生の負担軽減が求められたことを受けて，試験科目を削減するところが増えた。

　日本の大学は，設置者あるいは創立時期また社会的な知名度などにより，その威信の度合に応じた序列がはっきりとしている。高校卒業者数の減少によって，入学者の学力レベルの急激な低下にさらされたのは，序列下位におかれた大学であった。入学者確保のために試験科目を減らしたり，学力試験を課さないさまざまな形の入学者選抜方法を導入した結果，入学者の学力格差が拡大した。国公立大学においても，センター試験の科目を減らしたために，医学部における生物や工学部における物理など，大学教育で絶対的に必要とされる前提科目さえも履修していない入学者が現れるようになった。

　また一方で，大学教育の出口にあたる就職状況もはげしく変化した。日本経済の構造変化にともない，大学卒業者の雇用環境が急速に悪化し，産業界や保護者からの大学に教育力を求める声が強まってきたのである。このような状況を背景として，2000年代に入ると，多くの大学がリメディアル教育を導入するようになった。

● 0-3　日本におけるリメディアル教育導入の現状

1）理数科目の授業

　日本におけるリメディアル教育の中で最も一般的なものは工学系や医療系などの学部において，物理や化学，生物あるいは数学など，理数科目の授業を行うものである。

　実施方法としては，プレースメントテストで一定レベル以下の成績の学生を抽出して履修させるもの，あるいは高校での履修歴のない学生を抽出して履修

させるものが一般的である。

2) 英語と日本語

英語については，他の教科と同様，学生間の学力差が比較的大きいこと，また求められる英語力のレベルは個々の大学・学部・学科によっても大きく異なるため，多様な英語教育が実施されている。実施例としては，プレースメントテストや市販，あるいは手作りテストの結果などを参考に，一定レベル以下の学生を抽出してリメディアル教育の対象とする，あるいは特定のクラスの授業にリメディアル学習教材を利用して授業を実施する大学が多い。

日本語教育の事例は初年次教育に関連し増えているがまだ少ない。高校教育では扱われることの少ないレポート作成など，大学教育に必要な技術を習得させることを主眼においた教育が，国公立大学を含めて行われている。

ほとんどの場合，リメディアル科目の履修での単位認定は認めていないが，日本語や英語などでは内容を工夫して，大学教育の一部との位置づけをすることによって認定しているケースもみられる。

● 0-4 リメディアル教育の今後

リメディアル教育については，アメリカでも大学ばかりではなく納税者からの批判も根強く，中等教育以下の教育水準引き上げの圧力ともなっている。ハイスクール修了の要件として統一テストを課す州も増えている。日本でも，高校教育以下の補習としてのリメディアル教育は，その必要性がなくなることが望ましいということは，教育関係者の間で異論のないところである。

1 解説：英語教育

酒井志延

● 1-1 日本の英語教育

1) リメディアル教育対象の学生

一般的にリメディアル教育対象の学生は怠け者であるというようなイメージがつきまとっている。しかし，実際にリメディアル教育対象の学生と接してみると，確かに，そういう学習者もいるが，まじめな学生もかなり存在する。

具体的なデータがあるわけではないが，現在の英語教育は，同学齢の学習者において，残念ながら，英語が得意である学生よりは多くの苦手意識をもつ学習者を作り出しているといっても過言ではない。では，リメディアル教育対象の学生を生み出す以外に，日本の英語教育に問題は無いのであろうか。

2) 日本の英語教育：社会全体が英語力を問いすぎる

読売新聞（2010年11月5日）にノーベル賞受賞者である根岸博士と野依博士の対談が載っていた。根岸博士は，「英語といってもブロークンイングリッシュ。ドイツ人はドイツ流，日本人は日本流の英語で通じます」と述べ，野依博士が「国際学会でも公用語はブロークンイングリッシュです」と続け，これを受けて根岸博士は「説得力があれば，ブロークンイングリッシュでも世界は分かってくれます」と結んでいた。ノーベル賞受賞者が，日本人の英語での世界への発信力が無いことに歯がゆい思いをしていることがうかがえる。

このような歯がゆい思いは，彼らだけではなようだ。Newsweek は，現状を評して「受験英語のストライクゾーンの狭さに萎縮してしまってボールを投げられない日本人が多い」（2011年5月25日号）と述べている。また，朝日新聞（2012年4月8日）に，「（英語教育を受けた結果）私たちの英語苦手意識はかなり根深い。しかも津々浦々まで浸透している。理由のひとつは，社会全体が英語力を問いすぎることではないだろうか。中1（今は小5）から高校まで毎週のように試され，大学入試でも英語はまず避けて通れない。就職後も，TOEIC 試験を無理強いされたり，ユニクロや楽天では英語が公用語とされたり，試練が続く。ここまで延々と痛めつけられれば，老若男女あげて苦手意識に染まるのも当然だろう」と書いている。

3) 英語教育の問題：テストのための教育方法

以上のことから，英語教育の問題は2つに集約される。

①英語が使える日本人が育成できていない
②同学齢の多くが英語で落ちこぼれている

一見、この2つの課題は、別の問題にみえるが、実は同じ教育が原因である。それは、英語教育が入試対策やTOEICなどの試験のための学習を動機づけに使い、そのための教授法によって学習者を指導してきたからであるといえる。テストのための教育方法は、学習者に「テストに受かると、より良い未来があると思わせる」動機づけができる。したがって、有効に働くこともある。しかし、テストに失敗するものも多い。そうすると、英語に対して「自分は英語ができない」という苦手意識だけをつけられてしまう。

4）英語に対する苦手意識

英語に対して苦手意識をもつことについてだが、これは厄介な問題で、Kiyota（2009）は、中学1年で英語学習を始めたときは意欲的であったが、「難しい」「良い成績が取れない」など、一度苦手意識をもつとその意識が大学まで続く傾向があると報告している。つまり、中学1年時の意識は、努力すれば何とかなるという努力帰属であったのに、英語教育を受けた結果、能力が課題達成に影響するという能力帰属に意識が変わり、「わからない」「難しい」と感じると努力をしなくなってしまう。そして、いったん能力帰属に意識が変わってしまうと、高校や大学に入学しても、努力しようという気持ちを起こしにくい。リメディアル教育が大変なのは、この能力帰属を努力帰属にもう一度、意識改革をしなければならないからである。

● 1-2 これからの英語教育
1）調査研究からわかったもの

では、このような欠陥のある英語教育はどう変わるべきなのか。その答えを得るために、筆者は2009年度に3587名の大学生に対し質問紙と語彙試験で調査をし、上中下位層に分けてその学習者特性を調べた。その研究を終えた現在、英語教育に対する自分の意識が変わった。

この研究を始める前は、できない学習者には基礎文法の習得が欠かせないと考えていた。言語を操るためには、文法の内在化が欠かせない。だから下位層に対する基礎英文法指導の必要性を確信していた。しかし、上位層と下位層の英語教育に意識の違いを分析した結果、現在は

> 言葉は人をつなぐコミュニケーションを通して学ぶもの

という考えに変わった．この研究で調査した日本の上位層は，メタ認知能力が発達しており，新情報を既知情報などを使って内在化することがうまいし，失敗からの反省もあるので，たしかに自律した学習者といえる．

2) ストライクゾーンを広げて，ボールを投げる日本人を増やす

　これまでの日本の英語教育は上位層にしかできないような，事前に新出英単語の予習，教科書の全文和訳，授業中の模範訳との比較における学習，そして復習という勉強方法が勧められてきたのだろう．今後の外国語教育は，「ストライクゾーンを広げて，ボールを投げる日本人を増やす」ことであろう．

　外国語を使おうとすると委縮してしまう日本人を育てるような外国語教育はやめよう．他の人とつながる喜びを教える外国語教育をはやらせよう．言語というのは何かをするために使うものであり，文法を学んだかどうか，文型の知識があるかということよりも，言語を使って何ができるのかということの方が重要であるという教育及び学習が行われるべきである．

　2012年3月7日の朝日新聞の「天声人語」に，仙台の大越桂さんの言葉が載っていた．彼女は重度の障害があり，13歳で筆談を覚えるまで，周りは3歳ほどの知能だと思っていた．「言葉を使う自由を知り，外の世界への扉が開いた」．われわれは，下位層の学生を外国語でコミュニケーションができないと思っているのではないだろうか．全ての日本人が「外国語を使う自由を知り，異文化への扉が開いた」と思うようになってほしいと思う．

3) 察する能力を越えて

　日本は世界でもまれなほど価値観が似通った構成員での社会を維持してきていたが，着実に多様な価値観をもつ社会に移行している．前者の社会では，価値観が似通っているので，つながるためには意見を言うのではなく相手のことを「察する」の能力が評価される．「あいつは察しが悪い」というのは否定的評価である．

　しかし，後者の社会は多様な価値観をもつ社会なので，察することなどでき

にくく，自分から意見を言うことが求められる。このように，社会が多様化社会に移行していると考えると，教育も変わらざるを得ない。自分が考えてきたリメディアル教育も，学習要求の多様化によって旧体制の教育では扱いきれない領域に入ってしまった学習者を「なんとか知識や規則をきちんと覚える」ことを通して，旧体制の教育にはめ込もうとする動きであったかもしれないと思うようになった。

4) 訳読式とテスト対策授業の成立条件

　もう少し英語の授業で考えてみよう。訳読式で，テスト対策を重視した授業は，優秀で価値観が似通った生徒で構成される学校であれば効果を出すだろう。その学校の構成員はテストに強く，その後の社会的エリートになれるかもしれない。以前の高校では，公立高校でもかなりの学校の構成員の価値観や資質が似通っていたので，訳読式とテスト対策授業が効果的であった。しかし，社会が多様化してくるにつれ，特に都市部では，公立学校にはさまざまな学習要求をもった生徒が入り始めたために，訳読式とテスト対策授業が効果的でなくなった。そうすると，親たちはお金を出して，子供を価値観や資質が似通った生徒で構成できる私立学校に入れ，テスト対策が効果的なエリート教育を買うようになった。しかし，社会が多様性を増すにつれ，そういう授業が可能な学校の枠はどんどん狭くなるだろう。日本が外国から移民を受け入れるようになれば，社会はさらに大幅に多様化する。

　ひるがえって，世界的にみれば，戦略思考をもち，コミュニケーション能力が高く，しかも自律した人間がエリートになる時代である。多様化社会で生き抜ける人材の育成が重要な時代になってきている。東京大学が日本の高校生だけを相手にする大学であれば勝ち組を続けられたであろう。しかし，秋入学を検討しているのは，国際的に多様な人材を集めないと勝ち続けられないと考えたからに他ならない。

5) コミュニカティブな授業へ

　今後の英語教育において，英語ができる学生にコミュニカティブな授業をするのは当然だが，彼らに加えて，英語を苦手だと考える学生にもコミュニカテ

ィブな授業をする必要がある。それは，彼らにも多様な社会で生きていく能力をつけることが必要だというのと同時に，できない生徒はいままでの教育である「単語と規則」を座学では習得できない学習者だからでもある。

それなのに「単語と規則」を座学で習得することこそが重要だと，中高大で学ばせていても，ほとんど効果を上げていないばかりか，英語に対する苦手意識を増大させているだけである。これでは教育すること自体が無駄ともいえるし，また悪い効果をもたらしているとさえいえるのではないだろうか。つまり「教育ができるようにしていない」現状があったのである。これらを踏まえ，今後は，彼らのためのコミュニカティブな授業を開発していくつもりである。

2 解説：数学リメディアル教育

水町龍一

● 2-1 リメディアル教育について

日本リメディアル教育学会は「リメディアル教育」とは「発展させ，次の段階に進むための教育」（穂屋下, 2011）つまりディベロップメンタル・エデュケーションとしている。しかし佐々木（2012）は1989年告示の学習指導要領以降リメディアル教育が補習としてはじまったと，次のように述べている。

> 高校卒業までに学習する内容が，「三割削減」と言われるほどに減り，他方では，選択の幅の拡大のおかげで，従来は高校で学習してきたと考えられていた教科・科目を勉強しないまま大学に進学するようになったのです。このときから大学では「リメディアル教育」という聞きなれない言葉が登場します。専門科目を受けるのに必要な高校段階での教科・科目の基本的な内容を，大学の正規科目ではなく「補習科目」として開設しなければならなくなったのです。

本節ではリメディアル教育は補習の意味とし，ディベロップメンタル・エデュケーションを〈リメディアル教育〉で表す。

さて佐々木（2012）は1999年告示の学習指導要領で再度の3割削減が行われ「「リメディアル教育の一般教育化」が始まった」とされる事情を説明してい

る。この一般教育化，つまり正規科目化からさまざまな議論が生じることになった。中央教育審議会答申（2008）は「高等学校以下のレベルの教育を計画する場合，教育課程外の活動として」単位は与えないとした。この答申に先立ち，濱名（2007）はリメディアル教育の困難さを指摘しつつ，

> より本質的には，リメディアル教育の内容は，本来中等教育段階で身に付けておくべき内容であり，高等教育の内容ではない

として大きな影響を与えた。一方，分野別質保証に関する日本学術会議の回答（2010）は，リメディアル教育など多様な趣旨の教育も「教養教育」に区分されることは否定されるべきでなく重要なのは趣旨・目標を明確・具体的にすることだ，としている。多くの理工系の大学・学部では，数学や物理などの高校教科書にある知識の習得と定着には補習ではとても済まなくなり正規科目化せざるを得なくなったと思われる。上記「回答」はこの状況を反映している。

● 2-2　教科における学力概念の見直し
1)「高校程度」が実際に何を意味するのか
　こういった議論は「教科学力を基本とした学力観」（金子，2009）で今日の高大教育接続を論ずるならば避けられない。進学校では大学受験への対処として，知識注入型の学習が多く実施されている（山田，2012）。その水準が高校レベルであると考えられているのだ。今日では「高校程度」が実際に何を意味するか制度上も明らかでない。実態はどうかといえば，教育困難校からの大学進学者が増え，その結果まことに多様な学生が「受験偏差値中位以下」の大学に登場する実態を朝比奈（2010）が描いている。この落差を埋める教育制度・政策の変更なしには，議論の収束は難しい。

2) 知識注入型の教育の弊害
　しかも，このような知識注入型の教育で育成される教科学力の質が問題だ。学力低下論争に先駆け1995年と1998年に行われた日本数学会のアンケート調査では，大学数学教員の意見として，以下の点が指摘された（西森・浪川，

1996；浪川, 2011)。

> ①ベーシックな能力（日本語の能力，想像力，直感力等）の低下
> ②数学的な考え方（抽象的概念の受容，論理的思考等）の能力低下
> ③無気力化（意欲・元気がない，根気・忍耐力がない等）

長崎と滝井（2009）によれば，概念理解と知識習得を最大の目標としてきた学校数学教育と，学習の結果として自発的な思考，思考の柔軟さ，表現などの能力・技能が育成されることを求める大学や社会の要請に「ずれ」が出てきているという。藤澤（2002）は，1990年代には「できるだけ疑問をもたないようにして，学習内容は鵜呑みにする」勉強スタイルが主流になり「暗記主義，物量主義，結果主義の学習観が形成され」生徒は「やればやるほど興味を失う」と告発した。知識の低下ではなく別種の落差が発生し拡大したことが，学力低下問題の起源にはある。その原因には社会的変化もあろうが，教育学習の方法の劣化もある。

● 2-3 〈リメディアル教育〉が埋めるべき落差

1）2重の落差

〈リメディアル教育〉が埋めるべき落差は2重である。

> ●知識注入教育の成果を身につけた学生とそうでない学生の落差
> ●知識注入教育では身につかない学力と身につく学力の落差

補習としてのリメディアル教育は前者を埋めるものと考えられている。高校の補習であるからには知識注入型進学校教育と同じであるはずだ，と。では第2の落差を埋めるのは初年次教育だろうか。

2）コンピテンシーの問題

第2の落差は，知識ではなく能力（コンピテンシー）の問題である。ある時期まではきびしい入試を突破した学生の知識・能力は問題とされていない。おそ

らく1980年代の半ば過ぎにいたって,その乖離が深刻なことに教員たちは気がつき始めたのだ。

> 見ると学生達の,① 言語や数学・科学を道具として相互作用的に使う能力も,② 異質な人々の集団で相互に関わり合う能力も,③ 自律的に行動する能力（ライチェン・サルガニク, 2003）も全て低下している,と。

　米国のファースト・イヤー・エクスペリアンス（First Year Experience）の概念を移入して命名された初年次教育（濱名・川嶋, 2006）は,環境への適応支援と②,③の能力育成支援を主内容とする,初年次生の大学生への移行支援のプログラム（中央教育審議会, 2008）と考えることが自然であろう。そして〈リメディアル教育〉は①を中心とした能力育成のプログラムとして措定される。両者は差異を認めて相互に協働すべきものであろう。思考力など能力の育成を目指すコンピテンシー型教育は教育接続の境目が明確でなく,成果が上がるまでの時間もかかる。一貫性ある長期の取組が必要であり,高校や義務教育で扱われる知識の組み直しや自らの思考・推論で知識を裏付けることも求められる。初年次と時間を区切り,高校の補習とは一線を画す（山田, 2012）初年次教育で担いきれるだろうか。

3) 科学技術のリテラシー

　数学や科学という教科には,おそらくは1万年を越える人類の叡智の結晶である深い知識と思考が折りたたまれている。表面的な知識のみならず思考・推論においてこの叡智を受け継ぐこと。例えば「地球は太陽の周りを回っている」は小学校で習う知識である。その知識をいかなる観察・計測・推論が支えているか。そのことを知り,思考を追体験する。例えばこれが科学技術のリテラシー（科学技術の智プロジェクト, 2008）である。その獲得は深い真性の学習（石井, 2011）による知識と能力の獲得である。数学や科学の〈リメディアル教育〉とは,そのような知識と能力の獲得につながる大きな教育プロセスの一端と考えるべきである。本格的な教養教育であり決して義務教育で習う知識,例えば「地球が回る」の習得ではない。それは,例えば「2次方程式の解公式はいかに導かれるのか」「微分積分の定義は何か」といった,高校までに習う知識

の深い理解を求める教育の場合も同じ事なのだ。

● 2-4 現実的な教育プログラム

より具体的に，いかなる能力をどう育成するのか。水町，御園，川添，浪川（2012）は，3つの数学コンピテンシーを提唱している。

> ①さまざまな文脈において数学を使用する能力
> ②数学的な思考能力
> ③数学的コミュニケーション能力

例えば次のような数理科学のリテラシー獲得をアウトカムズとする教育プログラムで，これらの能力を育成することが考えられる。

> (1)社会生活，市民生活で必要になる場面で，数学の理解と活用ができる。
> (2)物理学の基礎を作った自由落下の運動法則，光学の原理，地球と太陽系に関する初歩的な測定とそれに基づく推論を理解し，基礎的な問題を解決できる。
> (3)直感を土台に幾何的図形の諸性質を認識し，推論を行うことができる。座標系を通じての代数と幾何の統合を理解し，数学的問題を解決できる。比と比例，1次関数，2次関数，三平方の定理，三角関数や指数関数の性質を知り問題解決に使用できる。これらの数学的対象物に関する推論を行うことができる。
> (4)上記に関する，表現の正確さや論理性に配慮したコミュニケーション活動を行うことができる。

このような〈リメディアル教育〉は，模索されてはいるだろうが未だ完全に姿を現しているわけではない。しかし，このような教育プログラムがさまざまな内容・水準で実施されるのでなければ数学〈リメディアル教育〉の目標達成は容易でない。さらに，こういった〈リメディアル教育〉を補足する形でこそ，補習としてのリメディアル教育もその意義が鮮明になる。濱名の指摘する困難

を克服する道もみえてこよう。

　数学学習においても，学習の意味が問答無用で実感されてこそ教育効果は上がる。現在まで理工系学部のリメディアル教育は各大学で工夫し，相応の成果が上がっていると考えられるが，文系を含めた全ての学生に学士力を保証するためには，一段深い工夫が必要である。

Chapter 6

リメディアル教育
：事例集

事例①【複合事例】島根県立大学

渡部　望（総合政策学部）

キャンパス数	● 1つ
所在地	● 島根県浜田市
1学年の人数	● 約240名
実施規模	● 英語：大学全体として取り組んでいる。 ● 数学：大学全体として取り組んでいる。 ● 国語：大学全体として取り組んでいる。
実施目的	● 学力試験を課さない入試区分（AO入試，推薦入学試験）で入学してきた学生のなかに，大学の授業についていけず，留年や退学する学生が出てきた。島根県立大学のリメディアル教育はそうした学生に基礎学力を補完し，学習困難状態から救い出すための学修支援と位置づけている。
導入時期	● 英語は2008年度より開始 ● 数学は2010年度より開始 ● 国語は2010年度より開始
実施時期	● 英語は1年前期および後期に実施 ● 英語については，7月に実施するTOEICの点数が350点に満たなかった学生にたいしては，後期も継続して実施 ● 数学と国語は1年前期に実施
実施部署	● 担当教員と教務学生課が共同で実施している。 ● 英語と数学については，担当教員がプレースメントテストの実施から，学生抽出，リメディアル教育の実施までを担っている。 ● 国語については，プレースメントテスト実施と学生抽出は教務学生課が行い，学生の指導はフレッシュマン・セミナー担当教員が行っている。
実施担当者	● 英語は退職した高校教員を非常勤教員として採用し，「英語補習」を担当してもらっている。 ● 数学，国語は常勤教員が実施している。
対象学生	● 英語，数学，国語ともに，入学時に行うプレースメントテストの結果によって対象学生を抽出している。 ● 英語ではTOEICを実施し，250点以下の学生を対象としている。2011年度の対象学生は前期36名，後期35名であった。 ● 数学は，担当教員が作成するプレースメントテストの結果が「中学生レベル」と判定された学生を対象としている。2011年度の対象学生は62名であった。 ● 国語は，KEIアドバンス社の「基礎レベル」試験の結果が「中学生レベル」と判定された学生を対象としている。2011年度の対象学生は17名であった。 ● なお2011年度の新入学生は243名であった。

強制か任意か	●全て強制である。 ●英語については、対象学生は「英語補習」を必ず受けることになっており、学期末に実施する達成テストで8割以上を取得しなければ、英語必修科目の期末テストの受験ができないようにしている。 ●数学については、対象学生は「統計と数学」を必ず受講することになっている。「統計と数学」は正規の数理統計入門科目である。 ●国語については、教科書を購入し自習をするように指導している。自習の進度はフレッシュマン・セミナー担当教員が確認することにしている。
単位の有無	●英語と国語については単位として認定はしていない。今後も、単位として認定する計画はない。 ●数学は正規科目「統計と数学」受講を必修とするもので、単位は取得できる。
教　材	●英語では『English Primer 大学生の英語入門』(南雲堂) を利用している。 ●数学では担当教員が作成した教科書を利用している。 ●国語では『はじめてのレポート workbook』(嵯峨野書院) を利用している。
形　態	●「英語補習」「統計と数学」は正規の時間割内に、対面授業で実施している。 ●国語は学生の自習にゆだね、フレッシュマン・セミナー担当教員がチェックしている。
詳細な実施状況	・英語のリメディアル授業「英語補習」は毎週水曜日4限に開講し、1クラス30名程度で実施している。授業時間の半分を講義、半分を自習に充てている。2012年度から自習時間にSAを導入し、上級生が新入生の学修支援を行う体制を作ることにしている。そのため、2012年度にはSAを育成するための授業「インターパーソナル・コミュニケーション」を開設することにしている。 ・「統計と数学」はリメディアルのための授業ではなく、必修科目「統計学Ⅰ」「統計学Ⅱ」を受講するための導入的数学基礎科目(正規科目)である。高校で文化系コースに所属していた学生が受講するケースが多く、例年200名程度の受講生がある。数学のリメディアル教育対象学生は、この科目を必ず受講しなければならないようにしている。 ・国語のリメディアル教育については、どのような方法がいいのかまだ模索の状態であり、試行段階にとどまっている。国語の対面学習に果たしてどれほど効果があるのか不明なため、現在は対象学生にワークブック的教科書を購入させ、自習を促し、その進度をフレッシュマン・セミナーの担当教員が管理するという形でおこなっている。ただ、教育効果をどう測定するのかという点からして、現在の課題となっている。

事例②【複合事例】秋田県立大学

高階　悟（総合科学教育研究センター）

キャンパス数	● 2つ
所在地	● 秋田県秋田市／秋田県由利本荘市
1学年の人数	● 約400名
実施規模	● 英語：大学全体として取り組んでいる。 ● 数学と物理：システム科学技術学部で取り組んでいる。 ● 化学と生物：生物資源科学部で取り組んでいる。
実施目的	● 高校で理系科目（特に物理と化学）の未履修者への対応と専門科目を受講するにあたり，基礎学力をつけることが目的である。
導入時期	● 英語・数学・物理・化学・生物の「基礎講座」は，2001年度より開始
実施時期	● 推薦入試の入学予定者への学習説明会とスクーリングの入学前教育 ● 「基礎講座」は，入学後のプレースメントテストの結果から受講対象者を選び1年前期と後期に実施 ● ただし，システム科学技術学部の一部の科目は前期のみ実施
実施部署	● 学生の抽出や連絡などを行う必要があるため教務チームが中心となって実施している。 ● 教務チームと実施担当者で作業グループを組み，実施する曜日や時間を決定している。
実施担当者	● 常勤および非常勤の教員で実施している。 ● 常勤は，科目の責任者として教務チームとの連絡を行う。授業をおもに担当しているのは非常勤で，退職した高校教員を採用している。 ● システム科学技術学部の「基礎数学」と「基礎物理」は，常勤の教員が担当している。
対象学生	● 入学前教育では，秋田県内高校生対象の推薦入試A・B・Cの入学予定者全員に入学手続きの日に学習説明を実施し，自宅学習の課題を課す。2月と3月にそれぞれの科目の課題についてのスクーリングを大学で実施する。 ● 入学後，1年生のオリエンテーションの間にそれぞれの科目のプレースメントテストを実施し，その得点によって「基礎英語」「基礎化学」「基礎生物」「基礎数学」「基礎物理」の対象者を決定する。 ● リメディアル教育を開始した2001年，新入生が約120名の生物資源科学部では，「基礎英語」の対象者は26名，「基礎化学」は80名，「基礎生物」は36名であった。

強制か任意か	●抽出された学生は，必ず授業を受けることになっている。 ●抽出対象者以外でも，任意に授業を受けることは可能である。 ●毎年，「基礎英語」では任意に受講を希望する学生が数名いる。そのことがクラスの雰囲気を良くしている。 ●学生の出席率は，非常に良い。任意の受講者は，途中でやめることが可能である。
単位の有無	●「基礎講座」は，原則として単位認定はしていない。 ●しかし，システム科学技術学部の一部の学科では「基礎セミナー」としている。
教　材	●生物資源科学部の「基礎英語」では，基礎的な文法事項の学習のためにプリント等を利用して授業をしている。 ●「基礎化学」や「基礎生物」の場合は，担当教員の作成したプリント等を利用して実施している。
形　態	●「基礎講座」は，正規の時間割に配置されており，少人数制で，学生のレベルに合わせた授業を実施している。
詳細な実施状況	【生物資源科学部（160名）の2011年の実施状況】 ［入学前教育］ ・推薦入試の入学予定者全員に11月から3月までの間に自宅学習の課題を課し，スクーリングを大学で2回実施 ［プレースメントテスト］ ・新入生全員を対象に各科目のプレースメントテストを実施し，その結果を参考にして各科目の「基礎講座」受講対象者を決定し，学内掲示 ［前期の「基礎講座」］ ・前期の「基礎英語」は44名で，水曜日のクラス27名（出席率85%），木曜日のクラス17名（主席率90%）で実施。担当者は退職した高校教員 ・前期の「基礎化学」は118名で，学科ごとに4クラスで実施。担当者は退職した高校教員 ・前期の「基礎生物」は37名で，1クラスで実施。担当者は退職した高校教員 ［後期の「基礎講座」］ ・後期の「基礎英語」は14名（出席率80%）で，1クラスで実施。担当者は退職した高校教員 ・後期の「基礎化学」は118名で，学科ごとに4クラスで実施。担当者は退職した高校教員 ・後期の「基礎生物」は37名で，1クラスで実施。担当者は退職した高校教員 （2008年より秋田県立大学の受験を希望する秋田県内の高校生を対象に県大のCALL教室にて7月下旬に高大連携授業を実施）

事例③【複合事例】岡山理科大学
沖　隆義（学習支援センター）・蜂谷和明（工学部機械システム工学科）

キャンパス数	● 1つ
所在地	● 岡山県岡山市
1学年の人数	● 1,153名（2011年度）
実施規模	● 数学：必要でない一部の学科を除き，大学全体で取り組んでいる。 ● 物理：必要でない一部の学科を除き，大学全体で取り組んでいる。 ● 化学：必要でない一部の学科を除き，大学全体で取り組んでいる。 ● 生物：必要でない一部の学科を除き，大学全体で取り組んでいる。
実施目的	● 高校のカリキュラムの多様化に伴い物理などを履修していない学生が増えてきている。 ● 理工系大学であるためそのような学生に対応するリメディアル教育の一環として入門物理などの入門系科目を開講し，学生がスムースに大学での学習に移ることのできる基礎学力の涵養を目的としている。
導入時期	● 数学・物理・化学・生物とも全て，2006年度より開始している。
実施時期	● 全ての科目で前期・後期ともに開講しているが，都合で前期にとることができなかった学生のために後期は実施している。 ● このため，化学を除き，前期より後期の開講数は少ない。
実施部署	● 学習支援センター，理科教育センター，数学・情報教育センターが協力してシラバスの決定などを行い，講義を実施している。
実施担当者	● 常勤および非常勤の教員で実施している。 ● 常勤は，高校教育の経験のある学習支援センターの相談員と学科の教員からなり，非常勤はおもに退職した高校教員が担当している。
対象学生	● 数学はプレースメントテストにあたる多様化度調査を使って，履修の必要な新入生をピックアップし，学生に受講をすすめている。 ● 物理・化学・生物については，高校で未履修，もしくは十分に学ぶことができなかった1年生を主な対象としているが，チューターとの十分な相談の上で2年以上の学生も受講を認める場合もある。 ● 2011年度は，数学257名，物理592名，化学312名，生物469名が受講した。
強制か任意か	● 基本的に学生の意思を尊重し，自主的に受講させている。
単位の有無	● どの科目も2単位を出している。 ● これは学習意欲の向上に役立っている。
教材	● 物理と生物は作成教材を適宜配布し，予習や宿題の指示を出している。 ● 数学は市販の問題集と配布教材を使っており，化学に関しては市販の教材を使用している。
形態	● 正規の時間割で，シラバスにも発表し，講義室での対面授業で実施している。

詳細な実施状況	【概　観】 ・どの科目も定期テストを除き，前期・後期とも 15 回の講義を実施している。 ・受講人数は科目や各講義で異なるが，14 名〜120 名ほどである。 ・各科目とも毎年の反省を踏まえ，学生のレベルにあった教材を作成，もしくは教材研究をした上で市販教材を採用するよう努力している。 【2011 年度の開講数】 ［数学］ ・（前期）月曜 9・10 限目に 2 クラス，木曜の 7・8 限目に 4 クラスと 9・10 限目に 1 クラス ・（後期）木曜の 7・8 限目に 2 クラスの合計 9 つ ［物理］ ・（前期）月曜 5・6 と 7・8 限目にそれぞれ 2 クラス，火・水・金曜の 7・8 限目にそれぞれ 1 クラス ・（後期）木曜の 7・8 限目に 1 クラスの合計 8 つ ［化学］ ・（前期）月曜 9・10 限目，木曜 7・8 限目，水曜 1・2 限目にそれぞれ 1 クラス ・（後期）月曜の 7・8 限目に 2 クラスと火曜 7・8 限目に 1 クラスの合計 6 つ ［生物］ ・（前期）水曜 5・6 限目と火・水曜 7・8 限目にそれぞれ 1 クラス ・（後期）月曜の 5・6 限目と火曜 7・8 限目にそれぞれ 1 クラスの合計 5 つで実施された。 【具体的な実施例】 ・執筆者の担当している入門物理で具体的な実施例を簡単に述べる。 ・内容は力学の基礎であるが，微積分とのつながりや，ベクトルを線形代数で扱うなど，大学の物理の講義内容を取り入れた教材やパワーポイントを使って学生と応答しながら実施している。 ・日常学習を習慣づけてもらうために宿題も出している。 ・講義中に学生各自で添削した宿題を提出してもらい，それをみて各自の状況を把握し，講義にフィードバックさせるよう努めている。 ・また，小テストを 3 回行い，基準点に達していない受講生を学習相談室に誘って，各自の弱点を見極めたうえで個別指導を行っている。 ・来室しない学生もいるが強制化していない。

事例④【複合事例】東北薬科大学

東　裕（薬学部薬学科）

キャンパス数	● 1つ
所在地	● 宮城県仙台市
1学年の人数	● 約350名
実施規模	● 生物，物理，化学の入学後のリメディアル教育は大学全体（薬学科，生命薬科学科）の取組として実施している。
実施目的	● 東北薬科大学でのリメディアル教育は入学前教育と入学後の導入教育の2本立てで実施している。 ● 入学後の導入教育は，昭和40年代（1965年頃）から，高校での未履修科目や不得意科目に対する不安感を取り除き，円滑に大学の授業へ導入することを目的としている。 ● 一方，入学前教育は，平成14（2002）年から，推薦試験入学者を対象に薬学に対するモチベーション維持と基礎学力向上を目的に実施している。 ● 今回の内容は主に平成18（2006）年以降の状況について記述する。
導入時期	● 化学については昭和40年代（1965年頃）から実施しているが，平成18年（2006）度から本格的に生物，物理，化学の導入教育を開始している。 ● 入学前教育は平成14（2002）年から実施している。
実施時期	● 化学については，昭和55（1980）年頃までは1年前期の夏季休暇中に実施していた。 ● 平成18（2006）年からは，生物，物理，化学を1年前期の正規の時間割に組み込んで実施。
実施部署	● 教務課が企画・運営を担当している。導入授業は生物，物理，化学の各授業担当者が実施している。 入学前教育は教務部委員（教員）と，講師以上の教員が担当している。
実施担当者	● 常勤の教員で実施している。 ● 平成24（2012）年から実施予定のつなぎ教育（高校の復習行う授業。土曜日に開講）については外部講師（予備校等）の導入を考えている。
対象学生	● 化学は入学直後に実施する学力確認試験により受講者を指定していたが，平成16（2004）年からは学力確認試験の成績に関係なく自由参加としている。 ● 物理，生物については，高校での未履修者に限定して自由参加として実施していたが，最近は高校の履修状況に関係なく自由参加としている。

強制か任意か	● 現在は，生物，物理，化学の導入教育（演習）全てが任意の自由参加である。 ● 入学前教育における課題レポート提出は推薦合格者全員に強制している。 ● また，練習問題（化学）の解答提出（添削）は，生命薬科学科の学生に対して強制している。
単位の有無	● 化学；選択 1 単位。 ● 生物，物理：各選択 0.5 単位。 ● 平成 24（2012）年から実施予定のつなぎ講義については自由参加で単位無しで実施する予定。
教　　材	● 全科目：教員が作成した資料（練習問題・要点集）を使用。
形　　態	● 正規の時間割に組み込んだ時間に，対話形式を重視した対面授業で実施している。
詳細な実施状況	【概　観】 ・平成 16（2004）年から，入学直後に生物，物理，化学の学力確認試験（化学についてそれ以前から実施）を実施し，リメディアル教育の資料として利用している。 ・平成 18（2006）年度からは，薬学教育の新カリキュラム実施にあわせ，本格的な学力低下の対策としてのリメディアル教育を 1 年前期の正規の時間割りに組み込んだ。各科目の実施状況は以下の通り。 ・化学：週 1 回（前期 15 回），1 クラス毎（約 55 名）で実施，受講率は 95％以上である。 ・物理：前期 7 回，2 クラス毎（約 100 名）で実施。受講率は 95％程度である。 ・生物：前期 7 回，2 クラス毎（約 70 名）で実施。受講率は 70％程度である。 【つなぎ講義と入学前教育】 ・上記の導入授業は，大学で学んだ重要な内容の復習も含めたリメディアル教育であった。しかし，近年は新入生の基礎学力低下が著しく，現行のリメディアル教育にもついてこれない学生が増加してきた。 ・これを踏まえ平成 24（2012）年度からは，数学も追加して，高校の授業内容に限定したつなぎ講義を実施する計画である。 ・一方，推薦試験入学者を対象とした入学前教育は，薬学へのモチベーション維持と基礎学力向上を目的としている。指導内容は薬学に関する話題をテーマにしたレポートを全員に提出させ，講評を加える。さらに化学の練習問題も配布している。 ・生命薬科学科の推薦試験入学者に関してはこの練習問題の解答を提出させ，添削している。 ・さらに平成 20（2008）年度からは業者（予備校）による通信教育（生物，物理，化学）を任意受講として紹介している。

事例⑤【複合事例】京都産業大学

黒坂　光（総合生命科学部生命システム学科）

キャンパス数	●2つ
所在地	●京都府京都市（2）
1学年の人数	●約3,000名
実施規模	●英語［入学前教育，プレースメントテスト］：大学全体として取り組んでいる。 ●化学［入学前教育，プレースメントテスト，講義］：総合生命科学部で取り組んでいる。 ●生物［入学前教育，プレースメントテスト，講義］：総合生命科学部で取り組んでいる。 ●フレッシャーズセミナー［講義］：総合生命科学部生命システム学科で取り組んでいる。
実施目的	●化学，生物の講義では，基礎学力が不足する学生が増えてきたため，高校レベルの知識を身につけさせることを目的としている。 ●またこの2科目については，毎年同じプレースメントテストを実施し，入学生個々の基礎学力レベル，および入学生全体の学力の経年変化を把握することをねらいとしている。 ●フレッシャーズセミナーでは，主体的に授業に取組み，将来のキャリアプランについて考え，さらに専門分野への関心を高め，課題解決能力を養うことを目的としている。
導入時期	●英語，フレッシャーズセミナーについては，総合生命科学部が設立された2010年度から開始 ●化学と生物はその前身の工学部生物工学科時代の2000年度から開始
実施時期	●入学前教育は，入学前の12〜3月にかけて実施 ●プレースメントテストは全て入学直後に実施 ●講義は1年前期に実施
実施部署	●入学前教育は教学センターが実施 ●英語のプレースメントテストは全学共通教育センターが実施 ●化学，生物，フレッシャーズセミナーは学部，あるいは学科で実施
実施担当者	●化学，生物学の講義は非常勤（退職した高校教員）の教員が担当。常勤の教員は，事前に科目担当者と授業内容に関する打合せを行っている。 ●フレッシャーズセミナーは，学科の常勤教員全員が担当する。
対象学生	●英語の入学前教育，プレースメントテストは全学学生（約2,500名） ●化学，生物学は，総合生命科学部の全学生（約130名） ●フレッシャーズセミナーは生命システム学科の全学生（約50名）

強制か任意か	●入学前教育，プレースメントテストは全員受講・受験 ●化学，生物学の講義はプレースメントテストが60点以下の学生には，受講するよう指導 ●フレッシャーズセミナーは必修科目
単位の有無	●講義科目はいずれも単位認定している。
教　材	●指定していない．授業中にプリントを配布することが多い。
形　態	●化学，生物学の講義は正規の時間内において，教室での対面授業で実施 ●フレッシャーズセミナーも正規の時間内に行われ，教室での対面授業に加えて，少人数のグループに分かれて，研究室にてゼミ形式で実施
詳細な実施状況	【入学前教育】 ・入学前教育は12月～3月にかけて，それぞれの科目について3回に分けて実施 ・提出された解答については，その都度，添削指導を行っている。 【化学，生物学】 ・学部が独自にプレースメントテストを実施し，試験の翌日に採点結果を学生に通知 ・60点以下の学生には，化学，生物学の授業を受講するよう指導 ・化学，生物学の授業は，それぞれの科目について，毎週2時間，40～50名の単位で実施 ・主に，学部専門科目に関連する分野について，高校～入門レベルの内容を取り扱う。 【フレッシャーズセミナー】 ・フレッシャーズセミナーは，毎週2時間実施 ・講義はカリキュラムの概要，情報検索の方法，キャリアプランの意識向上などをねらいとした対面授業から始まる。 ・その後に，学生は7つのグループに分かれて，研究室を順次訪問する。 ・訪問した研究室毎では，レポート作成やプレゼンの課題が与えられる。

事例⑥【複合事例】大阪体育大学

堤　裕之（体育学部スポーツ教育学科）

キャンパス数	● 1つ
所在地	● 大阪府泉南郡熊取町
1学年の人数	● 約620名
実施規模	● 数学：大学全体として取り組んでいる。 ● 物理：大学全体として取り組んでいる。 ● 生化：大学全体として取り組んでいる。 ● 統計：大学全体として取り組んでいる。
実施目的	● スポーツ科学を学ぶ上で最低限必要な基礎知識を補うことが目的であり，大学の正規科目の内容を理解し，単位を取得するための学力向上が目標である。
導入時期	● 数学・統計・物理・生化：体育学部は2006年度，健康福祉学部は2012年度。
実施時期	● 1年生前期・後期。
実施部署	● 教養教育センターと学習支援センターが連携し実施している。
実施担当者	● 常勤と非常勤の教員が連携し実施 ● 常勤の教員は全実施科目の最終責任者として学生の振り分けや教学課との連絡の仲立ちを行っている。 ● 常勤教員と非常勤教員の授業担当数は現在ちょうど半々となっている。
対象学生	● 入学時に学習支援センターが主体となり実施する数学・国語のプレースメント結果を用いて次のように振り分けている。 ①最下層35名前後：基礎Ⅰ（数学・公文式の時間外学習を課す授業） ②下位層120名前後：基礎Ⅱ（数学） ③残りの上位層：物理・統計・生化のうち，高等学校で履修していない科目を受講
強制か任意か	● 基礎Ⅰのみ任意としている。ただし，受講を強く推奨するため，ほとんど強制に近い形である。
単位の有無	● 卒業必須の単位として認定している。
教材	● 数学は体育学部の教員が作成した教科書を利用している。 ● 統計・物理・生化は教科書を指定せず適宜プリントを配る形式を取っている。

形　　態	● 全て正規の時間帯に行われている。 ● 基礎Ⅰ・Ⅱ（数学）は演習形式である。 ● 物理・統計・生化は講義形式である。 ● 基礎Ⅰは授業以外に公文式学習を課しているが，これは基本的には授業時間外に行われている。
詳細な実施状況	【自然科学基礎が対象】 ・自然科学基礎（基礎Ⅰ・基礎Ⅱ・力学・統計・生化）が対象となる授業であり，前・後期の月曜2，3，4限目に全授業が同時開講される。 ・学生はこれらの授業のうち2つに合格しなければ卒業できない。 【基礎Ⅰと基礎Ⅱ】 ・基礎Ⅰと基礎Ⅱは演習中心の，基本的には同内容の数学の授業である。違いは基礎Ⅰだけに授業の内外で利用できる複数名のチューターがつくこと，および，授業外の課題として公文式学習が課されていることである。 ・基礎Ⅰの学生は公文式学習を期限内に要求枚数進めなければチューターを利用できない。 ・単位は全ての授業内課題を提出しなければ認定されないが，チューターの助けなしに基礎Ⅰ受講者がこれを独力で仕上げることは困難である。この困難性が公文式学習を進める強制力として働く仕組みとなっている。 ・基礎Ⅱもプレースメントテスト下位層が受講する授業であることから，その課題内容は補習的な内容を多く含むものとなっている。 【力学，統計，生化】 ・プレースメントテスト上位層が受講する力学・統計・生化についても高等学校で未履修のものを履修させていることから，やはりリメディアル的側面をもつ科目群である。 ・これらの科目は包括的な内容ではなく，スポーツ科学に必要な部分のみを取り出して教える。 ・現在のところ，このような授業内容に対応できる市販のテキストがみつかっておらず，適宜プリントを配らざるを得ない状態である。

事例⑦【複合事例】川崎医療短期大学

橋本美香（一般教養*）

キャンパス数	●1つ
所在地	●岡山県倉敷市
1学年の人数	●約370名
実施規模	●川崎医療短期大学は看護科，臨床検査科，放射線技術科，介護福祉科，医療保育科の5学科で構成されている。 ●日本語・英語・生物・物理・化学・数学のリメディアル教育は，入学前および，入学後大学全体で実施している。
実施目的	●大学の講義内容を理解できない学生が存在する。そのため，リメディアル教育の一環として高校卒業までに身につけておかなければならない内容を理解することを目指す。加えて，専門教育の導入教育としても位置づけている。
導入時期	●入学前学習は，大学全体で2003年度から実施している。 ●2007年度より日本語（大学全体），2011年度より数学，物理，化学，生物（学科により選択）のプレースメントテストを入学直後に実施している。 ●入学後について，英語・生物・物理・化学・数学は，2006年度より開講，日本語は2007年度より開講している。
実施時期	●入学前および1年次
実施部署	●大学全体での取組については，教務委員会（教員）で企画・運営を行っている。 ●学科ごとの入学前学習については，各学科で企画・運営を行っている。 ●各教科については，それぞれの担当者に一任されている。
実施担当者	●常勤，非常勤の教員
対象学生	●全学科1年次生対象
強制か任意か	●入学前学習について，AO，特別，推薦入試合格者は強制しているが，一般入試合格者については，任意としている。 ●数学について，放射線技術科は必須である。 ●生物・物理・化学・数学の受講は，任意である。
単位の有無	●単なるリメディアル教育としての開講はしていないが，専門科目の導入教育として位置づけている講義において，高校で履修している内容について復習，確認をしており，単位として認定している。
教材	●入学前学習については教員が作成した課題を実施している。
形態	●入学前学習については，添削指導をしている。 ●入学後については，対面授業であり，導入教育として位置づけられている講義の中で，それぞれ復習，確認を行っている。

*現在，川崎医科大学所属。問い合わせ先：教務部長 兵藤文則：fhyodoh@med.kawasaki-m.ac.jp

詳細な実施状況	【入学前学習】 ・入学前学習については,『入学前学習資料集』を2004年度から,毎年作成している。その中で,生物・物理・化学・数学・英語・日本語の科目は,本学教員が作成した確認問題を実施している。 【1年次講義】 ・生物・化学については,クオーター制を2012年度から導入している。これにより,短期大学という限られた時間の中で,専門基礎科目から専門科目へという順次性を考慮した時間割編成とすることを目指した。 ・英語については,学生の英語力のレベルにより全学科,2～4のクラス編成としている。

事例⑧【複合事例】松本歯科大学

瀬村江里子（歯学部　言語表現）

キャンパス数	● 1つ
所在地	● 長野県塩尻市
1学年の人数	● 約50〜130名
実施規模	● 1年次の教養科目の中で，物理・化学・生物・英語・日本語の補完教育に大学全体として取り組んでいる。
実施目的	● 専門基礎科目および専門科目を学び，最終的には歯科医師国家試験に合格するための基礎学力を身につける。
導入時期	● 2005年度より開始
実施時期	● 1年次に対して，年間を通して実施
実施部署	● 1年生の科目担当者が中心となり，他関係教員，関係職員とともに実施している。
実施担当者	● 常勤および非常勤の教員で実施している。常勤は，科目の責任者として評価やクラス編成などを行う。授業をおもに担当するのは常勤だが，一部非常勤の教員も担当している。
対象学生	● 1年次前期は，とくに抽出せずに任意学生に機会を提供している。 ● 1年次後期は各科目を実施している中で，各担当教員が高校生以下の教育が必要と思われる学生を抽出している。 ● 対象者の数は，年度や教科によって異なるが，2011年度は約50名の新入生に対して，英語は14名，数学・物理は3名が対象であった。
強制か任意か	● 抽出された学生は，強制ではないができるだけ補講を受けるように勧めている。 ● 抽出対象者以外でも，任意に授業を受けることは可能としている。
単位の有無	● 単位として認定はしていない。 ● 今後も，単位として認定する計画はない。
教材	● 特になし。
形態	● 正規の時間割以外（平日の4・5時限目や土曜日）に，教室での対面授業あるいはセミナー形式で実施している。対面での対応の必要性を感じているので，eラーニングは利用していない。
詳細な実施状況	・1年前期では，オフィスアワーを利用して，各科目の先生が実施している。対象学生は任意である。 ・また，後期には，英語は，毎週火曜日1クラスで，実施している。 ・数学・物理は，土曜日に8回シリーズとして実施している。 ・化学は，土曜日に10回シリーズとして実施している（昨年度は対象者なし）。 ・複数の科目で対象となる学生が多いので，時間の設定や学生のやる気を高めることが検討課題と考えている。

事例⑨【数学事例】大阪府立大学

川添　充（高等教育推進機構）

キャンパス数	● 3つ
所在地	● 大阪府堺市／大阪府羽曳野市／大阪府泉佐野市
1学年の人数	● 約1,400名
実施規模	● 数学：大学全体として取り組んでいる。
実施目的	● 学士課程教育において，文系学生にも数学を活用する力を身につけてもらうため。
導入時期	● 2011年度に試行，2012年度より本格実施。
実施時期	● 前期，後期。
実施部署	● 通常の授業と同じであるため，数学の教員集団で授業計画から実施までを担当する。
実施担当者	● 常勤の教員で実施している。
対象学生	● 現代システム科学域の新入生約300名が対象となっている。
強制か任意か	● 現代システム科学域の3学類のうち， ・マネジメント学類（定員125名）に対しては通年で必修 ・環境システム学類（定員130名）に対しては前期のみ必修 ・知識情報システム学類（定員45名）のうち文系型入試の15名に対しては履修指導で前期，後期とも履修することを推奨
単位の有無	● 通常の授業なので，単位は認定している。（前期，後期各2単位）。
教材	● 独自に作成したテキストを使用している。
形態	● 正規の時間割で，教室での対面授業で実施している。
詳細な実施状況	【位置づけ】 ・専門基礎という位置づけで行い，高校から大学初年次までの数学の内容を含む。 【ポイント】 ・基礎的な数学的訓練よりも，現実の現象に対して数学を活用する方法を学ぶことを通して数学的な思考力を身につけることに重点をおいている。 ・前後期とも，週1回（90分）の授業を15回ずつ行う。

事例⑩【数学事例】島根大学

服部泰直（総合理工学部数理・情報システム学科）

キャンパス数	● 2つ
所在地	● 島根県松江市／島根県出雲市
1学年の人数	● 約1,150名
実施規模	● 数学：全学（特に総合理工学部・生物資源科学部）で取り組んでいる。
実施目的	● 大学の授業についていけない学生が増えてきた。大学の正規科目の内容を理解し，単位を取得するための学力向上が目的である。
導入時期	● 1998年より教学事務系が主担当として実施。2009年度から当該分野が改善の主体となり学士課程教育と連動する。
実施時期	● 全学としては，1年前期中に実施。 ● 総合理工学部については，後期も実施。 ● 総合理工学部では，年度初めにプレースメントテストを実施し，各学科において補完授業受講の必要がある学生に対して受講をすすめる。
実施部署	● 数学を専門とする総合理工学部数理・情報システム学科数理分野と教育開発センターが中心となり，学務課と各学部・学科が連携して実施している。
実施担当者	● 常勤および非常勤の教員で実施 ● 常勤は，実施の責任者として評価や学務課との連絡を行う。 ● 授業をおもに担当しているのは非常勤で，退職した大学・高等専門学校教員を採用している。
対象学生	● 高校の数学Ⅲの内容によるプレースメントテストを行い，各学科が定めた基準により対象学生を定め，学科ごとに受講するよう指導している。 ● 総合理工学部と生物資源科学部，および教育学部の理数系講座の新入生総数が約630名で，117名程度が対象となっている。
強制か任意か	● 抽出された学生は，授業を受けることを強く求められるが，強制ではない。 ● 人数に余裕があれば抽出対象者以外でも，任意に授業を受けることは可能としている。任意の受講者であっても途中でやめることは認めていない。
単位の有無	● 単位として認定はしていない。今後も，単位として認定する計画はない。
教材	● 授業担当者が問題集を作成し，それを利用している。 ● 1年次の専門基礎教育科目の微分積分学の授業に準拠して授業を行っている。
形態	● 正規の時間割以外（水曜日の午後）に教室での対面授業で実施している。

詳細な実施状況	【実施時期・内容】 ・1年前期の4月～5月に数学Ⅲの内容の補完授業を実施し，その後，5月～7月の間，専門基礎教育科目の微分積分学の授業に対応した補習授業を実施している。 ・また，後期は，総合理工学部の学生を対象に，微分積分学の授業に則した内容の補習授業を実施しており，TA を多く配置することによって少人数の対応を可能とし，数学を中心とした学習コミュニティを形成している。 【備　考】 ・水曜日の5・6時限目に実施している。 ・同日に物理と英語のリメディアルも行っているが，複数の科目で対象となる学生も多いことより，それぞれの科目をずらして実施している。

事例⑪【数学事例】千歳科学技術大学
今井順一（総合光科学部グローバルシステムデザイン学科）

キャンパス数	● 1つ
所 在 地	● 北海道千歳市
1学年の人数	● 約240名
実施規模	● 大学全体で取り組んでいる。
実施目的	● 入学生の学力や学習意欲が幅広い分布となっていることから，授業内容の理解促進や教材に関する興味関心を高め，単位履修の一助となることおよび，コアカリキュラムに向けて，基礎学力の向上につながることを目的として実施
導入時期	● 復習クラスは2001年度より開始。予習クラスは2011年度より開始
実施時期	● 通年
実施部署	● 学生支援課教務係
実施担当者	● 常勤と非常勤の教員で実施 ● 非常勤は，現役および退職した高校教員を採用
対象学生	● 高校で数学Ⅲを履修していない学生および，学期初めに行うプレースメントテストの結果が芳しくない学生を対象とする。 ● 新入生240名のうち，100名程度が対象となっている。
強制か任意か	● 抽出された学生は，必ず授業を受けることになっている。 ● 抽出対象者以外でも，希望者は授業を受けることは可能である。
単位の有無	● 単位として認定していない。
教　材	● 予習クラスでは，授業内容や教科書および高校の学習内容を加味して作成されたプリント教材を利用 ● 復習クラスはeラーニング教材を利用
形　態	● 予習クラスは授業の前日等に，正規の時間割の中で現役の高校教員が教室での対面授業で実施 ● 復習クラスは授業終了後引き続き，eラーニングによる授業を正規の時間割の中で，常勤の授業担当者と退職した高校教員が実施

詳細な実施状況	【習熟度クラス編成】 ・数学の授業は，プレースメントテストや高校での数学の履修状況を参考にした，習熟度クラス編成（成績が上位・下位の2コース）により，実施している。リメディアル教育の対象となるのは習熟度の下位コースの学生である。 【eラーニング教材】 ・復習クラスで利用するeラーニング教材は，当初からリメディアル教育での活用を念頭に開発したものである。 ・学生は授業終了後PC教室に移動し，その日の授業の復習課題をeラーニングで行う。 ・その際，教員は机間巡視をしながら学生からの質問の対応や，理解不足と思われる学生に対する指導を行い，学習内容の定着を図る。個別対応が必要な学生にはベテランの退職高校教員が別室等で学生の指導にあたる。 【予習クラス】 ・授業に必要な基礎知識を事前に学習することにより，授業への積極的参加と教材への興味関心を高めるために，2011年度より予習クラスを開始した。 ・現役の高校教員が担当し，高校数学の復習からスモールステップで進む授業展開としている。 ・単位履修が包含する，「予習＋授業＋復習＝単位」という学習デザインの提供により，自律的な学習態度の育成を目指している。

事例⑫ 【数学事例】名桜大学

高橋大介（数理学習センター）・小田五月（総合研究所）

キャンパス数	● 1つ
所在地	● 沖縄県名護市
1学年の人数	● 約500名
実施規模	● 英語：大学全体として取り組んでいる。 ● 数学：大学全体として取り組んでいる。
実施目的	● 学力の二極化が目立ち，大学の授業についていけない学生が多い。 ● 大学の正規科目の内容を理解し，単位を取得し，卒業後の進路決定に重要となる各種試験・資格に合格できる学力を身につけることが目的である。
導入時期	● 英語は2001年度から，数学は2009年度から開始
実施時期	● 全て通年で実施されている。
実施部署	● 科目を担当する教員の裁量で実施されている。
実施担当者	● 常勤，非常勤を含め，科目を担当する教員と，学内で学習支援を行う2つの学習センター（言語学習センター，数理学習センター）に所属している学生チューターが実施している。
対象学生	● 英語は1年生全員，数学は科目受講生
強制か任意か	● 英語は必修科目，数学は選択科目
単位の有無	● クラス内でリメディアル教育と大学教育を明確に区別するのは困難であり，科目担当教員の裁量に委ねられる部分であるが，直接単位認定は行っていない。
教　材	● 英語：市販の教材を利用している。数学：市販の教材を利用している。
形　態	● 正規の時間割以外で，言語学習センターや数理学習センターにて，各センターに所属する学生チューターが個別に学習支援を行っている。
詳細な実施状況	・英語も数学も，科目担当教員の裁量でリメディアル教育と大学教育の割合を調整して，授業を行っている。 ・英語や数学を担当する教員が，言語学習センターや数理学習センターを利用する課題を出題し，学生チューターが個別に学習支援を行う。 ・利用学生のニーズに合わせて，学期ごとに学習支援方法の見直しを行うなどの工夫も，各センターの学生チューターが行っている。 ● 続けて，数学教育の事例をくわしく紹介する。 【学生同士で高め合う学習支援】 ・数理学習センター（Mathematical Science Learning Center：MSLC）設立では，本学が抱える就職率の低下，入学者数の減少，退学者数の増加などの課題にも対応できるように，学生の大学での居場所作りや，就職活動にも必要な基礎学力の強化，学生同士（先輩・後輩）で高め合う学習・運営環境作りに焦点をあてた。

	・個人学習よりも，仲間とのコミュニケーションを重視したグループ学習の方が効果的な場合が多いという学内の実情をふまえ，円滑に学生が学生を（先輩が後輩を）学習支援できる環境の構築を目指した。 ・学生の中には理工系学部を目指していた学生や，教えることに興味のある学生もいることから，学生同士で高め合う学習支援は人的資源の有効活用と捉えられる。 ・MSLC では，学生チューターによる各種対策講座（数学検定準 1 級・2 級・準 2 級，IT パスポート等）が毎学期開講されている。 【MSLC 連携授業】 ・MSLC 設立と並行して，教養科目の数学と物理学において，MSLC を利用する課題を出題し，MSLC 学生チューターが個別に学習支援する MSLC 連携授業の仕組みを構築した。 ・正課授業で MSLC を利用する課題が出題されるので，MSLC を実際に利用するきっかけとなり，受講学生の主体的な学習習慣や継続的な MSLC 利用を促進できる点が特長である。 ・学生チューターが各学生のレベルやペースに合わせて個別に学習支援するので，学力の二極化にも対応できる。 ・支援する学生チューターの学力や社会人基礎力も向上するため，学生同士で高め合う学習支援の強化にもつながる。 【事例：数学クラス】
詳細な実施状況	・数学クラスでは，基礎数学力の向上と教養大学数学に親しむことを目的とし，とくに前者に対し数学検定準 2 級・2 級の 1 次試験合格を目標に掲げて，MSLC 連携授業を実施している。授業で毎回復習課題を出題し，さらに学習意欲旺盛な学生にはドリル形式の応用課題を提供，受講学生は MSLC で復習・応用課題の添削や学習支援を受ける。 ・このとき，MSLC 学生チューターは答を教えるのではなくヒントを与える，もしくは一緒に考えて受講学生が課題を解くまでつきあう姿勢で対応する。 ・また授業では，関数グラフソフト GRAPES などを活用して学習者の視覚的かつ主体的な学習を促す工夫や，中間・期末試験で数学検定の過去問題を出題して各自で習熟度を確認する方法なども取り入れている。 ・数学クラスの MSLC 利用効果に関しては，2009 年度後学期の分析から，低学力者の学力の底上げや高得点者の輩出に MSLC が貢献し，MSLC などの学習支援センターがなければ，優秀な学生が育ちにくく，学力の二極化も進む可能性が高いことが示唆されている（高橋・小田, 2012)。 【引用・参考文献】 髙橋大介・小田五月（2012）．学生チューター主体で運営する数理学習センターを利用した連携授業の効果．リメディアル教育研究, **7**(1), p.117-130.

事例⑬ 【化学事例】東京電機大学理工学部

木村二三夫(理工学部共通教育群)

キャンパス数	●1つ
所在地	●埼玉県鳩山町
1学年の人数	●約700名
実施規模	●英語,数学,物理,化学について理工学部全体として取り組んでいる。 ●入学後のプレースメントテストは各教科統一した日程で行うが,基礎教育の実施方法,内容は各教科の基礎教育実施部門に任されている。
実施目的(以下は化学の基礎教育についての記述)	●入試に必要な科目以外は高校で十分に学習していない学生が多いので,大学で化学を学ぶために必要な基礎学力の補完から基幹教養科目(化学A,化学B)への導入として位置づける。
導入時期	●平成7年頃~:教員のボランティアによる補修授業として始まった。 ●平成12年~:プレースメントテストを導入し,正規基礎科目(1単位)として開講 ●平成16年~:プレースメント不合格者には基礎科目(化学基礎)の単位取得を化学の基幹教養科目(化学A,化学B)の履修条件とした。 ●平成19年~:低学力者のために新たに基礎演習科目(化学基礎演習)を開講した。
実施時期	●プレースメントテストにより対象者を抽出し,1年前期に履修させる。 ●前期に単位取得できなかった学生の再履修クラスを後期に開講している。
実施部署	●学部共通科目の担当者が主に所属する共通教育群,理学系と,学生への通知,成績の取りまとめなどの業務などを行う教務課とが協力して実施している。
実施担当者	●上位科目の化学A,化学Bを履修する際に化学基礎の履修を条件としているが,必ずしも化学を履修しなくても卒業要件を満たせる学系もあるので,履修は任意である。 ●化学を必要とする分野に進む学生では,プレースメントテストに合格しても,任意に履修する学生が多い。
対象学生	●高校の化学Ⅰ,Ⅱの範囲で,一段階で解けるレベルの問題から構成されるプレースメントテストで6割程度得点できることを基礎学力の目安とし,その基準に達しない学生を対象としている。
強制か任意か	●基本的に学生の意思を尊重し,自主的に受講させている。
単位の有無	●化学基礎1単位,化学基礎演習1単位として認定している。
教材	●教科書として,"野村浩康編「大学化学への入門-演習問題を中心に-」;学術図書出版社"を用いている。

形　態	●形態は通常の講義や演習と同様であるが，補助のため各クラスに副手を配置する。 ●時間割は基礎科目が他の1年生配当科目と重ならないように学部として調整している。
詳細な実施状況	【プレースメントテストによる抽出】 ・プレースメントテストにより抽出した基礎教育対象者で得点率60～40％の層は化学基礎（講義）を，得点率40％未満の層は化学基礎（講義）と化学基礎演習を同時履修する。 【授業で扱う範囲や成績評価の方法】 ・授業で扱う範囲や成績評価の方法については全担当者共通の基準を設けているが，授業の進め方は各担当者に任せている。 【開講状況】 ・平成23年度前期は化学基礎（講義15コマ）を5クラス，化学基礎（講義15コマ）＋化学基礎演習（15コマ）を2クラス開講した。履修者は1クラス30～60名である。 ・後期は化学基礎（講義15コマ）を1クラス，化学基礎（講義15コマ）＋化学基礎演習（15コマ）を1クラス開講し，履修者は1クラス20名程度である。 ・最近2～3年間はプレースメントテストの得点率が上昇傾向にあるので，演習を含むクラス数を減らして講義のみのクラス数を増やしつつある。

事例⑭【社会科事例】東洋英和女学院大学

柳沢昌義（人間科学部人間科学科）

キャンパス数	● 1つ
所在地	● 神奈川県横浜市
1学年の人数	● 約600名
実施規模	● 人間科学科での取組
実施目的	● 正確な日本地図，世界地図を描けるようになること
導入時期	● 2010年9月
実施時期	● 後期
実施部署	● 人間科学科
実施担当者	● 専任教員2名
対象学生	● 1年生（人間科学科全1年生）
強制か任意か	● 強制
単位の有無	● 有
教 材	● オリジナルの地図学習ドリル『地理もつもればっ　日本編』および『地理もつもればっ　世界編』
形 態	● 対面
	【学習前データ】 ・入学直後に A3 の白紙に「世界地図」を 10 分間で描かせる。また，前期末に「日本地図」を 10 分間で描かせる。これを学習前データとして後の比較分析のために保管しておく。 ・学習前の地図を見ると，「ムー大陸」のような大陸をひとつだけ描いたものや，イタリアが島になっていたり，アメリカ合衆国がロシアに隣接していたり，南北朝鮮が南北逆に描かれたり，北極大陸があったり，南極が北にあったりと，かなりひどい出来のものが散見された。 【知の構築講座】 ・後期に毎週1回の授業『知の構築講座』の中で，地理学習の時間として 10 分程度を当てている。 ・そこでは，オリジナルのドリル『地理もつもればっ　日本編』および『地理もつもればっ　世界編』を毎回1枚だけ用いて授業中に地理情報を記入させる。まったく同じドリルを宿題として次週までに完成させて，自己採点をして持ってきてもらう。 ・これを日本編で6週間，世界編で5週間，計11週間行う。

【教材】
- ドリルは，たとえば，世界地図の輪郭線をトレーシングペーパーに書き，採点時に地図に重ねて，自分の描いた地図との差異を赤でなぞって自己認識したり，主要国の名前や都市名，あるいは，世界遺産などを地図帳や世界遺産の写真を見ながら地図に記載していくものである。
- 日本編も同様で，最後は，日本の世界遺産，温泉地，観光地などを地図に記載するようになる。

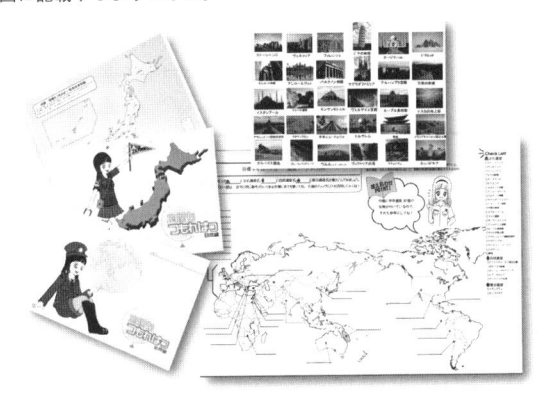

詳細な実施状況

この授業のために作成した教材 「地理もつもればっ」

【教員の負担】
- 毎回，5分程度のドリルと，5分程度の自己採点時間からなり，教員は巡回をして学習状況の把握や多少のアドバイスを行うのみである。したがって，教員は地理の専門家ではなく，だれもが担当できる。

【期末試験】
- 期末試験において，日本地図，世界地図それぞれ10分間でA3の白紙に描かせ，ある採点基準で点数化して評価する。
- 学習の結果，日本編は学習前の3.5点から7.0点に向上，世界編は，同じく2.8点から5.8点に向上した。これはドリルの効果だけとは言い難く，試験直前の学生の短期記憶によるものも大きいと思われる。

事例⑮【英語事例】札幌大学

田原博幸（法学部）

キャンパス数	● 1つ
所在地	● 北海道札幌市
1学年の人数	● 約1,210名
実施規模	● 大学全体で取り組んでいる。
実施目的	● 学生の英語力向上のため
導入時期	● 2004年度より
実施時期	● 春学期および秋学期
実施部署	● 共通科目センター
実施担当者	● 常勤及び非常勤の教員
対象学生	● 全学年の学生を対象とする共通科目で実施
強制か任意か	● 学部によって選択必修または選択
単位の有無	● 単位として認定
教　材	● 一般書，テキスト付きのeラーニング教材：自作
形　態	● 正規の時間割の中でブレンド型授業で実施

【導入の背景と経緯】
・札幌大学は，5つの学部と2つの学科の女子短期大学からなる中規模大学である。
・2004年度からインターネット上で受験する市販の英語テストを全学的に採用し，英語教育を施す前後の英語力を客観的に測定していた。
・1セメスターの英語教育を施すと，確かにこのテストの平均点の伸びが観察され，CALLシステムを活用した英語教育の効果を確認できた。しかし英語教育を施した後の平均点は，前年度の英語教育を施す前の平均点に及ばない現象が続くという，入学生の急激な英語力低下を我々は把握していた。
・また，筆者が所属する学部の推薦入試合格者を対象とする入学前教育として課した課題に対する回答状況からも，ゆとり教育で除外されていない基本中の基本の内容さえ，ほとんど身についていない深刻な現実を目の当たりにしてきた。

【共通英語カリキュラム】
・このようにリメディアル教育の必要性が学内でも認識され始め，筆者が提案した共通英語カリキュラムが全学組織で採用され，それまで学部ごとにさまざまであった英語教育が共通科目において共通化された。
・日本人教員が担当して英文法を中心とした基礎力を養成する授業（「共通英語コミュニケーション」）と，英語ネイティブ・スピーカー教員が担当して英語運用力をつける授業（「共通英会話」）の2系統を設置した。

	・さらに，この2系統の双方に，英検4級レベル以下の「入門」，3級レベルの「初級」，準2級レベルの「中級」，2級以上レベルの「上級」の4段階の科目を設定した。
	【共通英語コミュニケーションの教材開発】
	・「共通英語コミュニケーション」の入門，初級，中級のテキストは，学生が授業外で理解を再現できることを狙い，説明がくわしく自習が可能な一般書を採用した。
	・また，毎回の授業で前時の授業の内容について小テストを実施し，学習内容の定着を試みた。しかし，説明を聞き続けることができない学生や，学習内容を覚えようとしない学生が多くなり，「わかりやすく教えて，その内容を小テストで問う」だけでは不十分であることがわかり，授業中に網羅的に問題演習をさせ，できない問題を繰り返し自動的に学習させる仕組みを使う必要性を痛感した。
	[オリジナル教材の開発]
	・既存のeラーニング教材や本の教材には網羅的に問題演習ができるものはなく，解説も部分的にしか触れられていないため，まずは対象者が増え続けて困難を極める入門レベルを対象として，テキスト付きのeラーニング教材を自作することにした。
詳細な実施状況	・英検4級レベルの部分の自作教材データを，間違えた問題だけを自動的に繰り返し学習できる Newton 社のシステムに搭載して，オリジナルeラーニング教材を使ったブレンド型授業を「共通英語コミュニケーション入門」で 2009 年度に始めた。
	[オリジナル教材の反省]
	・このオリジナルeラーニング教材は全体的には好評ではあったが，解説が一般的な教材と同じように部分的なものにとどまったため，解説を読んでもわからないという一部の学生からの反応があった。
	[新教材の開発]
	・eラーニング教材は主に自習として利用するものであり，英語が苦手な学生を念頭においで作ったつもりの教材の解説が読んでもわからないということは，このeラーニング教材にとって重大な問題ととらえ，問題を解くのに必要な全ての項目について書き出した解説へと変更し，教材の範囲も英検3級レベルまでの中学校レベル全体に広げ，2010年度に新教材に置き換えた。
	・この新教材は，択一形式と空所補充形式の合計 1505 問からなり，利用登録者 233 名のうち 65.2%が指定した全範囲を1セメスターの指定期間内に達成した。
	・指定の期日を過ぎて成績評価の対象とならなくても，39 名が学習を継続させて，指定の範囲の学習を達成した。現在，英検2級までの範囲で同様の方針でテキスト付きeラーニング教材を開発中であり，高校段階までのリメディアル教育の完成を目指して準備中である。
	【引用・参考文献】
	田原博幸 (2011). 自動繰り返し学習機能付きeラーニングの有効性 英語教育, **59**(12), 28-30. 大修館書店

事例⑯【英語事例】鹿児島工業高等専門学校

鞍掛哲治（一般教育科文系）

キャンパス数	●1つ
所在地	●鹿児島県霧島市
1学年の人数	●約200名（5学科×定員約40名）
実施規模	●鹿児島工業高等専門学校における英語の補講・補完授業は，一般的に担当教員が個別に実施している場合が多い。 ●入学前教育は，新入生には英語科で，4年次編入生には英語科常勤の1名が対応している。 ●習熟度を考慮したクラス編成（本校では，同学年の数学も同様の授業を開講していることから，「科目別クラス」と呼んでいる）の授業は，1，2年生の英文法の科目を英語科で組織的に取り組んでいる。 ●今回は，1，2年生の科目別クラス，4年次編入生の入学前教育を紹介する。
実施目的	●工学系の学校であり，理系科目は得意だが，文系科目の英語は中学や高校時代から苦手意識をもって（編）入学してくる学生が多い。 ●クラス内での習熟度の格差も年々大きくなり，一斉授業が困難なクラスも存在とすること，またクラス内の少数の女子学生への配慮の必要性から，1，2年生では英文法の科目で科目別クラス編成，4年次編入生には入学前教育を行い，基礎事項の理解と定着を図っている。
導入時期	●科目別クラスは，1年生には2010年度，2年生には2011年度より実施している。 ●4年次編入生の入学前教育は，2010年度より行っている。
実施時期	●科目別クラス1年生は後期，2年生は通年で実施している。 ●4年次編入生の入学前教育は，入試結果発表の2ヶ月後の10月頃から約半年間行っている。
実施部署	●クラス編成，教材の選定等の主な作業は，英語科常勤が行い，学生への案内や掲示等は，学生課教務係にお願いしている。
実施担当者	●科目別クラスでは常勤4名，非常勤2名の教員で実施している。 ●常勤は，科目の責任者としてシラバスと試験問題の作成，非常勤や教務係への連絡を行っている。 ●非常勤は，高校での教職経験者で，常勤同様担当クラスの授業と評価をお願いしている。 ●入学前教育は，常勤1名が対応している。

対象学生	●科目別クラスでは，女子学生へ配慮しつつ，定期試験の結果をもとに編成を実施している。 ●1年生は通年科目の英語Ⅰ（総合英語）の前期定期試験の結果を，2年生は，前期は前年度の英文法の試験結果を，後期は当科目の前期試験結果を参考にクラス分けを行っている。 ●入学前教育では，4年次編入生の多くは工業高校出身で，在学時の英語の授業時間数の少なさからか，本校編入後の英語の授業で苦労する学生がよく見受けられる。したがって，入学予定者全員に案内状を送付している。
強制か任意か	●科目別クラスは，必修科目なので1，2年の学生全員が受講している。 ●入学前教育では，案内状を入学予定者（毎年10名前後）に全員送付しているが，こちらの実施体制がまだ整っておらず，また在学する高校でも補習等が実施されていることから，希望者のみに行っている。
単位の有無	●科目別クラスでは，2科目とも必修単位であり，最終成績が60点以上ならば単位として認定している。 ●入学前教育では，希望者のみを対象に実施しており，単位の認定は行っていない。
教　材	●科目別クラスでは，多くの高等学校で使用されている英文法の準検定教科書を使用している。 ●入学前教育では，CD-ROMとeラーニングで自学自習も可能なリメディアルの総合教材を利用している。
形　態	●科目別クラスでは，正規の時間割（50分授業2コマ連続）に教室にて対面授業を実施しているが，担当者によっては昼休みや放課後に小テストの再試を行っている。 ●入学前教育では，教材の自学自習後に3つの学習方法（添削，CD-ROM学習，eラーニング）のうち一つを選択してもらい，指導を行っている。
詳細な実施状況	・科目別クラスでは，英語の科目に苦手意識をもっている学生を手厚く指導するために，少人数クラス（約25名）4つと大人数クラス（約50名）2つに振り分けている。 ・少人数のクラスでは，女子学生の多いクラスを1つ設けている。 ・教材が統一され，評価が学科単位で行われる関係上，試験は統一問題で実施している。 ・評価は，定期試験70％，平常点（小テスト，レポート，課題等）30％である。平常点は，担当教員の裁量に任されている。 ・4年次編入生の入学前教育は，2010年度6名の受講希望者があり，テキストを最後までやり終えた者は，添削を選択した2名のみで，CD-ROMとeラーニングを選択した学生の学習到達率はあまりよくなかった。その要因は教材のコンテンツやレベル，eラーニング環境等，多岐にわたるので，これらの問題や課題を一つずつ解決して，改善していきたい。

事例⑰【英語事例】桜の聖母短期大学

壁谷一広(元英語学科*)

キャンパス数	● 1つ
所在地	● 福島県福島市
1学年の人数	● 約190名(英語学科約70名,生活科学科約120名)
実施規模	● 英語のみ:英語学科の対象学生
実施目的	● 英語の習熟度が極端に低い学生が増えてきた。 ● それらの学生が英語学科の専門科目の単位を問題なく取得できるように,読解およびコミュニケーションにおいて英語学科での学びについていける最低限の英語力をつけることが目的である。
導入時期	● 習熟度別クラス分けは以前から実施していたが,リメディアル教育の対象となる必修科目で下位グループのみ別のテキストを使用するようになったのは2002年度から,グループワークやマインドマップを取り入れた取組をするようになったのは2010年度からである。
実施時期	● 1年次通年(前期・後期)で実施している。 ● 前期末に実施するTOEIC Bridgeの結果により,後期の対象者の入れ替えがあり得るが,リメディアル教育対象者の場合,ほとんどが後期も対象となっている。
実施部署	● 教学部が中心となって実施している。 ● 教学部が時間割を決定し,科目責任者からの情報をもとに,担当職員がグループ分けや教材について学生に連絡する。
実施担当者	● 英語学科の常勤教員が実施している。 ● 入学直後と前期末のプレースメントテストとしてのTOEIC Bridgeの結果をもとに,英語学科の日本人の常勤教員がリーディングのグループ分けを,ネイティブスピーカーの教員がコミュニケーションのグループ分けを行う。 ● その際にリメディアル教育対象の学生を抽出する。それぞれの科目責任者が,科目担当者(常勤)と話し合って担当グループを決定し,教学部の担当職員に連絡する。科目責任者は学期ごとの成績も取りまとめて教学部に連絡する。
対象学生	● 英語は,プレースメントテストとして利用しているTOEIC Bridgeの点数で平均点を大きく下回った学生を対象としている。 ● クラスサイズなども考慮する必要があるため,基準となる点数は設定していないが,通常120点以下の学生が対象になっている。 ● 英語学科の新入生総数は約70名で,年度によって10から20名程度が対象となっている。

* 現在函館大学所属。

強制か任意か	●学生の心理的な負担等を考慮して，別枠で提供する科目ではなく，全て常勤教員が担当するためケアがしやすい必修科目の中で対応している。 ●そのため，抽出された学生は，必ず授業を受けることになっている。
単位の有無	●リメディアル教育科目としてではなく，1年次の必修科目として単位認定している。
教　材	●市販の読解用テキストおよびコミュニケーション／総合英語用テキストを利用している。 ●指導法については，リメディアル教育対象者グループの担当教員が，学生の状況に応じて決定する。
形　態	●正規の時間に教室での対面授業で実施している。 ● 2010年度からは，グループワークを中心とした，学生主体の活動をできるだけ多く取り入れた内容にすることを心がけている。
詳細な実施状況	・1年前期と後期に実施している。実施状況は以下の通りである。 【リーディングとコミュニケーション】 ・リーディングもコミュニケーションも，週2コマの必修科目として，1クラス10から20名程度で実施している。 【リメディアル教育対象者グループ】 ・リメディアル教育対象者グループでは，基本的に他のグループと違うテキストを使用することにしているが，同じテキストを使用する場合は，進み方を遅くして時間をかけて進めるなどの対応をしている。 【学習習慣の確立と英語苦手意識の克服を目指して】 ・また，2010年度からは，対象となる学生の学習習慣を確立し，英語の苦手意識を克服させることを狙って，グループワークによる読解作業やマインドマップを使った内容確認なども取り入れている。

Chapter 7

学習支援センター

編集担当：
小川 洋・椋本 洋

0 概説：学習支援センター

金田　徹

● 0-1　学習支援センターとは何か？

　先進的な私立大学では1990年代後半から，「学習支援センター」といった名前の部屋や建物をもつようになってきた。最近では，国公立大学でも，同様な組織が設置されるようになっている。文字通り，学生の学習（勉学活動）を支援する部署である。そこで，おもに行われる支援は，中等教育（場合によっては初等教育）の教科内容に関するものである。もちろん，高等学校までには教えられてこない内容（「国語」ではなく，論文・レポート執筆作法のような日本語リテラシー）や，就職試験活動の準備学習のためのサポートなども実施されている（場合によっては，入学前教育を実施する主体であることもある）。また大学で履修している科目内容に関しても，学生は授業が行われている教室で質問すればよいのであるが，それとは異なる時間と場所で個別に解決してほしいというような心理がはたらくのか，学習支援センターの場で支援される形も多い。

　学習支援センターで実施する支援活動の形態は，大別して次のようなものである。

> ①学習支援科目について，1週間の時間割を決めて公表し，塾形式で補習する
> ②開室時間であれば，飛び込みの学生についても，質問などに個別に対応する
> ③対面ではなく，ICT（Information and Communication Technology）を利用した方法で対応する

　学習支援センターのスタッフは，事務職員はもちろんのこと，センター専任の教員であったり，学部専任の教員であったり，高等学校での教育経験がある非常勤講師であったりする。

　実際に，支援活動をしているなかで学生と接していると，教科内容が理解できないとか，学習の成果が上がらないなどの理由として，人間関係がうまくいかないこと（例えば，友人がいない）や学習障害・発達障害があることなどが判明することも多い。したがって，学習支援センターに心理カウンセラー（そ

の資格者であることは伏せて）を配置してカウンセリングセンターと連携したり，メンター（良き指導者・理解者・支援者）制度を構築したりして，密接な個別対応を試みている例もある。このような背景もあり，学生支援（センター）の一つに，学習支援が位置づけられることもある。まさに，学習支援センターは，教職協働の最前線であるともいえる。

● 0-2　学習支援センターの可能性と課題

　学生個々人に対する学習支援のみでなく，さまざまな内容の対応記録を，ポートフォリオとして電子的に残し，他部署との連携を効率的に行うことも実施されている。このことにより，従来のような縦割り的な学生対応体制であったものが，一つの窓口でも複数部署横断的な迅速対応ができる可能性が高くなる。そのためには，もちろん，職員の職能の向上（SD：Staff Development の一環として）も必要となるであろう。

　大学は社会の変化に応じて変わっていかざるをえない。2012 年 4 月 6 日の読売新聞には「親を切り離したい」という記事が掲載された。それによると，父母会の開催や成績表を保護者に送付している大学は 8 割以上あり，就職活動前の親子面談を実施している大学も半数を越えている。一方で，「親を切り離したい」という声も出始めており，その背景として大学にクレームを言ってくる保護者の存在がある。一例として，授業中に騒ぐ学生を退室させたら，学長室に親からの抗議電話があったということである。

　従来，いずれの大学でも保健センターやキャリアサポートセンターあるいは相談室など，学生を支援する組織が整備されてきた。しかし，それらはあくまで学生生活や就職活動という，教育活動とは異なる領域での支援活動であった。学習支援センターという新しい組織は，学生たちの学習活動そのものを支援するという点で，今までにはなかったものである。大学の教育力が問われるようになっている現在，この新しい動きに注目していく必要があろう。

1 解説：学習支援センター

小川　洋

● 1-1　全国に広がる学習支援センター

　近年，多くの大学で「学習（修）支援センター」などの名称の組織（以下，センター）が設置されつつある。1998年に開学した関西国際大学は，開学と同時にアメリカのラーニング・センターをモデルとして開設しており，国内で最初だとしている。また2003年にセンターを開設した神奈川工業大学は，関東地方で最初だったとしている。開設時期がはっきりしている他の事例をみても，全国的に設置が始まったのは2003年頃からである。

　各センターの実態は必ずしも明確ではない。例えばCiNii（Citation Information by National institute of infomatics：国立情報学研究所論文情報ナビゲータ）で「学習支援センター」を検索しても，件数はあまり多くなく，そのほとんどが工業大学や工学部における物理などの補習教育の実践例の紹介である。市川昭午（2000）は，センターを「高校での普通教育が不十分な大学入学者に，元高校教員などを当てて補習教育を行うところ」としている。また読売新聞社（2011）の『大学の実力2012』では，「学内の家庭教師センター」と表現している。

　日本学生支援機構が2010年に実施した調査によれば，私立大学の約3分の1で，「高校段階の知識を学ぶための補習講座」が開設され，ほぼ同じ程度の割合で（事務窓口以外の）学習相談窓口が設置されていることが明らかになっている。センターの設置状況に関する統計はないが，全国に約600ある私立四年制大学の200大学程度で，補習をおもな目的とするセンターが設置されているものと考えられる。

● 1-2　多様な役割・機能とスタッフ

　センターのなかには，直接に学生サポートを行うのではなく，初年次教育や入学前教育などの企画・運営を主な業務とするケースがある。教材の開発・作成や担当教員のFD（Faculty Development）などが活動の中心であり，教員より職員が大きな役割を果たす傾向もみられる。とくに入学前教育では民間企業が作成する教材を利用することも多く，職員が実務にあたることになる。

　一方，大部分のセンターでは学生に直接的な教育支援を提供している。補習

教育が一般的であり，工学系では数学や物理を中心とした理数科目，文系の学部では語学（英語）が多い。補習の実施方法も多様である。工学系の場合，高等学校の未履修者あるいは基礎力不足の学生に対して，時間割を設定して必修科目に準じて指導するケースが目立つ。さらに一歩ふみ込んで，大学の授業でのつまづきを助けるために，授業の進度にあわせた支援体制を組んだり，授業で課されるレポート作成やプレゼンテーション準備の支援を活動のひとつの柱としているセンターもある。また学部カリキュラムが国家資格などに直結している場合は，授業と並行して国家試験対策を中心とした援助にあたっている。

一方で，学生たちの自発的な来室を待って個別指導を提供するセンターもある。いずれのセンターも開設間もないこともあって，試行錯誤が続けられており，仕事内容には変化が大きい。

センターに配置されるスタッフも多様である。学生の支援を担うセンターでは，責任者に専任教員が配置されるのが一般的であるが，理数科目の学び直しが中心となる場合は，高等学校などでの教育歴をもつスタッフの配置が目立つ。英語教育やレポート作成などを指導するスタッフのキャリアにはほとんど共通性がみいだせないほど多様である。また多くの場合，契約は非常勤であったり，期限つきであったりして，安定した地位が与えられていないことが多い。

センターによっては，院生や学生のなかからチューターを指名し，スチューデント・アドバイザー（SA：Student Adviser）などの名称で，相談に来る学生の指導に当たらせているが，チューターの養成を組織的に行っている大学はまだ例外的である。

● 1-3 センター開設の環境

1) 大学側の事情

1991年の「大学設置基準」の大綱化により，各大学はいっせいに大規模なカリキュラム改革に着手した。一般的には専門科目の一部を低学年に移動させながら学部教育の再編をはかり，1990年代の末に，その動きは一巡した。その段階で，大学入学者の学部教育への導入方法が探られるようになる。「初年次教育」が学部教育の課題として登場したのである。『IDE 現代の高等教育』（以下，『高等教育』）が「一年次教育」を特集したのは2001年6月号（No.429）であ

り，2003年度に始まった文部科学省の「特色 GP（Good Practice）」には「初年次教育」が例示された。大学によってはこの頃，初年次教育の FD を主な役割とするセンターを開設している。

しかし学部教育の再構築は順調には進まなかった。『高等教育』は，2003年6月号（No.450）で，「学部教育の再検討」を特集し，その中で有本章は，調査結果を紹介しながら，「（改革カリキュラムによって）教員が期待するほど学生に学力が定着していないことが歴然（である）」と結論づけている。『高等教育』はその後も，2004年6月号（No.460）で「学部教育の改革」，2006年12月号（No.486）で「学部教育の再構築」を，それぞれ特集として組むなど，学部教育の問題を繰り返し取り上げている。学部教育の在り方については 2008 年に，中央教育審議会が「学士課程教育の構築」の答申を出したところである。

この学部教育の再編を通じて多くの大学で，従来の学部・学科組織とは別に，学生の学習を支援する新しい組織の必要性が認識されるようになった。センターの相次ぐ開設は，この時期と重なっている。

またこの大学改革の時期は 18 歳人口の急減期でもあった。1992年度に 205万人に達した 18 歳人口は，2007年度には 130 万人まで減少している。多くの私立大学が定員割れに追い込まれるなど，入学者の学力を入試によって担保することはいっそう困難になった。日本の大学は，設置者や創立時期などから，威信の程度による序列（偏差値）が明示的であり，一般的に高校生たちは，少しでも序列上位の大学への進学を希望する。上位の大学が，全体の進学希望者の減少に見合うだけの募集削減を行わなければ，学力低位の高校生の下位大学への集中傾向は加速度的に進むことになる（神永, 2008）。工業系の単科大学などでセンターが開設され，補習教育に取り組まざるを得なくなったのは，このような背景があったからであろう。

2）高等学校教育の事情

一方の高等学校教育にも 1990 年代から 2000 年代にかけて，大きな変化があった。1994 年には学科構成に総合学科が新たに加わり，同時に，新しい学習指導要領が実施された。従来，大学進学者は普通科で一般的な知識や技術を学習してくることが期待され，専門学科からの進学者は例外的な扱いだった。しか

し総合学科では，普通科や専門学科に比べて履修歴が，いっそうわかりにくいものになった。

　また新学習指導要領では家庭科が男女共修となり，社会科が地歴科と公民科に分けられ，それぞれ必修科目が設定されるなど，カリキュラム編成はいっそうタイトなものとなり，国語，英語，数学といった普通教科の中心的な科目に充てられる授業時間数が圧縮されることになった。なお新カリキュラムによる高校生の大学進学は1997年からである。

　さらに2003年度実施の学習指導要領では，週5日制の実施に伴う授業時間の減少と新科目である「情報」の導入などに応じて，必修科目の単位数削減が行われた。大学の学習の前提となる普通教科の学習量がさらに減少することになった。この学年が大学に進学したのは2007年度以降であるが，大学側の負担はいっそう大きくなっていると考えられる。

3）今後もセンターは拡大する

　センターを充実させる必要性は，今後いっそう高まるだろう。大学側と高等学校側のそれぞれの事情に大きな変化がない限り，学部教育の教育効果の改善も大学入学者の学力保証も，大幅な改善は見込めないからである。例えば佐々木隆生らが提案した「高大接続テスト」が導入されれば，大学進学者の学力内容が客観的に判断できるようになり，高等学校と大学との接続は，よりスムーズになるであろうが，その実現の見通しは今のところ立っていない（佐々木，2012）。カリキュラム改革だけでは学生たちの学力形成に限界があることが明らかになりつつある現在，センターは不可欠の教育組織になりつつある。

　センター開設を促す要因は他にもある。ひとつが離学率の問題である。日本の大学の離学率はアメリカの州立大学などに比べれば低いが，小規模で財政基盤も万全でない私立大学では，離学率の上昇は経営を脅かすことになりかねない。その他にも，医学や歯学などの医学系，あるいは福祉系などの国家資格取得がカリキュラムの重要な目的となっている学部・学科では，その合格率が学生募集に重要な意味をもつため，補習教育が不可欠になる。

● 1-4 これからのセンターの課題
1) 学内の位置づけと目的の明確化

　今後のセンターの課題として、第一に、学内の位置づけと目的が明確化される必要がある。補習教育を実施していることが大学の社会的な評価にマイナスにはたらくと考えて、センターを積極的には広報していない大学もあり、その場合は学内的にも十分に認知されにくい。学科が単独で運営する場合はともかく、全学的な組織として開設されるセンターは、その役割や目的が全学的に共有されていなければならない。

2) 適切な空間の確保と施設・設備の充実

　第二に、適切な空間の確保と施設・設備の充実である。センターが、とりあえず「空いている部屋」に設置されている傾向もある。学生たちの動線から離れた場所にセンターがおかれることも珍しくない。また施設・設備については、グループ学習のできるテーブルが設置されたり、食事ができる環境も用意されたり、利用する学生たちがリラックスして学習できるような工夫も多くみられるが、一般教室が与えられているだけの大学も少なくない。

3) スタッフの充実

　第三に、スタッフの充実である。アメリカの場合は、学習支援の歴史が長いこともあって、修士課程レベルで、学習支援法の教育を受け、技術や知識のみならず倫理性も身につけた専門的なスタッフが養成されてきた。そのスタッフの下で、院生や学生のチューターが配置されれば、学習支援はより充実したものとなるだろう。チューターを活用した学習支援については、全米組織としてCollege Reading and Learning Associationがあり、北米の多くの大学のチューター制度の認定を行っている。日本では唯一、名桜大学の言語学習センターが認定されている。

4) カリキュラムと有機的に結合した、より踏み込んだ学習支援

　第四に、カリキュラムと有機的に結合した、よりふみ込んだ学習支援が求められる。センターが授業と連携し、授業時間以外の自主的な準備学習などを

積極的に支援していくことによって，学生たちの学習の深化が可能となる．その際に，学生たちの自発的な学習コミュニティの形成という観点が重要である．適切で明確な学習テーマを中心として集まったグループに対して，必要なスペースを優先的に確保すること，研究・発表などの活動に必要な援助をすることである．

5) 学習支援活動に関する研究データの蓄積と大学を超えた情報の共有

　第五は，学習支援活動に関する研究データを蓄積し，大学を超えた情報の共有を図ることである．センターの活動はまだ緒についたばかりで，試行錯誤の繰り返しの状況である．学会や出版あるいはウェブサイトなどを通じて，それぞれの試みと成果についての情報を交換し，日本版の学習支援組織の基盤整備を進めていく必要がある．

6) アメリカの経験

　なお，今後のあり方を考えるうえで，アメリカの経験が参考になるだろう（山内，2011）．1970年代に大学教育がユニバーサル段階に達したアメリカでは，レポート作成など，学生の大学教育への適応を援助するライティング・センターが図書館の一角などに開設され，その後，より広い学習支援のためのラーニング・センターが開設されるようになった．さらに近年，図書情報のデジタル化にともなって，図書の収集と蔵書の閲覧を中心とする従来の図書館の利用法から，情報端末を豊富に用意した空間に，司書も含めた資料収集から始まる学習支援のためのスタッフを配置して，学生たちの学習を包括的にサポートするラーニング・コモンズと呼ばれる施設のあり方が模索されるようになっている．

　日本の場合，図書情報のデジタル化が急速に進み，図書館の再構築が模索されている時期に，ライティング・センターやラーニング・センターに類似する学習支援センターの開設が重なっている．センター開設を，新しく魅力的な学習環境を整備する機会と捉えるべきである．

Chapter 7

学習支援センター
：事例集

事例①【全学機関型】明星大学

村山光子（学生サポートセンター）

キャンパス数	● 2つ
所在地	● 東京都日野市／東京都青梅市
1学年の人数	● 1930名（定員）
機関の名前	● 明星大学学生サポートセンターリメディアル教室
開設に至るまでの経緯	● 明星大学日野校のリメディアル教室は2005年5月に開設され、青梅校は2007年に開設された。 ・当時、入試形態の多様化等の社会的情勢を背景として、入学者の学習意欲に変化がみられたこと、高校までの基礎的な学力が十分定着していない学生の存在など、学内で大きな問題となっていた。 ・これらの理由により、全学を上げて補習教育を行う必要が認識され、事務組織である「学習支援センター」を立ち上げ、その中にリメディアル教室を設置した。 ● リメディアル教室は、事務局主導で運営されており、必要な補習内容などについては、学生のニーズや各学部学科の教員との連携を踏まえ、運営されている。
センターに期待されている役割	● 明星大学のリメディアル教室に期待されていることは、 ①大学の授業についていくための学力向上 ②学習意欲の喚起 ③学習習慣の定着 ④資格取得等目的意識のある学生支援 である。 ①については、カリキュラムの中でもある程度習熟度別クラスなどで対応している授業もあるが、その中でも対応が難しい学生の支援 ②③については、ともに丁寧なカウンセリングからモチベーションを引き出し、具体的な目標設定を行っている。 ④については、もともと学習意欲も高く、目的意識もあるため、かなり積極的な意味合いとしてリメディアル教室を活用している学生たちであり、これらの学生たちをさらに高いレベルに引き上げる支援が行われている。
センターの設置場所	● 日野校の設置場所は、大学の中でも学生の利用頻度の高い学食・ブックセンターのある建物の中の2Fにある。 ● 開設当初は、2Fにあるということで学生に利用されにくいのではないかとの危惧もあったが、学内にその存在が知られるようになった現在では特段問題になっていない。 ● 多くの学生が手続きや相談に訪れる学生サポートセンターに隣接していることから、むしろ利用されやすい場所として認識されている。 ● 大学内でも多くの学生が行き来する位置にあり、わかりやすい場所ではあるが、入り口が少々奥まっているため、通り過ぎてしまう学生も少なくない。しかし、そのお陰で周辺に学生が多いものの、静かな環境を保持できているというメリットもある。

センターの施設・設備	●設備としては，60名程度が着席できるスペースに黒板，ホワイトボードなど基本的な学習設備の他に，ノートパソコン3台を設置し，その場でレポートを書いて添削してもらいプリントアウトできるようになっている。パソコンは，ネットにも接続できるようになっており，その場で情報検索もできるようになっている。 ●参考図書や問題集は随時自由に使用できるようになっているが，貸し出しは行っていない。
センターのスタッフ	●スタッフ数は，担当講師が1日あたり2～3名，1週間の延べ人数は，12名である。運営スタッフは，リメディアルの専属スタッフはおらず，学生サポートセンターの職員2名が兼務という形で携わっている。この他に明星大学の「勤労奨学生」が受付業務や環境整備などの応援に入ることもある。
支援体制	**リメディアル教室へ行ってみよう！** 		月	火	水	木	金
---	---	---	---	---	---
	数学	英語	英語	英語	英語
	物理	数学基礎	数学	数学	数学
	化学				物理
	小論文				化学
					小論文	 開講時間：平日9時～17時55分　※昼休みは自習室としての利用 リメディアル教室とは：資格試験対策，テスト対策，レポートの書き方など，個別指導の講師が学生の学びをサポートする。予約不要・入退室自由。
対象学生	●在籍する全学生
利用状況	●2011年度4月～3月利用者延べ人数 | 科目	4月	5月	6月	7月	8月	9月	10月	11月	12月	1月	2月	3月	合計
---	---	---	---	---	---	---	---	---	---	---	---	---	---
数学	359	504	754	715	17	98	148	186	133	182	456	335	3887
英語	100	93	84	96	22	85	87	116	83	85	128	145	1124
論文	23	31	143	29	7	29	37	64	28	25	15	14	445
その他科目	100	99	175	186	16	144	103	131	123	86	51	48	1262
合計	582	727	1156	1026	62	356	375	497	367	378	650	542	6718	
詳細な実施状況	・リメディアル教室の時間割に従い，授業は開講されている。 ・授業形態は講義形式ではなく，個別指導を基本としている。 ・学生は予約の必要がなく，参考書等は教室に設置されているので，とくに持参する必要はない。もちろん，学生が参考書等を持ち込み，それに関する学習をすすめることも可能 ・初めての利用の場合には，担当講師が面談を行い，教室に来たモチベーション，目標，現在困っていること，どのようなスタイルで学習を進めていくかなどについて確認をしていく。その後，具体的に学習方法等について検討していく。 ・継続して学習している学生については，前回の復習を行ったり，課題に取り組んだ学生には，講師がチェックをし，必要な部分を解説したり，類似の問題をだしたりするなど，状況に応じて対応している。資格取得や，公務員受験者などにも対応している。

事例② 【工学部設置型】東北学院大学

神永正博（工学部電気情報工学科）

キャンパス数	● 3つ
所在地	● 宮城県多賀城市（工学部内）／宮城県仙台市／宮城県泉市
1学年の人数	● 440名（工学部）／1930名（全学定員）
機関の名前	● 工学基礎教育センター
開設に至るまでの経緯	● 高等学校における履修科目の大幅な選択制度の導入，大学入学者の選抜方法の多様化（例：AO入試の導入）により，工学教育の基礎となる数学，理科（主に物理学）を十分履修しないまま大学に入学する学生の比率が上昇してきている。また，高等学校において，これらの科目を履修している場合であっても，これら教科に対する基礎知識が十分でない学生の比率が高まってきている。 ● そのため，大学の講義についてこられない学生がじわじわと増加するという現象が生じていた。それまでは，個々の教員の努力によって事なきを得ることが多かったが，徐々に困難となり，1年次にリメディアル科目を設置するなど，改善につとめてきた。しかし，個々の教員の対応だけでは限界があった。 ● このような現状に対応するために，数学，物理学の基礎科目の学習支援，および，勉強方法の相談（学習相談）を行い，専門科目の履修を円滑にすることを目的として，平成18年度4月に発足した。
センターに期待されている役割	● 主に，数学・物理学の基礎科目の支援，および学習相談 ● センターでは，勉強の内容に関する質問への支援を「学習支援」，勉強の仕方に関する支援を「学習相談」という形で区別して扱っている。 ● 年間予算は約500万円である：施設設備費，人件費，図書費，旅費，印刷費等合計
センターの設置場所	● 東北学院大学工学部内の独立した建物 ● 建物は，3つの大教室と1階フリースペースを含む。
センターの施設・設備	● 個人指導室（3ブース，それぞれにホワイトボード1枚，4人がけテーブル1脚） ● グループ相談スペース（4ブース，それぞれにホワイトボード2枚，4人がけテーブル2脚） ● 事務・相談員控スペース（オープンスペース） ● 蔵書数約1,300冊
センターのスタッフ	● 常勤相談員（工学部教員が兼務）：6名（所長1名，副所長1名含む） ● 非常勤相談員：7名 ● 事務補佐員（嘱託）：1名 ● 運営委員：11名（常勤相談員は原則として運営委員を兼務） （2011年度実績）
支援体制	● 数学・物理学の基礎科目の支援（高校数学，高校物理を含む。）
対象学生	● 全学部全学科だが，ほぼ工学部学生のみ

利用状況	● 2011年度の利用者数は843名（2010年度は916名であったので若干の減少） ● 東日本大震災のため、4月は業務が実施できず、5月から業務を開始したが、教育センターの損傷がひどく、図書館に間借りしての運営となり結果的に6月から通常業務が可能となった。 ● このような状況を考慮すると、実質的な利用者の減少はなかったと考えられる。 ● 工学部は、機械知能工学科（定員120名）、電気情報工学科（定員120名）、電子工学科（定員100名）、環境建設工学科（定員100名）の4学科であるが、2011年度のそれぞれの利用者数は、184名、172名、246名、240名であった。
詳細な実施状況	【主な業務】 ・業務は、数学と物理学の学習支援、学習相談が主 ・専門的な科目（微分方程式、フーリエ・ラプラス変換、力学、電磁気学等）の指導を行うこともある。 【成　果】 ・何名かの学生は、他大学の大学院に合格している。 ・また、2010年度から、1年生の必修または準必修科目である「微分積分学Ⅰ」（科目名は学科によって違いがあるが、教科書は共通で、内容はほぼ同一である）の成績が基準以下の学生を対象に工学基礎教育センター主催で補習授業を行い、最後に修了テストを実施し、合格した学生が多数いる。 【ステューデント・チューター制度】 ・また、2011年度から、ST（Student Tutor：ステューデント・チューター）制度が開始され、学部の3年生、4年生のうち、優秀な学生に教育センターの相談員や講義の補佐などをお願いし、効果が上がっている。 【全体的な傾向】 ・全体的な傾向としては、センター設立当初に想定されていたような、高校内容の復習をしたいと言ってくる学生はほとんどいないのが現状である。 ・大部分の学生は、単位が欲しいのであって、高校の教科書を勉強しなおしたいわけではない。

事例③【数理分野特化型】名桜大学

佐久本功達（国際学群，数理学習センター）

キャンパス数	● 1つ
所在地	● 沖縄県名護市
1学年の人数	● 約500名
機関の名前	● 数理学習センター（MSLC：Mathematical Science Learning Center）
開設に至るまでの経緯	● カリキュラムの改編・拡大とともに，名桜大学が目指すリベラルアーツ教育において，とくに数理系教育の取組を強化する必要性が指摘されてきた。 ● そこで，全学生を対象として，数学・理科系の学習を支援する環境の充実をはかり，①中学・高校レベルのリメディアル教育，②数学検定等の資格・検定対策，③優良な就職・進学を可能にする試験対策などの3項目について実現することを目的とした学習センターの開設が検討された。
センターに期待されている役割	● 「全学教育プログラムとして先輩・後輩のコミュニティを基本とする学習支援センターの構築・整備を行い，学生の数理能力の向上及び教養科目等の総合的学習支援の推進を行う」ことが目的である。 ● これにより，学習困難による休退学者の防止，資格・検定取得による学習意欲の向上，就職・進学先の質的な向上などが期待されている。
センターの設置場所	● 共通のコンセプトで運用されている言語学習センター（Language Learning Center，略称LLC，2001年4月設立）との連携が取り易い位置にある教室を第一候補として選定した。 ● その結果，2012年現在，MSLC（89.6m²）はスタッフルーム（44.8m²）を挟んで，LLC（89.6m²）と同じフロア（講義棟2階）に設置されている。
センターの施設・設備	● 学習スペース ・グループ学習用の円卓（2台，1台につき6〜7人掛け） ・ホワイトボード（固定式2枚，可動式3枚，合計5枚） ・電子黒板（1台） ・自習用テーブル（5台，1台につき3人掛け） ・書籍・雑誌類（約460冊，センター内のみで閲覧可） ・無線LAN設備 ● 学習談話サロン ・テレビ（1台） ・談話用テーブル（4人掛け） ● その他 ・液晶プロジェクター（センター内部貸し出し用1台） ・ミニノートPC（センター内部貸し出し用14台）

学習支援センター：事例集　　*233*

センターのスタッフ	●学生チューター（10名程度） ●学習支援スタッフ（1名） ●講師（1名） ●センター長（1名） ●副センター長（1名）
支援体制	●学生チューターは毎学期採用し，12〜13名で運用している。2011年度以降はセンター運営班と学習班の2チーム体制をとっている。 ●学生チューターに対し，センター講師および学生支援スタッフが随時学習支援を行っている。 ●利用時間 ・学習談話サロン：9：00〜20：00 ・チューター受付（質問・相談受付）：10：30〜17：45
対象学生	●全学生対象
利用状況	●2009年度〜2011年度の各年度における延べ利用者数 ・2009年度：2,587人 ・2010年度：2,722人 ・2011年度：3,463人
詳細な利用状況	【学生チューターを主体とした学習支援】 ［運営班］ ・会計 ・統計 ・広報 ・施設 ・物品管理 ・月刊新聞（月刊MSLC）の発行 ・ホームページ管理 ［学習班］ ・数理系科目（数学，物理学，地学，統計学，情報，診療情報管理，簿記等）の学習支援活動 ・MSLCと連携する授業科目（数学，物理学，地学，統計学）で出題される課題への支援 ・学生チューター主催の各種検定対策講座（例：数学検定準1級〜準2級，ITパスポート，診療情報管理士認定試験，簿記検定等の対策講座） 【その他】 ・オープンキャンパスや大学祭での出展 ・ITスクール（新入生向けPC自作研修）の企画・実施への協力

事例④【多機能型】広島修道大学

亀﨑澄夫（経済科学部）

キャンパス数	● 1つ
所 在 地	●広島県広島市
1 学年の人数	●約1500人
機関の名前	●学習支援センター
開設に至るまでの経緯	●学習支援センターは，入試形態の多様化と基礎学力のばらつきや低下を背景として，大学執行部主導で2005年4月に設置された。 ●執行部は当初学習支援センターをリメディアル教育の全学組織と考えていたが，学習支援センターの開室（2005年9月）までに，センターの基本コンセプトが検討され，執行部の考えを若干修正した。これはリメディアル教育に焦点を当てて学習支援を提供するのは難しいと考えられたからである。たとえ学生が日本語・英語などの能力不足を感じていても，それが文系大学の授業を受ける上で切実な問題とまではなりにくいため，学生が自発的に学習支援センターを訪れ基礎学力を補おうとすることは期待しにくかったからである。 ●そこで，学習支援センターは，初年次教育を主導的理念としつつ，リメディアル教育も実施する組織として発足した。
センターに期待されている役割	●学習支援センターは，設置規程により次の業務を担当している。 ①学習支援プログラムの実施及び学習相談に関すること ②入学予定者の準備学習プログラムの実施に関すること（この項目は別に記載したので触れない。） ③教育方法の企画・開発に係る支援・研究に関すること
センターの設置場所	●設置場所については当初から入念に考慮され，大学の中で学生の移動導線のほぼ中央に位置する中教室（140㎡）を改装して設置された。壁面をガラス貼りにし，移動可能な変形の机を入れ，明るく自由な雰囲気の部屋として学生に利用されている。
センターの施設・設備	●変形の机7台，椅子32脚，学生用パソコン10台，プリンター1台，テレビ1台，プロジェクター1台，学習スキル・初年次教育関係の書籍・一般教養書3,200冊（貸出可能），新聞，雑誌。
センターのスタッフ	①学習アドバイザー（2011年度）：任期付専任職員2名，任期付非常勤職員2名〔文章作成，英語，数学，初年次教育関係各1名〕 ②センター長（教員）・センター次長（教員）・専任事務職員2名・事務補助員1名
支援体制	—
対象学生	●1年次生を中心として全学部・全学年の学生

利用状況	● 2011年度個別学習相談の利用者数	

相談内容	4月	5月	6月	7月	8月	9月	10月	11月	12月	1月	2月	3月	合計
ノートの取り方									2	2		2	6
レポートの書き方	2	10	8	15	3		12	5	4	1	2	3	65
学習の仕方			3	1		1	1						6
英語関連	12	21	29	36	4	16	40	49	36	37	14	20	314
数学関連	23	18	17	13		9	15	12	19	14	5	2	147
試験対策			5	2			2	7		4			20
文章の書き方	2	6	8	8		2	4	2	3	5			40
その他		9	18	6	6		3	9	10	3	5		69

詳細な実施状況	【学習支援プログラムの実施および学習相談に関すること】 ・「修大基礎講座」の企画・運営，個別学習相談，ワークショップを実施している。 [修大基礎講座] ・広島修道大学をよく知り，意欲的に学び，大学生らしい態度を身につけること，および大学教育に相応しい学習スキルを習得することを到達目標とした修大版初年次教育科目 ・部局担当授業（教務部・学生部・図書館・総合企画課・キャリアセンター・学習支援センター）と各学部の教員によるスキル習得授業から構成されている。 ・学習支援センターは，各学部のコーディネータおよび部局担当者の協力のもと，全学の修大基礎講座（一年次前期54クラス）をコーディネートし，一部の授業を担当している。また，この科目のための資料として，『ラーニング★ナビ』『ラーニング★スキル』『修大基礎講座のための授業アイデア集』を作成している。 [学習相談] ・学習アドバイザーが文章作成・英語・数学などの領域で学生が日々の授業で遭遇する学習上の問題を個別に支援する。 ・学習アドバイザーはまた，授業期間中に学習スキルに関わるワークショップ（「試験準備ミニ講座」「TOEIC − Bridge 勉強会」「パワーポイント入門」「やるぞ！SPI（非言語分野，など）」）を企画・実施している。 ・学部教員の協力を仰ぎ，ドキュメンタリーアワーを企画・実施 【教育方法の企画・開発に係る支援・研究に関すること】 ・「初年次教育セミナー」と「教育力アップセミナー」を実施 [初年次教育セミナー] ・初年次教育の意義や具体的な手法，授業の工夫などを主なテーマとして年3回実施している。知識伝達型ではない「修大基礎講座」などの授業運営を効果的にするための教職員向けセミナーである。 ・当初は，他大学の講師による講演会（初年次教育とは何かなど）で実施されていたが，現在では参加型授業（アクティブ・ラーニングなど）の手法などを実践的に体験するワークショップ形式のものが多くなっている：2008年から2011年度までで通算12回開催 [教育力アップセミナー] ・若手教職員を対象として，授業やガイダンスなどで学生に接する際のコミュニケーションのとり方，問いかけの方法など，具体的で実践的な学生対応を考える研修

事例⑤ 【多機能型】姫路獨協大学

佐野智行（学習支援センター長，経済情報学部）

キャンパス数	● 1つ
所在地	● 兵庫県姫路市
1学年の人数	● 定員690名
機関の名前	● 学習支援センター
開設に至るまでの経緯	● 姫路獨協大学は，外国語学部，法学部，経済情報学部の文系3学部と，医療保健学部，薬学部の理系2学部の5学部で構成されており，獨協大学初代学長であった天野貞祐博士の「大学は学問を通じての人間形成の場である」という建学の理念をもとに，人間性豊かな人材の育成を目指している。 ● 医療保健学部や薬学部は国家試験という明確な目標があるが，文系3学部では明確な目標をもたない学生が増加し，さらに入学生の学力や学習意欲の低下により授業についていけず退学する学生も少なくない。 ● このような学生への対応はそれぞれの学部で実施していたが，学生の相談窓口を一つにして，さまざまな不安や要望，基礎学力向上に向けて，教員が親身になって相談し指導することをねらいとし，平成22（2010）年4月に学習支援センターが発足
センターに期待されている役割	● 学習支援センターでは，次の5つの部門ごとに活動を行っている。 ①入学前教育部門：入学前教育は早期に入学を決定した生徒が，進路決定の安心感から学業をおろそかにすることのないよう，生徒の学習意欲を向上させるために「入学前通信」や「スクーリング」を実施 ②基礎学力向上支援部門：数学検定や英語検定などの各種検定試験を活用して，学生の苦手分野を克服する過程で，学生に学習意欲・積極性・自己管理力を養成し，学生の可能性を引き出すことを目的とする。 ③学習相談部門：従来からのオフィスアワーを利用しやすくするために訪問スケジュールの管理を行い，相談しやすい環境を作るために，読書会，ゼミー合宿，工場見学等で教員，学生，事務職員との交流を深めている。 ④外国人留学生の日本語学習支援：日本語能力の向上を目的として，「日本語能力試験対策講座」や「日本語なんでも相談室」を実施し，日本語学習のサポートや，日本で生活するために必要な経済学・法学に関する用語および日本の文化・習慣を理解するための支援も行っている。 ⑤学生データの収集・分析部門：学生データの収集・分析部門では，新入生の基礎学力についての分析や，学生の単位取得分布などを分析することで，学部教育の向上や退学・除籍者を減らすための取組について検討を行っている。
センターの設置場所	● 現在，講義棟の小教室を学習支援センターとして利用

センターの施設・設備	● 設備としては，相談用のソファー，コンピュータ2台，コピー機1台，ディスカッション用のテーブル・ホワイトボードを設置 ● センターに隣接する7教室を自習室として，授業が終わった後も21時まで使用できるようにしている。 ● 自習室には各種検定試験や就職試験対策の書籍や資料を用意している。
センターのスタッフ	● センター専任の教員や事務職員は現在のところいないため，各学部の教員が自主的にセンター併任教員として活動 ● また事務職員に関しては，各部署の職員が交代で学習支援センターに在室して，学生からの相談受付や検定試験の申し込みなどの事務手続きを行っている。
支援体制	―
対象学生	―
利用状況	● 平成22年度の実施状況 ・入学前通信：全8回で対象者267名 ・英語検定：3回実施で最終合格者26名 ・数学検定：3回実施で最終合格者84名 ・初級公務員試験模試：3回実施で受験者54名 ・上級公務員試験模試：2回実施で受験者152名 ・読書会：2回実施で参加学生19名・参加教職員8名 ・セミナー合宿：1回実施で参加学生37名・参加教職員5名 ・工場見学：1回実施で参加学生27名・参加教職員6名 ・日本語能力試験対策講座・なんでも相談室：参加学生延べ40名：日本語能力試験1級合格者1名。 ● なお，学生相談については正確な利用者数をカウントしていなかったため割愛
詳細な実施状況	【センターの課題】 ・基礎学力向上や読書会・セミナー合宿などのイベントにより積極的になる学生が増えてきたが，困っていることを気軽に相談できる環境までには至っていないため，今後も話しやすい環境づくりを進める。 ・また，就職活動を支援しているキャリアセンター，留学生の支援をしている国際交流センター，各学部を横断した組織として活動していきたい。

事例⑥【多機能型】流通経済大学

永岡悦子（流通情報学部）

キャンパス数	●2つ
所在地	●茨城県龍ケ崎市（本部）／千葉県松戸市
1学年の人数	●1学年の人数　1,550人（入学者数　平成23年5月1日現在）
機関の名前	●教育学習支援センター
開設に至るまでの経緯	●流通経済大学は1965年の開学以来，実学主義・リベラル・アーツ（教養教育）の重視・少人数教育というモットーを掲げ，学生一人ひとりに寄り添い，学生の個性を最大限に尊重する教育を一貫して目指してきた。しかしながら，近年の学生の学力低下や離学率の上昇を防ぐため，学習の問題だけでなく，生活全般にわたり学生を支援する場や，保護者と大学が連絡を取り合う専門的な部署を設置する必要性が生じてきた。 ●2007年10月，これまで以上にきめ細やかなケアを行うことを目的として教育学習支援センターを設立することとなった。 ●センターは独立した組織として個別面談やイベント・勉強会の開催により学生を直接指導・支援するほか，教員・大学内各機関をはじめ，保護者や外部機関を結ぶネットワークの窓口としての役割も果たしている。 （教育学習支援センターを中心に，ゼミ担当教員・就職支援センター・保健室・学生部・学生相談室・情報センター・学生会・図書館・専門・一般教養科目教員・教務部が連携する図）
センターに期待されている役割	①学習の支援 ②初年次教育 ③FD活動の推進 ④出席状況の改善 ⑤教育支援

センターの設置場所	①龍ケ崎キャンパス教育学習支援センター（龍ケ崎キャンパス5号館3階）学生生活課，教務課，就職支援センター，コンビニなど，学生生活の中心となる部署が集まる建物の3階に位置する。 ②新松戸キャンパス教育学習支援センター（新松戸キャンパス南棟6階）図書館，講堂などが入ったキャンパスの中心的な建物の最上階に位置する。
センターの施設・設備	①龍ケ崎キャンパス教育学習支援センター ・フロアには専任所員，専任職員が常駐する事務室があり，その脇に多目的スペースとしてのラウンジが併設されている。 ・テーブル（約20）と椅子（約100），PC（10台，YahooBB無線LAN利用可），閲覧用雑誌が置かれ，学生は自由に出入りして使用することができる。 ・ラウンジは個別面談，補習授業，スタッフのミーティング，イベント等に利用されるほか，昼食や雑談の場として広く利用されている。 ②新松戸キャンパス教育学習支援センター ・ガラス張りで明るく開放的な雰囲気のフロアに，専任所員，専任職員が常駐する事務室と，その脇に多目的スペースとしてのラウンジが併設されている。 ・設備の内容と利用状況は龍ケ崎キャンパスと同様である。
センターのスタッフ	●センター長（教員1名），副センター長（教員2名），専任所員（6名）と職員（6名），学生組織SASS（在学生によって運営されている学生生活全般をサポートする組織，両キャンパスで約70名），さらに運営委員会（各学部から選出された2名の委員と，教務部長，学生部長で組織）によってRKU WEEK（新入生オリエンテーション）を中心的に企画・運営するほか，日々の支援活動について協議を行っている。 ●通常は，専任所員，職員とSASSがセンターに交代で常駐し，学生の相談に対応している。 組織形態 専任所員／職員／SASS → 教育学習支援センター常駐スタッフ

支援体制	—
対象学生	—
利用状況	—
詳細な実施状況	【主な実施状況】 [個別面談] ・成績や出席の状況に応じて，学生を個別に指導・激励を行っている。また学年末（3月）に全学部全教員による「年度末一斉学部相談（学部相談員制度を運用した年度末面談）」を設け，とくに指導が必要な学生を呼び出し，面談を行っている。 [RKU　WEEK（新入生オリエンテーション）] ・入学式直後一週間にわたって，新入生を対象に導入教育を行っている。 ・ガイダンス，施設案内，ゼミの顔合わせや先輩学生との交流企画などを通じて，高校生活から大学生活へスムーズに移行をすることを目的としている。 [学習支援プログラム] ・2011年度は4～6月，10～12月に月1回，年6回開講 ・ノートテイキング，レポートの書き方，読解トレーニング，論理的な文章の書き方などの講座（自由参加形式）を開講し，学習支援を行っている。 [参加型イベント] ・2011年度は4～2月に月2～5回，年44回開催 ・専任所員が企画する活動：料理教室・俳句会・芸術鑑賞会等全18回，映画鑑賞全8回 ・学生組織SASSが企画する活動：スポーツ観戦ツアー，女子会，夏休みキャンプほか全18回 ・自由参加のため，参加者は内容によって10数名程度のものから100名以上のものまで幅がある。 【今後の課題】 ・学生の抱える問題は多岐にわたり，学部教育の内容に関係する部分も多い。2010年から学部相談員制度を設け，学部内にも問題に対応する担当を置き，役割分担を進めている。 ・自由参加形式の学習支援プログラムにより希望する学生を支援すると同時に，在籍する学生全体の基礎学力の向上も大きな課題となっている。2012年度からは，修学基礎講座（国語・英語・数学）を開講し，新入生の基礎学力向上，および在校生の補習教育を実施する予定である。 ・センター開設5年目を迎え，現在までの活動について効果を検証・評価する方法についても検討しているところである。

おわりに

　少子化に伴う多様な形態の大学入学試験の導入によって，各大学の教育水準に満たない学力の学生が入学するようになり，これまでのような大学教育を行うことが困難になっているという大学の叫びが聞こえてきた。大学のうちいくつかは，入学前教育や入学後のリメディアル教育を実施し，学力の低い学生に対応する試みを先導的にはじめている。

　そこで，日本リメディアル教育学会では，2011年5月に日本の大学における入学前・入学後の学生に対する基礎教育の実施状況の確認を目的として，短期大学を含む日本の全ての大学に対して調査を行った（第1章参照）。調査を依頼したうち約半数の大学から回答があった。このことから調査内容に対する各大学の関心の高さが窺われた。

　入学前・入学後の学生に対する基礎教育について，自大学での実施の有無に関わらず，他大学での実施状況は大変興味深いものと推測される。もし他大学の先導的で優れた実践例があれば，それを参考に自大学の教育の質をより高める教育改善を図ることができるであろう。そこで日本リメディアル教育学会では，このような状況を受けて本書を出版することとなった。企画当初は「学習支援ハンドブック」というタイトルで，各大学のさまざまな学習支援体制や事例を多く含むものとして刊行する方向で検討していた。その後，日本の全ての大学に対して行った調査結果に基づき，入学前教育・プレースメントテスト・リメディアル教育・初年次教育を加えたものに変更した。これに伴い，本のタイトルも『大学における学習支援の挑戦：リメディアル教育の現状と課題』とした。

　リメディアル教育については，社会的な評価としてマイナスに働くと考えて実施状況を公表していない場合もある。また，単位を伴わない学習では学生に学習意欲をもたせるのは難しいので，卒業単位科目として実施している大学もある。その一方で，リメディアル教育科目は卒業単位科目と位置づけていることは好ましくないということから，数学や物理等は専門基礎科目と位置づけて開講している大学もある。

　本書では，各大学の参考になるように，私立大学だけでなく国立大学，公立

大学及び短期大学の先導的な取組を紹介している。また，文系理系の各事例も紹介している。今後も大学教育は困難なものになることが予想される。それをいかに解決できるかは，各大学の自助努力に頼らざるをえない。その際，本書は有益に利用していただけるものと確信している。

　末筆ではあるが，この場を借りて，解説や事例等の執筆者，各章を編集していただいた編集委員の皆様に心より感謝申し上げる。また，本書の制作にあたっては，企画から校正まで尽くお世話になったナカニシヤ出版の米谷龍幸氏に心より感謝の意を表す。

　最後に，日本リメディアル教育学会の研究活動を紹介しておきたい。本会の名称から，「リメディアル教育」のイメージが強すぎて学会活動に誤解を招いている面がある。しかしながら本会の研究活動は，決して補習・補完授業の実践的研究に偏っていない。実際には「今後の日本リメディアル教育学会の活動について」に示すように，本会の活動は初年次における大学教育の在り方にかかわる幅広い学会活動となっていることを強調しておきたい。

2012 年 8 月

穂屋下　茂

今後の日本リメディアル教育学会の活動について

2012年5月

　日本の多くの大学が，新入生に対して中等教育の学習内容の学び直し教育を実施するようになっている。高等学校で未履修科目をもつなど，大学教育に求められる基礎的な学力に問題を抱える学生が増えてきたためである。また大学入試多様化の結果，入学決定時期の早期化が進み，入学前の準備教育を提供する大学も増加している。このような状況のなかで，新入生の学力内容の把握方法，課題を抱える学生の学力の分析方法，さらには効果的な学習指導方法などの開発・普及を目的として，2005年3月に日本リメディアル教育学会（The Japan Association for Developmental Education）が設立され，実践的あるいは理論的な研究活動が活発に行われてきた。

　研究の進展とともに，学生たちの学力構造や資質の変化などの分析も進み，大学における学び直し教育の役割が広範囲にわたることが確認されてきた。基礎学力の養成やコミュニケーション能力あるいは学習意欲の育成など，学部教育の初期段階から始まる学習支援の方法全般にわたる研究が求められるようになっている。ユニバーサル段階に達した日本の大学教育には多様な教育ニーズがあり，教員と職員が協働して応えなければならない課題が山積している。会員による実践報告と理論面の研究は，研究大会および学会誌などに発表され着実に蓄積されつつある。本会は当面，以下のような目標を設定し，教育及び支援の内容・方法，さらにそれらの成果の検証に関わる研究活動を推進していく。

(1) 各大学が実施している入学者の学力把握，学び直し教育についてのデータの収集と整理。またその適切な調査方法の研究。
(2) 学力的に課題をもつ学生について，その原因の究明を進めるとともに，課題をもつ学生が入学前あるいは入学後の初期段階で，いわゆる学習習慣を身に付けて大学教育に適応するように支援する方法の研究開発。
(3) 大学における課題発見，課題解決のための学習方法，つまり自ら進んで学習する自律した学習者としての学生を育てるための支援方法の研究開発。
(4) 学生が授業内容を確実に理解し，積極的に授業に参加し，大学教育の提供する専門的知識・技術を習得し，いわゆる学士力を獲得するための学習支援方法の研究開発。
(5) 社会に有用な人材として活動するための社会人基礎力および生涯学習に必要な基礎的能力を，学生が学部教育修了までに習得するための支援方法の研究開発。

　なお以上の方向性を踏まえ，入学教育および中等教育と入学教育の接続に関する研究を進めている団体・個人との建設的な協力関係の構築に努め，大学教育の改善と発展に寄与する研究成果を提供することに努めるものとする。なおまた学会活動のいっそうの活性化を図るため，委員会組織や諸部会の構成などを不断に見直していく。

引用：http://www.jade-web.org/jade/guidance/futureactivityplan.html

引用・参考文献

Chapter 1　全国の大学対象のアンケート実施とその結果
中央教育審議会（2008）．学士課程教育の構築に向けて（答申）（2008年12月24日）　文部科学省〈http://www.mext.go.jp/b_menu/shingi/chukyo/chukyo0/toushin/1217067.htm〉（2012年7月29日参照）

文部科学省高等教育局大学振興課大学改革推進室（2011）．大学における教育内容等の改革状況について（概要）（2011年8月24日）

日本リメディアル教育学会（2012）．日本リメディアル教育学会ホームページ〈http://www.jade-web.org/〉（2012年3月10日参照）

日本学術会議　（2012）．日本学術会議協力学術研究団体　〈http://www.scj.go.jp/ja/group/dantai/index.html〉（2012年3月10日参照）

Chapter 2　プレースメントテスト
1　解説：日本人のための日本語力テスト
小野　博（2003）．大学教育の改善—プレースメントテストとリメディアル教育教材の開発　「大学における入学受入方策に関する総合的調査研究」に関する研究会（2003年10月16日）

文部科学省　（2009）．国語力を身に付けるための国語教育の在り方〈http://www.mext.go.jp/ b_menu/public/2003/03120101/001/007.htm〉（2009年10月10日参照）

大学審議会（1998）．21世紀の大学像と今後の改革方策について—競争的環境の中で個性が輝く大学（答申），p.39.

文部科学省（2009）．言語力育成協力者会議（第8回）配付資料〔資料5〕（200606～200803）」〈http://www.mext.go.jp/b_menu/shingi/chousa/shotou/036/shiryo/07081717/004.htm〉（2009年10月10日参照）

林部英雄・繁枡算男・市川雅教・牧野泰美・小野　博（1988）．日本語力の多元的評価の試み　第30回日本教育心理学会発表論集

小野　博（2004）．大学生の学力低下問題と理科教育:日本語力テストの開発と日本人大学生を対象とした日本語学習　Physics Education in University, **10**(2), 81-84.

市川伸一（2003）．「学力論争から見えてきたもの」連続シンポジウム「転機の教育」第2回「学力・学ぶ意欲・競争—教育改革の行方」（2003年7月5日）〈http://www.asahi.com/sympo/kyoiku2/03.htm〉（2009年10月10日参照）

馬場眞知子・田中佳子（2006）．大学生のための日本語再発見　旺文社

馬場眞知子・田中佳子（2010）．理工系大学生のための日本語再入門　化学同人

矢島　彰・栃澤健史・屋葺素子・朝倉洋子・田中佳子（2008）．大学生のための日本語再発見　アクティビティ学習の効果, 日本リメディアル教育学会　第4回全国大会

馬場眞知子・田中佳子（2006）．学ぶ意欲を育てる日本語力支援教育―その実践で見られた学習動機の志向　メディアル教育研究, **1**（1）, 96-103.

2　解説：プレースメントテスト（英語）
安間一雄（2011）．第6章　英語能力テストとその利用．石川祥一・斉田智里・西田正［編］　テスティングと評価―4技能の測定から大学入試まで　大学英語教育学会［監修］　英語教育体系　第13巻, 大修館, pp.144-172.

中央教育審議会（2008）．学士課程教育の構築に向けて（答申）（2008年12月24日）　文部科学省〈http://www.mext.go.jp/b_menu/shingi/chukyo/chukyo0/toushin/1217067.htm〉（2012年7月29日参照）

投野由紀夫（2012）．CERF-J 〈Version 1 http://www.tufs.ac.jp/ts/personal/tonolab/cefr-j〉（2012年8月2日参照）

URLリスト
国際英検G-TELP 〈http://www.g-telp.jp/〉（2012年8月2日参照）
ACE Placement Test 〈http://www.english-assessment.org/about/index.html〉（2012年8月2日参照）
VELC Test 〈http://www.velctest.org/index.html〉（2012年8月2日参照）
TOEIC Bridge 〈http://www.ets.org/jp/toeic_bridge〉（2012年8月2日参照）
IRT診断テスト　〈http://manajin.info/irt/〉（2012年8月2日参照）
英語能力判定テスト 〈http://www.eiken.or.jp/placement/index_new_placement.html〉（2012年8月2日参照）

3　解説：プレースメントテスト（数学）
小野　博・村木英治・林　規生・杉森直樹・野崎浩成・西森年寿・馬場眞知子・田中佳子・國吉丈夫・酒井志延（2005）．日本の大学生の基礎学力構造とリメディアル教育　IT活用学力支援研究　NIME研究報告, **6**, 1-142.

岡部恒治・戸瀬信之・西村和雄編（1999）．分数ができない大学生―21世紀の日本が危ない　東洋経済新報社

絹川正吉（2007）．学士課程教育における初年次教育　カレッジマネジメント, **145**, pp.22-25.

日本数学会教育委員会（2011）．（概要版）日本数学会「大学生数学基本調査」に関する報告書〈http://mathsoc.jp/comm/kyoiku/chousa2011/report6_25.pdf〉（2012年8月2日参照）

文部科学省（2007）．学校基本調査報告書―平成19年度　初等中等教育機関

文部科学省（2010）．OECD生徒の学習到達度調査　Programme for International Student Assessment 2009年調査国際結果の要約〈http://www.mext.go.jp/component/a_menu/education/detail/__icsFiles/afieldfile/2010/12/07/1284443_01.pdf〉（2012年8月2日参照）

Trow, M.（1972）．*The expansion and transformation of higher education.* Morristown,

NJ: General Learning Press.（トロウ, M. ／天野郁夫・喜多村和之［訳］（1976）. 高学歴社会の大学―エリートからマスへ　東京大学出版会）

4　解説：理系（物理・化学・生物）テスト
文部大臣官房調査統計企画課（2012）. 文部統計便覧　平成24年度版　第一法規出版
河合塾（2012）.　2011年度新課程研究会　分析資料集

Chapter 4　初年次・導入教育
0　概説：初年次・導入教育
川嶋太津夫（2006）. 初年次教育の意味と意義　濱名　篤・川嶋太津夫［編著］初年次教育：歴史・理論・実践と世界の動向　丸善, pp.1-12.
杉谷祐美子（2004）. 大学管理職からみた初年次教育への期待と評価　大学教育学会誌, **26**(1), 29-36.
駿台教育研究所（1999）. リメディアル教育　授業評価に関する実態調査報告書　（株）進研アド
谷川裕稔（2001）. アメリカ・コミュニティ・カレッジの補習教育　大学教育出版, pp.1-5.
谷川裕稔（2005）. 日米の学習支援の状況と実践例　谷川裕稔・山口昌澄・下坂　剛　学習支援をトータル・プロデュースする―ユニバーサル化時代の大学教育　明治図書, pp.13-63.
谷川裕稔（2009）. 学習支援の概念枠組みに関する一察「リメディアル」概念の整理を中心に　日本リメディアル教育学会第1回関西研究大会発表要旨, p.22.
中央教育審議会（2008）. 学士課程教育の構築に向けて（答申）（2008年12月24日）
中村博幸（2008）. 学生を大学教育に導くガイダンス―ガイダンス教育研究会の試み　初年次教育学会誌, **1**(1), 73-80.
濱名　篤（2004）. 初年次教育とリメディアル教育　大学教育学会25年史編纂委員会［編］あたらしい教養教育をめざして―大学教育学会25年の歩み　未来への提言　東信堂, pp.217-222.
濱名　篤（2006）. 日本における初年次教育の可能性と課題　濱名　篤・川嶋太津夫［編著］初年次教育：歴史・理論・実践と世界の動向　丸善, pp.245-262.
溝上慎一（2007）. わが国の大学教育と大学基礎講座―改造版に向けて　藤田哲也［編著］大学基礎講座　改造版　北大路書房, pp.207-215.
山田礼子（2005）. 一年次（導入）教育の日米比較　東信堂, pp.8-21.
山田礼子（2010）. 初年次教育の現状と展望　大学教育学会30周年記念誌編集委員会　大学教育研究と改革の30年―大学教育学会の視点から　東信堂, pp.29-48.

1　解説：初年次教育
山田礼子（2010）. 初年次教育の現状と展望　大学教育学会30周年記念誌編集委員会　大学教育研究と改革の30年―大学教育学会の視点から　東信堂, pp.29-48.

Chapter 5　国語リメディアル教育と大学生のための日本語教育
0　概説：国語リメディアル教育と大学生のための日本語教育
佐藤尚子（2011）．大学での学びに必要な語彙力の養成　リメディアル教育研究, **6**（1），6-9.
長尾佳代子・工藤俊郎・上谷浩一（2009）．「日本語技法1」授業設置の経緯とその効果　大阪体育大学紀要, **40**, 213-230
馬場眞知子・たなかよしこ・小野博（2011）．日本人大学生の日本語力の養成について（特集　日本語リメディアル教育とは）　リメディアル教育研究, **6**（1），3-5.

URL リスト
文部科学省：新学習指導要領・生きる力　第1章　言語活動の充実に関する基本的な考え方〈http://www.mext.go.jp/a_menu/shotou/new-cs/gengo/1300857.htm〉（2012年5月10日参照）

1　解説：日本人学生に対する日本語教育
大島弥生（2006）．日本国内の大学における日本語表現能力育成の概観　大学での学習を支える日本語表現能力　育成カリキュラムの開発：統合・協働的アプローチ（科学研究費報告書），11-18.
小野博他（1989）．日本語力検査の開発　文部省科学研究費報告書
佐藤尚子（2011）．大学の学びに必要な語彙力の養成　リメディアル教育研究, **6**（1），6-9.
中央教育審議会（2008）．学士課程教育の構築に向けて（答申）（2008年12月24日）　文部科学省〈http://www.mext.go.jp/b_menu/shingi/chukyo/chukyo0/toushin/1217067.htm〉（2012年7月29日参照）
馬場眞知子・田中佳子・林部英雄・有賀幸則・小野博（2003）．日本語リメディアル教育―日本語文章能力開発演習の試行と成果の検証　メディア教育研究, **11**, 27-37.

URL リスト
岡山大学：岡山大学の特色ある教育プロジェクト〈http://www.okayama-u.ac.jp/tp/profile/gp.html#12〉（2012年7月29日参照）
経済産業省：社会人基礎力〈http://www.meti.go.jp/policy/kisoryoku/index.htm〉（2012年7月29日参照）
厚生労働省：若年者就職基礎能力支援授業〈http://www.mhlw.go.jp/bunya/nouryoku/yes/〉（2012年7月29日参照）
日本リメディアル教育学会：日本語部会〈http://www.jade-web.org/jade/specialty/nihongo.html〉（2012年7月31日参照）
文化庁：国語に関する世論調査〈http://www.bunka.go.jp/kokugo_nihongo/yoronchousa/index.html〉（2012年7月29日参照）
文部科学省：AHELO（OECD高等教育における学習成果の評価）について〈http://www.mext.go.jp/b_menu/shingi/chukyo/chukyo4/gijiroku/08120109/002.htm〉（2012年7月29日参照）

OECD：Testing student and university performance globally: OECD's AHELO 〈http://www.oecd.org/document/22/0,3746,en_2649_39263238_40624662_1_1_1_1,00.html〉（2012年7月29日参照）

Chapter 6　リメディアル教育
1　解説：英語教育
Kiyota, Y.（2009）. Motivation of Remedial EFL Learners: A Case Study of Japanese College EFL Learners, リメディアル教育研究, **4**（2）41-47.
酒井志延他（2010）. 大学生の英語学習の意識格差についての研究　リメディアル教育研究, **5**（1）, 9-20.
酒井志延（2010）. 大学リメディアル教育　英語教育, **59**（8）, 30-31.
酒井志延（2011）. リメディアルと向き合う　英語教育, **59**（12）, 10-12.
酒井志延（2011）. 日本の英語学習者の認知方略使用構造について　リメディアル教育研究, **6**（1）, 55-70.
酒井志延（2011）. 英語教育の2つの課題とCEFRの文脈化　*Media, English and Communication*, **1**, 27-40.
酒井志延（2012）. 日本の英語学習者の認知方略使用に影響を与える要因について　リメディアル教育研究, **7**（1）, 142-153.

2　解説：数学リメディアル教育
穂屋下　茂（2011）. 日本リメディアル教育学会の活動について　リメディアル教育研究, **6**（1）, 1-2.
佐々木隆生（2012）. 大学入試の終焉―高大接続テストによる再生　北海道大学出版会
中央教育審議会（2008）. 学士課程教育の構築に向けて（答申）（2008年12月24日）
濱名　篤（2007）. 日本の学士課程教育における初年次教育の位置付けと効果―初年次教育, 導入教育, リメディアル教育, キャリア教育　大学教育学会誌, **29**（1）, 36-41
日本学術会議（2010）. 回答　大学教育の分野別質保証の在り方について
金子元久（2009）. 近代の学力像とその社会的基底　東京大学学校教育高度化センター［編］基礎学力を問う―21世紀日本の教育への展望　東京大学出版会, pp.33-54.
山田礼子（2012）. 学士課程教育の質保証へ向けて―学生調査と初年次教育からみえてきたもの　東信堂
朝比奈なを（2010）. 高大接続の"現実"―"学力の交差点"からのメッセージ　学事出版
西森俊之・浪川幸彦（1996）. 基礎教育アンケート調査報告（速報）―大学生の数学学力は低下しているか？ 数学基礎教育WG便り（6）　数学, **48**（3）, 87-91.
浪川幸彦（2011）. リテラシー概念に基づいた教養教育の構築―数学教育を例に取って　教養と学力　日本教育学会中部地区研究プロジェクト［編］（編集代表　豊田ひさき）　愛知教育大学出版会, pp.9-33.

長崎栄三・滝井　章（2009）．算数の力―数学的な考え方を乗り越えて　シリーズ算数の力を育てる（3）　東洋館出版社
藤澤伸介（2002）．ごまかし勉強（上）―学力低下を助長するシステム　新曜社
Rychen, D. S. & Salganik, L. H.（Eds.）(2003). *Key Competencies: For a successful life and a well-functioning society.* Cambridge, MA: Hogrefe & Huber.（ライチェン, D. S.・サルガニク, L. H.［編著］（2006）．／立田慶裕［監訳］　キー・コンピテンシー―国際標準の学力をめざして　明石書店）
科学技術の智プロジェクト（2008）．数理科学部会報告書
石井英真（2011）．現代アメリカにおける学力形成論の展開―スタンダードに基づくカリキュラムの設計　東信堂
水町龍一・御園真史・川添　充・浪川幸彦（2012）．A Trial of Assessment on Mathematical Abilities of Students in Japan　*Proceedings of 12th International Congress on Mathematical Education*
濱名　篤・川嶋太津夫［編著］（2006）．初年次教育―歴史・理論・実践と世界の動向　丸善

Chapter 7　学習支援センター
1　解説：学習支援センター
市川昭午（2000）．未来形の大学　玉川大学出版部
神永正博（2008）．学力低下は錯覚である　森北出版
佐々木隆生（2012）．大学入試の終焉　北海道大学出版会
読売新聞社（2011）．大学の実力 2012　読売新聞社
IDE 大学協会　IDE-現代の高等教育
ベネッセ　Between
山内祐平（2011）．ラーニングコモンズと学習支援　〈特集〉ラーニングコモンズと利用者サポート　情報の科学と技術, **61**(12), 478-482.

事項索引

A-Z

ACE Placement Test　*46*
AHELO　*150*　→高等教育における学習成果の評価
AO入試　*2, 9, 15, 19, 24, 32, 48, 78, 79, 83*
──元年　*77*
CEFR-J　*42*
eラーニングを用いた入学前教育　*80*
FYE（初年次支援プログラム）　*112*
ICT　*26*
IRT　*32*　→項目応答理論
PBT　*44*
PISA調査　*48*
STEP英検　*43*
TOEIC　*43*
TOEIC Bridge　*44, 46*
VELC Test　*46*
Web語彙数推定テスト　*40*

あ 行

アクティブ・ラーニング　*114*
アドミッションセンター　*84*
アンケート項目　*3*
アンケートのカテゴリー　*2*
アンケートの設問　*3*
アンケートの対象　*2*

英語IRTテスト　*46*
英語教育　*174*
──の問題　*173*
英語に対して苦手意識　*174*
英語能力判定テスト　*46*
英語プレースメントテスト　*41*

か 行

ガイダンス教育　*108*
学習支援型（プレースメント）テスト　*44, 47*
学習支援活動に関する研究データを蓄積し、大学を超えた情報の共有　*225*
学習支援センター　*14, 84, 218, 220*
学習指導要領（高校理科）の変遷　*55*
学習状況
　入学前教育の──　*10*
学習成果
　入学前教育の──　*10*
学術用語　*151*
学生の自己評価　*115*
学内の位置付けと目的が明確化　*224*
学力評価　*34*
学力不足　*i, 2, 13,*
学校基本調査　*76*
カリキュラム　*26*
　──と有機的に融合した、より踏み込んだ学習支援　*224*

基礎学力　*39, 41, 49, 56*
　──差　*32*
　──の把握　*33, 34*
　──の比較　*32*
　──別クラス編成　*33*
　──予備調査　*39*
　新入生の──　*32*
　数学の──　*48*
基礎総合教育部　*84*
客観的
　──テスト　*35*
　──評価　*34*
教育開発推進機構　*84*
教育のギャップ　*77*

教育プログラム　　*181*
教職協働　　*84*
共通教育センター　　*14*
協同（協働）学習　　*114*
教務統合システムの開発　　*26*
教養教育　　*84, 146, 178, 180,*

クラス編成（クラス分け）
　　基礎学力別——　　*33*
　　暫定的な——　　*32*
　　習熟度別——　　*32*
　　初年次教育の——　　*33*
　　テストによる——　　*47, 58*
　　能力別——　　*42, 47*
　　リメディアル教育の——　　*33*

経年変化の比較・観察・測定　　*32, 34*
厳格な評価　　*43*
言語力　　*36*
検定　　→テスト
　　語彙・読解力——　　*40*
　　国際標準論理文章能力——　　*40*
　　実用数学技能——　　*52*
　　数学能力——　　*52*
　　日本漢字能力——　　*40*
　　日本語——　　*40*
　　話し言葉——　　*40*
　　ビジネス数学——　　*52*

語彙テスト　　*36*
　　プレースメントテストとしての——　　*39*
語彙・読解力検定　　*40*
語彙力　　*39, 150*
講義科目　　*25*
高校教育との接続　　*82*
高等教育における学習成果の評価　　*150*
　　→ AHELO
高校新課程の履修内容　　*59*
高校程度　　*178*

項目応答理論　　*32*　　→ IRT
国語リメディアル教育　　*144, 149*
国語力　　*36, 145*
国際英検 G-TELP　　*46*
国際標準論理文章能力検定　　*40*
ことばの調査　　*39*
コミュニカティブな授業　　*176*

さ　行

算数・数学思考力　　*52*
暫定的なクラス編成　　*32*

自学自習講座　　*80*
自己評価　　*115*
実施科目
　　入学前教育の——　　*17*
　　プレースメントテストの——　　*19*
　　リメディアル教育の——　　*20*
実施規模
　　入学前教育の——　　*8*
　　プレースメントテストの——　　*12*
　　リメディアル教育の——　　*14*
実施効果確認
　　リメディアル教育の——　　*16*
実施時期
　　リメディアル教育の——　　*15*
実施していない理由
　　入学前教育を——　　*7*
　　プレースメントテストを——　　*7*
　　リメディアル教育を——　　*7*
実施の有無
　　入学前教育の——　　*3*
　　プレースメントテストの——　　*3*
　　リメディアル教育の——　　*3*
実施場所
　　入学前教育の——　　*10*
実施目的
　　入学前教育の——　　*9*
　　プレースメントテストの——　　*13*
　　リメディアル教育の——　　*15*

実用数学技能検定（数学検定） 52
市販のプレースメントテスト 34
習熟度別クラス編成 32
熟達度評価 43
使用教材
　入学前教育の―― 12
初年次教育（導入教育） 2, 108, 109, 111, 113, 114, 180
　――プログラムとしての設計思想と到達目標 117
　――型入学前教育 79
　――のクラス編成 33
　日本の―― 113
シラバス 26
進級時評価 33
新入生の基礎学力 32

推薦入試 15, 19, 24, 32, 43, 48, 76, 78, 79, 83
数学的リテラシー 48
数学能力検定 52
数学の基礎学力 48
数学プレースメントテスト 47
数理工教育研究センター 84
スタッフの充実 224
スチューデント・アドバイザー 221

センター
　学習支援―― 14, 84, 218, 220
　共通教育―― 14
　数理工教育研究―― 84
　ラーニング・―― 225
　ライティング・―― 225
　リベラルアーツ―― 84
専門用語 151

た行
第一言語 151
大学進学率 47, 76, 77
大学生のためのNHKエデュケーショナル

IRT診断テスト 52
大学生のための日本語教育 146, 149
大学入試センター試験 12, 13, 35, 42, 53, 83, 171
大衆（マス）段階 47
第二言語 151
多面的な評価 47

知識注入型教育 178
中退の予防 111

通学講座 80

ディベロップメンタル・エデュケーション iii, 170, 177
テスト（Test） →検定
　――によるクラス編成 47, 58
　ACE Placement―― 46
　PISA調査 48
　TOEIC 43
　TOEIC Bridge 44, 46
　VELC―― 46
　Web語彙数推定―― 40
　英語IRT―― 46
　英語能力判定―― 46
　学習支援型―― 44, 47
　客観的―― 35
　語彙―― 36
　国際英検 G-TELP 46
　ことばの調査 39
　大学生のためのNHKエデュケーショナルIRT診断―― 52
　日本語IRT―― 40
　評価型―― 43, 47
　標準―― 42
　プレースメント―― 5, 33, 34, 50
天井効果 53

到達度
　――テスト 34

——評価　*43*
　導入教育　*108*
　特色GP　*149*

な 行
内容の厳選　*56*

日本漢字能力検定　*40*
日本語IRTテスト　*40*
日本語教育　*147*
日本語検定　*40*
日本語力　*35, 145*
　——の育成　*35*
　——の測定　*35, 150*
日本人学生に対する日本語教育　*147*
日本の初年次教育　*113*
日本リメディアル教育学会　*2*
入学試験　*170*
　——科目　*53, 54, 56*
　——の改善　*33*
　——の多様化　*2, 24, 32, 41, 42, 48, 50, 76, 77, 241*
入学センター　*84*
入学前教育　*5, 76, 78, 83, 87*
　——の学習状況　*10*
　——の学習成果　*10*
　——の実施科目　*17*
　——の実施規模　*8*
　——の実施の有無　*3*
　——の実施目的　*9*
　——の実施場所　*10*
　——の使用教材　*12*
　——を実施していない理由　*7*
　eラーニングを用いた——　*80*
　初年次教育型——　*79*
　併存型の——　*79*
　リメディアル教育型——　*79*
能力（コンピテンシー）　*179*
能力別クラス編成　*42, 47*

は 行
話し言葉検定　*40*

ピア活動　*148*
ビジネス数学検定　*52*
批判的思考力　*112, 150*
評価型テスト　*43, 47*
評価項目群　*32*
標準テスト　*42*

ファーストイヤー・エクスペリアンス　*112*
ファーストイヤー・セミナー　*112*
プレースメントテスト　*5, 33, 34, 50*
　——としての語彙テスト　*39*
　——に適さないテスト　*34*
　——の実施科目　*19*
　——の実施規模　*12*
　——の実施状況　*32*
　——の実施の有無　*3*
　——の実施目的　*13*
　——の使用教材　*14*
　——を実施していない理由　*7*
　英語——　*41*
　市販の——　*34*
　数学——　*47*
　理系——　*53*
フロアー効果　*53*
分析能力　*112*

併存型の入学前教育　*79*

補習教育　*111, 220*

ま 行
目標準拠評価　*42*

や 行
訳読式のテスト対策を重視した授業　*176*

ユニバーサル段階　47

　ら　行
ラーニング・コモンズ　225
ラーニング・センター　225
ライティング・センター　225

理系プレースメントテスト　53
リベラルアーツセンター　84
リメディアル教育　iii, 5, 49, 83, 109, 170, 172, 177, 180
　——がアメリカで発達した理由　170
　——型入学前教育　79
　——対象の学生　172
　——のクラス編成　33
　——の実施の有無　3
　——の実施科目　20
　——の実施規模　14
　——の実施効果確認　16
　——の実施時期　15
　——の実施目的　15
　——の使用教材　17
　——を実施していない理由　7
論理的思考力　48

事例実施教育機関名索引

ア 行

秋田県立大学　　186
阿南工業高等専門学校
　　138
大阪国際大学　　126
大阪体育大学　　68, 158, 194
大阪府立大学　　199
大手前大学　　124
岡山理科大学　　62, 188

カ 行

鹿児島工業高等専門学校
　　212
活水女子大学　　66
金沢工業大学　　101
カリタス女子短期大学
　　72
川崎医療短期大学　　162, 196
関東学院大学　　99
九州工業大学　　90
京都工芸繊維大学　　86
京都産業大学　　192
京都大学　　120
近畿大学　　98

サ 行

佐賀大学　　74
桜の聖母短期大学　　134, 214
札幌大学　　210
四国大学短期大学部
　　136
実践女子短期大学　　67
島根県立大学　　184
島根大学　　122, 200
湘北短期大学　　104
聖学院大学　　102
創価大学　　70

タ 行

千歳科学技術大学　　96, 202
千葉大学　　168
中央学院大学　　164
東京電機大学理工学部
　　206
東北学院大学　　230
東北薬科大学　　190
東洋英和女学院大学
　　208
鳥取大学　　88

ナ 行

新潟産業大学　　132
日本工業大学　　64, 160
日本歯科大学新潟生命歯学
　　部　　130

ハ 行

姫路獨協大学　　236
広島修道大学　　94, 234
北海道工業大学　　100, 166

マ 行

松本歯科大学　　198
明星大学　　228
名桜大学　　204, 232

ヤ 行

弓削商船高等専門学校
　　140

ラ 行

立命館大学　　92
流通経済大学　　238

ワ 行

早稲田大学　　128

概説・解説・編集担当者紹介
(担当順, *は編集委員会)

穂屋下　茂*（ほやした・しげる）
佐賀大学全学教育機構教授
大学eラーニング協議会会長
日本リメディアル教育学会前会長
執筆・編集担当：Chapter 1, おわりに

小野　博*（おの・ひろし）
福岡大学・昭和大学客員教授
日本リメディアル教育学会ファウンダー
執筆担当：Chapter 1, 2-0, 5-0, まえがき
編集担当：Chapter 1, 2, 6

米満　潔*（よねみつ・きよし）
佐賀大学eラーニングスタジオ
執筆・編集担当：Chapter 1

竹内芳衛*（たけうち・よしえ）
上武大学経営情報学部メディアマネジメント学科講師
執筆・編集担当：Chapter 1

馬場眞知子*（ばば・まちこ）
東京農工大学国際センター教授
副センター長
執筆担当：Chapter 2-1, 5-0
編集担当：Chapter 2, 5, 6

内田富男（うちだ・とみお）
明星大学人文学部全学共通教育准教授
執筆担当：Chapter 2-2

野崎浩成（のざき・ひろなり）
愛知教育大学教育学部情報教育講座教授
執筆担当：Chapter 2-3

たなかよしこ
日本工業大学工学部共通教育系准教授
執筆担当：Chapter 2-1, 2-3, 5-0, 5-2

椋本　洋*（むくもと・ひろし）
立命館大学理工学部講師
執筆担当：Chapter 2-4, 3-0, 3-1
編集担当：Chapter 3, 7

寺田　貢*（てらだ・みつぐ）
福岡大学理学部物理科学科教授
日本リメディアル教育学会会長
編集担当：Chapter 4

谷川裕稔*（たにがわ・ひろとし）
四国大学短期大学部幼児教育保育科教授
学修支援センター・副センター長
執筆担当：Chapter 4-0
編集担当：Chapter 3, 4

山田礼子（やまだ・れいこ）
同志社大学社会学部教育文化学科教授
執筆担当：Chapter 4-1

佐藤尚子（さとう・なおこ）
千葉大学国際教育センター准教授
執筆担当：Chapter 5-1

橋本美香（はしもと・みか）
川崎医科大学語学教室（日本語）准教授
執筆担当：Chapter 5-1

河住有希子（かわすみ・ゆきこ）
日本工業大学学修支援センター
執筆担当：Chapter 5-2

小川　洋*（おがわ・よう）
聖学院大学基礎総合教育部教授
執筆担当：Chapter 6-0, 7-1
編集担当：Chapter 7

酒井志延（さかい・しえん）
千葉商科大学商経学部教授
執筆担当：Chapter 6-1

水町龍一（みずまち・りゅういち）
湘南工科大学工学部情報工学科准教授
執筆担当：Chapter 6-2

金田　徹（かなだ・とおる）
関東学院大学理工学部理工学科機械学系教授
執筆担当：Chapter 7-0

「大学における学習支援への挑戦」編集委員会（五十音順）
小川　洋・小野　博・竹内芳衛・谷川裕稔・寺田　貢・
馬場眞知子・穂屋下　茂・椋本　洋・米満　潔

大学における学習支援への挑戦
リメディアル教育の現状と課題

2012年9月15日	初版第1刷発行	定価はカヴァーに
2014年5月30日	初版第2刷発行	表示してあります

　　　　監　修　日本リメディアル教育学会
　　　　発行者　中西健夫
　　　　発行所　株式会社ナカニシヤ出版
　　　〒606-8161　京都市左京区一乗寺木ノ本町15番地
　　　　　　　　　Telephone　075-723-0111
　　　　　　　　　Facsimile　075-723-0095
　　　　　　Website　http://www.nakanishiya.co.jp/
　　　　　　Email　iihon-ippai@nakanishiya.co.jp
　　　　　　　　　郵便振替　01030-0-13128

印刷＝ファインワークス／装幀＝白沢　正
Copyright © 2012 by JADE (The Japan Association for Developmental Education)
Printed in Japan.
ISBN978-4-7795-0692-5

本書のコピー，スキャン，デジタル化等の無断複製は著作権法上の例外を除き禁じられています。本書を代行業者等の第三者に依頼してスキャンやデジタル化することはたとえ個人や家庭内での利用であっても著作権法上認められていません。